宮台真司 監修　現代位相研究所 編

堀内進之介／神代健彦／山本宏樹／高宮正貴
鈴木弘輝／保田幸子／濱沖敢太郎／石山将仁 著

悪という希望

「生そのもの」のための政治社会学

教育評論社

悪という希望◎目次

序　論　悪の擁護、あるいは民主主義についてのノート　神代健彦…7

第I部　抗いと甘受の閾

第一章　悪とは何か――デューイの倫理学から考える　高宮正貴…57
第二章　災害の分配的正義論――リスクと責任　保田幸子…81
第三章　ジョセフ・ラズにおける二つの正統性　石山将仁…105
第四章　道具的理性批判の現在――啓蒙のプロジェクトの今日的課題について　堀内進之介…161

第Ⅱ部　共生の身悶え

第五章　政治科学の進化論的転回——保革闘争の遺伝子文化共進化について　山本宏樹…237

第六章　宗教という「排除できない悪」　鈴木弘輝…283

第七章　教育と責任　濱沖敢太郎…313

第八章　悪を歓待する——民主主義的な集団の（不）可能性について　神代健彦…343

解　題――「感情の劣化」への抗いを全体主義のリスクを回避して進める手だてはあるか？　宮台真司…401
あとがきに代えて――遠近法主義、あるいは力への意志としての〈悪〉　堀内進之介…415

序　論　悪の擁護、あるいは民主主義についてのノート

神代　健彦

1　悪の魅力——自由、ちから、可能性

たとえ極めてスキャンダラスな宣言と思われようとも、我々がこの小著において試みようとすることの第一は、〈悪を擁護すること〉、これである。悪は、人々を脅かし、嫌悪の情を湧きあがらせる。しかしまた別の一面の真実として、それは、しばしば人々を魅了する。悪の経験は、実に不確実性の経験である。しかし／そしてその不確実性は、人々を脅かすものであると同時に、ときに人間の自由の表徴であり、積極的なものであり、ちからであり、豊かさであり、変革の可能性でもあって、そうであるからこそ我々は、極めて注意深くではあるが、それでもそれをなにがしか希望でもありうるものとして、擁護したい。

だから我々は、みずからの道徳的直観に、あるいは我々自身の自己保存の衝動に抗して、ある種の「生《せい》の実験」（堀内 2012）の、あるいは、そのように各人が投企するみずからの生が互いに結びついたものであるところの社会の、その未だおぼろげな輪郭をなぞりたい。悪のちからを借りて、あらかじめ定

義された幸福な生の外を思考したい。悪を避けつつ生きたいと願うと同時に、しかし悪の豊かさに開かれてありたいと願う。じつのところそのようなアンビバレント／分裂症的な欲望は、それ自体、民主主義の可能性の条件である。

＊＊＊

中村雄二郎の平易な語り口は、悪の問題を語りだそうとする我々の、いかめしく硬直した心身を、ごくごく自然に解きほぐしてくれる。シロアリはゴキブリであり、生態系の一部である。「悪のトポイ・カタログ」への一瞥。

（1）さかしま、捻じれ、カオス。
（2）きたなさ、穢れ、醜さ。
（3）妖怪、悪鬼、悪魔。毒物、病原菌、毒虫。
（4）暴力、権力、破壊、侵犯、残酷。不正、犯罪、差別、裏切り、嘘、憎しみ。
（5）痛み、苦しみ、病。ガン、エイズ。

（中村 2012：16-17）

おそらく、付け加えられるもの／付け加えるべきものは尽きない。しかしともかく、「抽象的なものから具体的なものへ、事実的なものからシンボリックなものへ」（中村 2012：15）と列挙されるカタログが教えるのは、悪が「〈存在の否定〉あるいは〈生命的なものの否定〉」（同：17）であるという事実である。

実際、悪は、極めて常識的な観点からいって、人間の生を脅かす危険なもの、恐ろしいもの、出来る限り避けるべきものである。また悪は、不確実性をともなう。悪は、我々の生を乱し、突如として、理不尽に、それを終わらせる。だから我々は、悪を遠ざけ、おそらくはそれらと別の極に属するであろう正義、善、平穏さや秩序のなかで生きたいと願う。例えば傷害・殺人・強姦など、他者の心身や尊厳への危害行為それ自体、あるいは、私服を肥やすための盗みや謀りの行為それ自体が憎むべきものであることは、我々自身の直観に照らして、あるいは深い熟慮の上であっても、明らかなことのように思われる。さらには非人格的な悪の現象――天災や病などといった不運から、集合的事実としての種々の差別など――もまた、遠ざけるべき、忌むべきものであることは疑いない。そのような端的な他者への危害行為の、あるいは理不尽な不運や不当な言説行為の形をとった悪の脅威から、みずからの生を防衛すること、そのための十分な用心深さと準備を求めることは、正しく我々の正当な要求である。

しかし同時にまた中村自身が、そして我々が気づくのは、正義、善、平穏さや秩序を脅かす悪なるものの現れは、しばしば魅力的だということである。「悪とは《一種の魅力を持った、あるべからざる、現実的な現象》である」(中村 2012：22)。中村自身もマルキ・ド・サドの例を挙げるが、これに同意するかはともかく、悪が人々を魅了するという事実は、古今東西の古典的な文学作品から、近年のアニメーション等にいたるまで、あるいは広く芸術一般の領域において、優れた作品が魅力的な悪をともなっていたことに明らかである。実際サドの世界では、「美とは単純で退屈なものであり、それに反して、醜さや奇怪さは強烈な刺激を感覚に与えるものとされたのであった」(同：39)。

そうしてみれば悪とは、一つの法外な強度の経験である。それは、静謐で均質な生を打ちこわし、まったく別のものへと変えてしまう。またそのことの別の表現として、悪とは、複数性の字《あざな》である。悪が捉えがたいのは、「〈善〉はみな似ているが、〈悪〉はみんな違った顔をしている」（中村 2012：8）からである。したがって悪という名付けは、まったく異質な複数性を同じ名前で呼ぶということなのであり、そこには根源的な認識の混乱がある。しかし、まったく困ったことにそれは、我々自身の愉悦でもありうる。複数的なものとの出会いの、驚嘆が惹起する不快な快楽。

敢えて言い切ってしまおう。悪はそのある種の現れにおいて生を根源的に脅かすが、まさにその現れの別様さにおいては、しばしば生を——脅かしつつも——豊かにする。むしろ、生が豊かであるということは、脅かされているということに——決してそれは必要条件とも十分条件ともいえはしまいが、しかし——なんらかの形で分かちがたく結びついている。だから我々の生は、豊かであろうとして、悪を欲する。悪が存在することによって、静謐で均質な秩序の檻が打ちこわされ、またそのことによって我々自身、別様でありうる。別様になることの喜びと、その触媒としての悪。

悪を為しうるということが、人間の自由の表徴であること

あるいはそもそも悪は善の双生児であり、それは人間の自由の表徴である。伝統的な神義論に抗して悪を論じ、人間の自由を高らかに謳い上げたのは、I・カントとF・W・J・シェリングであった。

神義論ないし弁神論（théodicée）の主題は、以下のようなものである。この世界は、すべて神によって創造された。神は、全能にして最善である。しかし神によって創造されたこの世界には、あきらかに悪が存在する。この悪もまた神が創造したのであれば、それは神の善性と矛盾する。他方で、この悪が神以外に由来するならば、神の全能と矛盾する。神義論とは、この世界に悪が存在するということから、造物主である神の善性を弁護することを課題とする。このことに対する伝統的で有力な神学的回答の一つは、悪を「善の不在」あるいは「欠如」とするものであった。そしてそこでは悪は、消極的な存在となる。すべて積極的に存在する者は善であり、ただそれが欠如することが悪なのであった。

　ところが、伝統的な神学から解放されたカントの道徳論は、この悪＝善の不在説を、問いの形もろとも大きく転換させる。善と悪とは、神的なものではなく、人間のある特質、すなわち、自由で自律的に意志することができるという性質から生じるというのである。自由であること、自由意思をもつということは、人間が道徳的でありうることの条件である。どういうことか。

　実際、例えば自動人形の類が、外形的な意味においてなにがしか望ましい作動をなしたとして、我々の言語感覚は、それを道徳的と呼びうるだろうか。答えは限りなく否だと思われる。なぜなら、その望ましい行為は彼（？）にとって必然なのであって、そこには彼自身のいかなる自由な意志の契機も見出せないからである。自由あるいは自由意志の不在は、道徳的でありうることの不可能性を意味する。

　逆にいえば道徳的の語は、単に行為が外形的に望ましいということを超えて、それが彼（女）の自由な意思によって選択されたものであるということを拭い難く含んでいる。カント曰く、人間は「ネジを巻かれたマリオネット〔操り人形〕か、ヴォカンソンの自働人形」（カント訳書 1979 : 206）ではない。だからこそ我々は、道徳的に善くありうる。そしてそのことは、まったく同じことの言い換えとしての、次の奇妙なテーゼを帰結する。すなわち、道徳的であるとは、彼（女）が意志の瞬間において、理性の命令に従わないことも、要するに悪をなすこともできたという自由のうちにあったことを意味しているということ、これである。[1] 人間が現に善を為しうるとともに、悪をも為しうるということ。それは、自由という人間の特質の積極的な存在を示す表徴であることが、ここに見出される。

他方、カントの悪に対する論究が基本的には人間の理性やその自律にかかわって論じられるのに対して、シェリングの悪論はそのモチーフを、ある意味で、伝統的な神義論のなかへと埋め戻す。あるいは換言すれば、彼の哲学は、絶対者（神）と有限の存在者（人間）の関係というテーマを、再度哲学のなかに取り込むということのなかで進められたのであり、それは悪論についても同様であった。[2]

シェリング流の絶対者の哲学の特徴は、絶対者を相反するものの統一という形で捉えたことにある。神は、「実存する限りの神」と、神が神自身のうちに有する「神の実存の根底（神のうちの自然）」とに分けられる（シェリング訳書 1951 : 59）。後者は、「永遠なる一者が自己自身を産まんとして感ずる憧憬（Sehnsucht）」あるいは「欲望」（同 : 61）であり、それ自体は「暗い根底」（同 : 59）であるが、そこから一者（神、光）が生み出される。神は神自身を産みだす根拠を、それ自体のなかにもっている。そしてまたこの闇の根底から、一切の被造物も産出される。

人間も、その「暗い根底」から発現した被造物である。ただし人間は、神に対して独立な原理を含んでいて、その原理が「光に変貌されることによって」「人間のうちに同時に或る一層高いものが、精神（Geist）が昇ってくる」」（シェリング訳書 1951 : 69）。そして人間においては、その精神としての我意が普遍的意志を離れ、特殊意志の支配が訪れうる（同 : 71）。それが人間の悪の源泉である。

根底における憧憬から産出される光と闇の統一という意味で、永遠なる精神である神と、我意としての人間は相似形である。他方で、「永遠なる精神」すなわち神においては、この光と闇の同一性は分かちがたいが、人間においては、その同一性は容易に分裂して対立しうる。これが、神と人との異同である。こうして、神の全能と最善、すなわち、神はすべてを創ったことと、神によって造られた人間が悪を為すことからの、神の責任の免除がいくらか両立する。人は神に由来するが、その由来するものが人間においては対立しうるということにおいて、それが説明されるのである。

ところで、このシェリングの哲学を踏み台としながら、敢えて神への不遜を顧みず思考を進めると、その先で、人間が不完全であるということには、積極的な意味が生まれてくる。

実際、神は完全かつ善なのであり、したがって神においては「為されるべきこと」と「為されること」の区別がありえず、したがって、「為すべきであるにもかかわらず為さない」あるいは「為すべきでないにもかかわらず為す」という悪が、定義上ありえない。それはすなわち神の、〈「為すべきでないにもかかわらず為す」ことができない〉、あるいは〈「為すべきでないにもかかわらず為す」ことができない〉という不自由を帰結する。[3] 他方で人間は、光と闇が対立的に分離しうるという意味において不完全だが、他方で神にできないこと＝悪を為す自由がある。「人間の置かれている所は、そこにおいて彼が善と悪とへの自己発動の源を平等に含んでいるかの頂である」（シェリング訳書 1951：37）。我々は、悪を為しうるという意味において――ただその一点のみにおいて――、神に比肩しうるか、あるいはむしろそれ以上に、自由なのであった。

実際、こうした一連の悪の形而上学は、そこで前提されている普遍的な道徳法則や絶対者の概念のゆえに、世俗化された社会、あるいはポスト形而上学の時代において受け入れがたい。しかしこの迂回路を経ることで、先に我々が直面した悪の魅力という問題系には、一つの重要な示唆が与えられる。すなわち、悪（と善）の問題、そもそもそれらの存否には、人間の自由が賭けられているということ、これである。世界にただ善のみがあるとすれば、つまり悪が可能性としてすら存在しないとすれば、神学的な問題は発生しない代わりに、人間は道徳機械となって善を為し続ける。ただし、そこではもはや――カント的な動機論としての――道徳的善という概念が意味をなさない（道徳機械とは、要するに単なる機械である）。現実には人間は悪に開かれてしまっているが、それにもかかわらず善を志向するということによって、道徳的たりえる。それはつまり我々が、（神と異なって）自由であることの証左である。とするならば、我々が悪を嫌悪しつつもその存在に惹かれるのは、悪が、人間の自由とともにあるためである。我々は悪を嫌悪するが、同時に、神的なものによって創造された（道徳）機械であることもまた、嫌悪している。善を志向するにしても、その善の価値は、あくまで悪にも開かれていること＝自由であることに拠っているというおぼろげな直観が、我々をして、悪に魅力を感じさせている。

歴史における悪のちから

自由であることの表徴としての悪。しかしそれは、単に形而上学的な可能性の条件というだけでは、魅力的であるとはいいがたい。我々が悪に魅せられるのは、それが現にこの世界の何事かを変革しうるちからであるということによる。

日本中世史の蓄積は、この国の悪が、ちからの表象であったことを教えてくれる。一二世紀頃から、「異様に強い人、あるいは異常に武勇の力にすぐれた人、普通とは違って猛々しく荒々しい人」に「「悪」をつけて呼ぶこと」がしばしばみられるという、中世史家網野善彦の指摘は興味深い（網野

2003 : 275)。

たとえば武士については「悪源太義平」、あるいは「悪七兵衛景清」。貴族の場合にも保元の乱のときに一方の中心となり、結局、敗北して殺されていく左大臣頼長は、「悪左府」と呼ばれています。この「悪」にはいまわれわれが使っている善悪の「悪」ではなくて、むしろ〝通常と異なる猛々しく荒々しいもの〟という意味が込められています。自分の名前に、「悪」をつけてほしいといった武士があったことも知られているわけで、「悪」自体に積極的な評価を与えようとする動きが、一方で確実に出てきている。つまり「悪」あるいは「猛悪」であることは、ある場合には、畏敬すべきあり方ととらえられたとみてもいいと思います。(網野 2003 : 275-276)

またあるいは悪は、単なるちからではなく、いわば別様の秩序を生きるちからである。「やや極端なことをいいますと」と前置きしつつも網野は、「緑林白浪」といわれた山賊や海賊の動きについて、「山の民や海の民が神になり代わって、通行する者から手向け、報賽を要求する」のは、彼らの側からみれば「当然の行動であったといってよい」(網野 2003 : 277) とする。

そこでもしも通行者が手向けを拒否した場合、こうした立場にいる山の民や海の民が、武力によってそれを取り立てることもまた当然ありえたでしょう。ところがこれは通行者からみると山賊、海賊となる。こういう場合がこの時期には多かったと思うのです。つまり、ある立場からは当然

「悪行人」とされ、後には「悪党」といわれたような行動が、一方では当然のことであったという状況がありえた。これは、「盗人にも三分の理」ということわざがありますが、当時の慣習の中ではむしろ五分の理、八分の理のある当然の行動とされていた面があったのだろうと思うのです。

（網野 2003：277）

「悪人」「悪行人」「悪僧」「悪党」……彼らの行いが相手の生命と財産を脅かす暴力の形をとったことは確かな事実であるし、そうであるがゆえにこれらの呼び名に、ある種の道徳的非難の倍音を聞き取ることは難しくなく、またそれ自体妥当である。しかし少なくとも網野史学的な見地からいえば、そこにある対立とは、確実に基礎づけられた普遍的な正義とそれへの反旗というよりは、古代／中世、東日本／西日本、あるいは定住／漂泊などといった、日本列島に複雑に走る複数の位相、それぞれの秩序の交錯なのであって、その点において悪とは、時々の優勢な秩序にまつろわない者、種々の道徳的・宗教的心性を基盤として、別様の秩序を生きる者の字なのであった。そうしてみれば——網野流のラディカリズムは含み置くとしても——一二世紀末の鎌倉幕府成立ですらが、武士＝殺人集団＝「悪人」たちによる古代律令国家とは別様の秩序の樹立であるという日本史像すら、演繹されうる（網野 2003：280）。さらにそれに反旗を翻した後醍醐天皇の、その「異形の王権」（網野 1993）を構成したのが、楠木正成ら「悪党」だったという事実も、むろんその延長線上にある。

ただし、別様の秩序を生きる者、あるいは新たな秩序を打ち立てる剛の者としての「悪党」の、史学史における評価は、極めてアンビバレントである。

網野の整理によれば、日本史学史における「悪党」論の系譜は、昭和戦前期における荘園史・南北朝史の研究に大きな仕事を残した中村直勝に、一つの始まりをみる（網野 1995 : 32）。有名な伊賀黒田荘（庄）の「悪党」について曰く、「彼等は元来悪い人人の徒党ではなかったけれども、寺家から「悪党」の名で呼ばれたがために、いつとはなしに本当の悪人らしくなって一層其の悪行を強行した」（中村 1978 : 435）のであった。

〔前略〕彼等は随分甚だしい狼藉乱暴をやって居るようであるけれども、よく荘内の状況を観察して見ると、寺家が彼等を荘内から追い出さんとして武家の力を借りようとするとき等に際して、惣荘の土民等は、却って彼等に同心して武家及び寺家の使節を阻止しようとした事等を見ると、それは悪党の後難を恐れたと言うよりも、むしろ所謂悪党なるものは、実際悪人ではなく、荘民の味方であり、荘民の利益を計ったものであったのだろう。（中村 1978 : 435）

しかし、東大寺勢力に対抗して「荘民の味方」「荘民の利益を計った」とする素朴な義賊としての「悪党」像は、それとして悪の魅力を説明はするものの、いささかロマンティックに過ぎる。そして、日本の戦後歴史学を切り開いた著作の一つである石母田正『中世的世界の形成』は、我々の紅潮しかかったロマンティシズムに冷や水を浴びせる。

第四章黒田悪党の叙述で石母田は、「黒田悪党を構成した諸要素は多様であったと推定されるが、その主体となったものは在地武士団に外ならなかった」のであり、「悪党の問題は第一に在地武十団と東大寺との対立として理解されねばならない」(石母田 1985：380) とする。黒田悪党は、単に庄園外部からの武士的勢力の侵攻といった外的なものではなく、むしろ、「庄園の内的矛盾の直接の表現として発生」(同：379) したものだったというわけである。そしてそうであるがゆえに黒田悪党は、黒田庄民全体の動きと関連なしにその存在を考えることは出来ず、実際、彼らの支持が「悪党」の長期にわたる抗争を支えたということは否定しえない。しかし他方で石母田は、この「悪党」を考えるにあたって、「庄民からの遊離の側面」(同：384) を強調する。例えば、黒田悪党の活動には、永享年間大和国土一揆のような、農民と地侍が一体となる形態はみられない。なぜか。石母田はいう。

かかる孤立性は悪党の行動の一面を考えれば、けっして偶然ではないのであって、その二、三の例を挙げれば康直以下の悪党は大和国八峯山に或いは伊賀国黒田坂に山賊を働き、黒田・簗瀬庄《やなせのしょう》に闖入《ちんにゅう》して、放火殺害の大犯を犯したといわれ、観俊らの一党は庄内の作稲を刈取り民屋を追捕し、寺家使を殺害・刃傷し衣装所持物を奪ったといわれ、また彼らは謀書を構えて土民を悩まし、或いは往代累祖の墓を発き、強盗山賊の所業を恣にしたとも告発されている。
(石母田 1985：385)

「勿論以上は寺家の告発の内容であるから、誇張もあり虚偽もあることは当然であり、神人の殺害刃傷や作稲の刈取の如きは庄民自体の利益の擁護のためにも止むを得ない行動であったことはたしかである」(石母田 1985：385)。「悪党」の行動が相対的に捉えられるこのような余地があるからこそ、その後も「悪党」の研究史は連綿と続いていくのであるが、しかし「倫理的な頽廃と庄民全体から切離された行動の孤立性という二つの性格」(同 : 385) は抜きがたい。

そうしてみればこの歴史における変革のちからは、その時その場を規制する体制的秩序に抗するという意味で絶えず我々の生における自由の願望を刺激し、歴史家たちを突き動かしながら、しかし必ずしも「荘民の味方」ではないし、いわんや善でも正義でもない。その意味でこの悪は、我々の道徳の現在においてありうべき場所をもたない、いわば〈宙づり〉の状態にある。それはあくまで、変革のちからなのであり、ある種の抑圧のもとにあるかもしれない我々の生において、よしんばなにがしかの別様さをもたらすとしても――そしてそのことは我々にとって一つの希望ではありうるにしても――、ゆめゆめ幸福を保証してくれるような代物と錯覚してはならない。悪に触れることは、おそらく〈賭け〉でしかない。変革をもたらす〈宙づりのちから〉としての悪。

より善さの可能性としての悪

アンブローズ・ビアス『悪魔の辞典』。同書は書名から連想されるような、種々の悪魔の解説ではない。それは作家ビアスによる、辞典形式の風刺文集である。「悪人 malefactor」の項目への一瞥。

> Malefactor, *n.* The chief factor in the progress of the human race. (Bierce 1971 : 220)

「人類の進歩における、最も重要な要素（ファクター）」。factor にかけたシニカルな言い回し、「mal（e）(悪い、不全な) factor は、人類の進歩にとって最も重要な factor である」との謂いには、意義深い含みを読み取ることも可能であるように思われる。

＊＊＊

ところで、悪に触れることが一つの〈賭け〉だとして、なぜ我々は、悪に賭ける必要があるのか。悪の強度が、それとして我々の文学的、あるいは精神の豊かさであること、これはすでに述べた。ならば悪は、我々の生における私的な、ある種の余暇ということか。そうではない。悪は我々の公共的かつ共同的な営みとしての一群の生における、より善さの、あるいは控えめにいって別様さの、可能性である。

①犯罪の間接的有用性

社会学の古典『社会学的方法の規準』。社会学の父E・デュルケムは同書のなかで、犯罪という悪に焦点を定める。「犯罪が公共的な健康の一要因であり、およそ健康な社会にとっての不可欠な一部分をなしているということ」(デュルケム訳書 1978:152)。極めて逆説的でほとんどスキャンダラスなこの言明は、犯罪というものが、いかなる社会においても一定程度見受けられるという事実に拠っている。事実、犯罪のない社会なるものを正常で健康な社会とでも定義しようものなら、世界史上に正常で健康な社会など存在しないことになる。一定の犯罪が社会に存在することは、別段その社会が異常であることを意味しないのであり、「犯罪が…健康な社会にとっての不可欠な一部分」とは、この謂いである。

ところで、デュルケムの議論における犯罪とは、「特別な力と明白さをそなえたある種の集合的感情を傷つけるような一行為から成っている」(デュルケム訳書 1978:153)。彼の記述から読み取りうるその例としては、「流血の惨への恐怖」という集合的感情を傷つける（この場合正確には、この集合的感情の強度を促進する）「殺人」という行為が挙げられる（同：154）。この定義のメリットは、犯罪というものが、異なる社会、時代において異なりうること、その変化の可能性を首尾よく説明する点である。例えばデュルケムは、「他者の所有の尊重というひとつのおなじ愛他的感情を傷つける」ものとして、「盗み」と「無作法な行為」を挙げる（同：154）。両者は同じ感情を傷つけるという意味で同種だが、人々の意識が後者に痛切さを感じるほどの強度に達していないとき、前者は犯罪とされるのに対して、後者は大目にみられる。しかし、しばしば起こる集合的感情の亢進は、「かつてはたんなる道徳的過誤であった」（同：155）もの――たとえば「無作法な行為」――を、「盗み」と同じ犯罪の範疇へと括り直していく。したがって、「それらに犯罪としての特徴を付与するものは、それらに内在する重大性ではなく、共同意識がこれにみとめるところの重大性である」（同：157）。

そして社会学の父は、注目すべきスキャンダルを畳みかける。

したがって、犯罪は、必然的かつ必要なものである。すなわち、犯罪はいっさいの社会生活の根本的諸条件に結びついており、しかもまさしくそのために有用なのである。なぜなら、犯罪が緊密に結びついている右の諸条件は、それ自体、道徳および法の正常な進化にとって不可欠なものだからである。（デュルケム訳書 1978：157）

犯罪は「必然的」である。「われわれ各人のおかれている直接的な物理的環境や、遺伝的な前提要因や、われわれの依存している社会的諸影響は、個人によって異なり、したがって意識を多様化させずにはいない」（デュルケム訳書1978：156）から、「諸個人がいくぶんとも集合的類型からズレを示していないような社会はありえない」（同：157）。そしてその必然的なズレに人々の共同意識が犯罪としての特徴をみとめることが、すなわち犯罪の生起というのなら、それ自体もまた必然とせざるをえない。なるほど確かに人々の共同意識は、それ自体人々のズレを減少させる規制力をもつかもしれないが、しかしそれほどに強い共同意識こそはまた同時に、「かつては単なる道徳的過誤であった」（同：155）ズレを、なおさら強力に犯罪として見出すだろうから。そこには、なんら驚くべき点はみあたらない。

むしろ我々の道徳的直観を逆なでするのは後者、すなわち「必要」ないし「有用」という指摘であろう。しかし、逆なではするが、理に適っている。道徳や法の存在あるいはその進化は、それらが禁じている事柄が現に存在する、あるいは現に生成しつつあるということに拠る。根本的諸条件に起因する諸個人の意識の多様性（集合的類型からのズレ）において、（集合的感情に基礎づけられた）共同意識が見出すものとしての犯罪は、道徳や法の存在理由である。ズレの強まりや別様のズレの発生は、道徳や法に新たな現実への取り組みを迫り、その分だけ、道徳や法は磨き上げられる。[4]

そうしてみれば、犯罪の、犯罪者の、つまりは悪人（malefactor）の存在は――あるいは彼（女）自身に何らかの病理が認められるとしてもなお――、そのこと自体は社会が病に冒されているということを意味しない。それどころか、ある一定割合の犯罪の存在は、社会の正常性と健康の証、あるいは進化の媒介ですらあるような悪である。

また同じ理由で――ということはつまり、我々が卓越した道徳的社会を求めるならば――、デュルケムは、ある種の共同意識すなわち道徳意識の権威は、「過度のものであってはならない」という。

道徳的《ママ》意識のもつ権威は過度のものであってはならないのだ。さもないと、だれもがあえてこの権威に手をふれないであろうし、道徳意識もあまりにも容易に不動の形態のもとに凝結させられてしまうだろう。およそ道徳意識が変化しうるためには、個人の独自性が実現されることが必要である。とすれば、世紀に先んじることを夢みる理想主義者の道徳意識が表明されるためには、その時代の水準にも遅れをとっている犯罪者の道徳意識の存在をもゆるされなければならないことになる。つまり、一方は他方なくしては存在しえないということである。（デュルケム訳書 1978：158）

道徳（意識）なるものは、その根底に集合的感情をもつ。その集合的感情の力に支えられた道徳意識の権威は、それが強ければ強いほど、諸個人を強く拘束し、人々をして罪を犯すことから縁遠からしめるだろう。しかし――そのようなことがありうるかは別として――、あまりにも強い集合的感情、あまりにも強い道徳意識の権威は、社会の道徳的進化にとって、一つの障害となる。過度に強い道徳意識は、諸条件の変化に応じた道徳の変化の抵抗となってしまう。集合的感情に基礎づけられた道徳や法についての意識があること、それによって犯罪と見做されうる行為があること、そして、その道徳意識の権威が適度に弱いこと。これらが、その社会における道徳や法それ自体に、進化の余地を準備する。社会の道徳的曖昧さが、道徳的革新を産みうる、暗く暖かな母の身体であること。

②犯罪の直接的有用性

先の例で見誤ってはならないのは、決して道徳的過誤や犯罪そのものが道徳的進化を意味するわけではない――犯罪の有用性は間接的である――ということである。しかし実のところ、犯罪行為それ自体が、社会の道徳や法の新たな形であるということも、ありうる。デュルケムはこれを、犯罪の直接的有用性と呼ぶ。「じっさい、犯罪がもっぱらきたるべき道徳の予兆をなし、やがておとずれるものへの一道程をなしたことが、なんと数知れずあったことか」(デュルケム訳書 1978 : 159)。犯罪が、それ自体として共同体の新たな法や道徳でありうるということは、ある古典的な事例に触れれば事足りる。

> まずアテナイの国法があげられる。ソクラテスは犯罪者だったのであり、かれの刑は正当以外のなにものでもない。けれども、かれの犯した罪、すなわちその思想の独立不羈は、人類にとってのみならず、かれの祖国にとっても有益なものであった。なぜかといえば、アテナイ人がその当時まで体験し来たった伝統は、もはやかれらの生活諸条件とうまく適合しなくなっていたのであり、この犯罪は、かれらが当時必要としていたあらたな道徳と信念を用意するのに寄与したからである。〔中略〕たとえば、今日われわれの享受している思想の自由にしても、これを禁じていた諸規則が公式に廃されるに先立って侵犯されることがなかったならば、その自由が宣せられることもおよそありえなかったにちがいない。
>
> (デュルケム訳書 1978 : 159)

ソクラテスは、「大きくて血統も良いけれども、大きいために鈍感」な「馬」であるポリスに、「神によってくっつけられたもの」＝「虻」であった（プラトン訳書 1998：53）。死刑に処せられた犯罪者ソクラテスは、にもかかわらず、ポリスの道徳的進化の媒介物である。否むしろ、死刑に処せられることがわかっていながら、犯罪行為（＝ポリスを刺す）をやめなかったこと、その彼の〈パレーシア〉（命の危機にあってなお率直に語ること）そのものが、自らの幸福よりも真理を優先すること、自己自身に対して誠実であること、という、それ自体正しく道徳であるような精神の態度を、現前させている。

＊＊＊

犯罪という悪は、社会的諸条件が生み出す集合的類型からの個々人の必然的なズレと、そこに犯罪性を見出す共同意識の存在によって生起するものである以上、社会にとって必然である。犯罪は、根絶しうる類の社会の病ではないどころか、社会が正常かつ健康であることの証である。また集合的感情に基礎をもつ道徳意識の権威は、社会の道徳的進化の可能性のために、ある種の節度をもたねばならない。そしてときには、犯罪そのものが、新たな道徳の形をそれとして予兆することすらある。

そしておそらくここに、我々が悪に賭けるべき理由の一端が見出される。それは悪が、社会の道徳的進化のために必要だからである。「みんな違った顔をしている」（中村 2012：8）悪に、新たな悪に触れるたびに、道徳は試練を受ける。そうやって道徳は、鍛え上げられていく。そしてそのとき、道徳の権威がその障害となるなら、我々はその権威を適切に疑わなくてはならない。よりマシな道徳的共同体のために、我々は「その時代の水準にも遅れをとっている犯罪者の道徳意識の存在をも」許すことを甘受しつつ、可能性としての「世紀に先んじることを夢みる理想主義者の道徳意識」（デュルケム訳書 1978：158）のための場所を、この社会にとっておかなければならない。ときに我々は、ソクラテスを失わないために、現に犯罪であるような行為すらも、少なくとも道徳や倫理の次元においては、擁護しなければならないかもしれない。

ただし、我々のデュルケムへの賛意は、必ずしも全面的なものではない。彼による悪の擁護の根拠が、社会の道徳的進化における悪の有用性にあるとき、そこには必然的に、有用な悪／無用な悪という区別が創出されざるをえない。それは、デュルケムの真意はともかくとして、現実においては、悪を、プロセスにおける媒介物であって、社会有機体の進化に必要である限りにおいて許容するという思考を、帰結するだろう。そこでは必然的に、悪を有用さで選別するための全体性が密輸されることになる。自由の表徴であり、ちからであり、変革の可能性でありうるような悪は、現実には、「必要悪」として飼い慣らされるか、無用な悪として存在そのものを抹消される。

このことの問題性は、まったく動かしがたい事実として、我々のすべてが有限者であることを踏まえたとき、先鋭化する。人は、個体として生を受け、やがて死に至る。だから我々は、進化の末の完全な道徳の恩恵を受けることもなければ、生まれ落ちる社会の道徳を選ぶこともできない。生まれ落ちたとき、我々は常に、一方的に、その都度の社会の道徳意識によって、悪と名指されうる。可謬的であるはずの道徳は、しばしばほとんど完全な全体性であるかのように、個体を一方的に包むことになる。

だから我々は、デュルケムとともに、デュルケムに抗する[5]。デュルケムの手段と目的を転倒させる。彼が、社会有機体の進化という目的に沿って、必然的かつ有用であると論じた、悪とともにある社会。これを我々は、その途上にあることそれ自体が価値であると主張したい。それは、悪によって変容が励起されれ続けているという意味で、決して現状の肯定ではない。しかし同時に、ある終局へ向かう道行きでもない。永遠に引き延ばされる、過程である限りの過程。

言い換えれば我々は、悪を擁護するために、悪を擁護する。それは完全なるトートロジーである。あるいはこういえばいいだろうか。任意の善が、自らに抵抗する者どもとして名指した、新参者たち、まつろわない者たち、複数性を擁護する、と。完全に合理的な道徳、法、あるいは社会を生み出すための贄《にえ》として、悪＝複数性を擁護するのではない。事はむしろ逆なのであって、我々が複数的であるために、道徳が、法が、社会がその都度要請され、何度でも、再考され続ける。道徳の永続的な再考は、悪の有用／無用の線引きそれ自体の絶えざる再考でもある。これを、我々の生の共同的な営みの理念としたい。

もちろんそのことは、道徳の進化、卓越化を諦めることではないし、また道徳なるものの権威を完全に無にするということでもない。我々は実際、悪に賭ける理由を、社会の道徳的進化に見出した。現実の悪の試練を介して卓越化した道徳に従うことが、善き生の蓋然性を高めうるだろうことは、否定しないどころか、喜ばしいことである。ただ我々が主張したいのは、その道徳的進化の内実には、人間存在が常に複数的であることを力強く肯定する道徳の生成が、含まれていなければならないということである。複数性の肯定は、集合的な道徳意識が、常に再審に開かれていることを意味する。それは、常にそれ自体において価値である。可謬主義的な道徳意識は、それ自体の可謬性を誠実に引き受ける限りにおいて、つまりは、自己自身に誠実である限りにおいて、かろうじて許容される。そして我々は、そんな「世紀に先んじることを夢みる理想主義者」（デュルケム訳書 1978 : 158）である。

そうしてみれば、この小著が逃れ難く取り組まざるをえない第二の課題は、我々の生と悪とを、言い換えれば我々が複数的であることを、セキュリティの希求という、それ自体は否定しえない感情と同道しつつ、しかし抗しながら、如何にして現実に可能ならしめるかということ、これである。

そしてそのことは実に、我々の来るべき民主主義の輪郭をなぞる作業でもある。

2　悪とともに在ることの希望と困難

悪の擁護とその限界

秩序への抵抗。この猥雑な騒々しさを苦々しく、ときに恐怖をもって眺める心持ちが、ないわけではないのである。しかしそれらの排除が、穏やかさのなかの支配であるとするなら、もう少し正確にいえば、政治が、自由、ちから、可能性を体現するような、全体性に還元されないところの、つまり、「みんな違った顔をしている」（中村 2012：8）者たちの複数性――我々はそれを悪と呼んだのだが――を前提とした討議であることをやめ、単なる（行政）権力の一方的な行使に堕することに帰結するならば、そのことには十分に批判的になる必要がある。実際――筆者（神代）個人の私見によれば、しかし少なくない読者の賛同をえられるであろうことには――現在の日本社会、就中、昨今の政治の振る舞いをみれば、この種の心配が決して杞憂でないことを傍証するかのような事例には、事欠かない。

二〇一三年一二月、「特定秘密の保護に関する法律（特定秘密保護法）」が、慎重審議を求める世論を押し切って成立したことは、まだ記憶に新しい。概要が公表された同年九月三日からわずか三ヶ月で、しかも衆参両院の安全保障に関する特別委員会を強行採決によって突破したこの法律の成立は、その検討期間の短さと強行採決という手法の点で、代議制民主主義における十分な討議を軽視するもの、言い換えれば、民主主義的なプロセスにおける複数性への取り組みを放棄していたといわざるをえない。

さらに二〇一五年九月一九日未明には、戦後歴代内閣が否定し続けてきた集団的自衛権の行使容認を含んだ安全保障関連法案が、参議院で可決・成立した。「国際平和支援法案」、および自衛隊法など一〇本の法律改正が一つにまとめられた「平和安全法制整備法案」について、元内閣法制局長官や元最高裁判所長官、大多数の憲法学者が違憲立法と断じ、市民の中からも多くの疑問や批判が沸きおこった。法案審議では、法案の内容とその審議手続きの両面で極めて重大な瑕疵が大量に浮き彫りになった。にもかかわらず同法が「可決」されたというその事実は、民主主義が単なる議会内の多数決主義に堕したという意味で、日本政治の大きな汚点といわざるをえない。政府与党は、民主主義、立憲主義、平和主義という原則を、まさに蹂躙した。そしてそこでは、複数的な声を丹念に拾い上げ、出来る限り全体の利益をめざすという意味での政治は、ほとんど完全に失われていた。

他方で、矮小化され機能不全となった議会制民主主義における多数決主義に対して、民主主義の名の下に空前の規模の運動が生じたことは、銘記されるべきだろう。既成政党も含めた広範なリベラル勢力の結集、そのなかでとりわけ注目を集めたのは、学生たちの団体であった。先の特定秘密保護法成立を受けて結成されたSASPL（Students Against Secret Protection Law：特定秘密保護法に反対する学生たち）を前身とした、SEALDs（Students Emergency Action for Liberal Democracy-s：自由と民主主義のための学生緊急行動）を名乗る団体は、二〇一五年五月に組織が立ち上げられるや、その夏の安全保障関連法案に反対する社会運動を大きくリードした。また同六月には、大学教員を中心とした「安全保障関連法案に反対する学者の会」、同七月には乳幼児を育てる母親たちが中心となった「安保関連法に反対するママの会」、高校生が中心となったT-nsSOWL（Teens Stand up to Oppose War Law）が相次いで立ち上げられるなど、運動は多様な人びとの結集によって盛り上がっていった。それぞれの運動主体の、またそれぞれの団体の構成員の声はまったく当然のことながら多様で複数的であったが、にもかかわらず安保反対の一点に結集するそれらの動きは、複数性が複数性であるための結集と異議申し立てという側面を有していた。[6]

　これらの動きを踏まえつつ再度議会政治に目を向ければ、明らかに目立ったのは、政府与党による、複数性へのほとんど〈憎悪〉とも呼べるようなものであった。例えばそれは、すでに特定秘密保護法の審議の時点で、当時自民党幹事長だった石破茂の発言にみえる。二〇一三年一一月二九日、自身のブログ[7]にて石破は、大きなうねりとなっていた国会前デモに関して、次のように批判し、物議を醸した。

> 今も議員会館の外では「特定機密《ママ》保護法絶対阻止！」を叫ぶ大音量が鳴り響いています。いかなる勢力なのか知る由もありませんが、左右どのような主張であっても、ただひたすら己の主張を絶叫し、多くの人々の静穏を妨げるような行為は決して世論の共感を呼ぶことはないでしょう。
> 主義主張を実現したければ、民主主義に従って理解者を一人でも増やし、支持の輪を広げるべきなのであって、単なる絶叫戦術はテロ行為とその本質においてあまり変わらないように思われます。

　この発言が象徴するのは、政治的主張を異にする他者との喧しい討議そのものをノイズとみなし、したがって政治を粛々とした静謐な権力の行使に還元しようとする欲望である。

確かに一般論として、人はしばしば静謐で安全な生活を好み、猥雑な騒々しさを忌避する。だからそれは、ある意味で、我々自身の欲望と地続きである。そして彼らは、自らと異なる政治的主張を、「単なる絶叫戦術」＝非理性と貶め、あるいはテロ行為として悪魔化しつつ、人間の一般的傾向としてのセキュリティへの欲望に狙いを定め、共感を求めるそのようなやり方で、政治を限りなく切り縮める。

そのようなセキュリティの欲望を煽ることで、ただその一点のみをもって、あらゆるルールや手続きや討議を無意味化して押し切るというスタイルは、安全保障法制の議論においても同様であった。立法事実を構成するものとして喧伝された「安全保障環境の激変」は、その中身がクルクルと変わるような代物でしかなかったが、強弁と国会における数の力によって、すべての議論は無視された。学問の成果や国民の声は、安全保障を理解しない無内容でナイーブな雑音に過ぎず、したがって単に騒々しく、目障りで、不快な障害物でしかないと切り捨てられた。

しかしここでは、いささか語弊を伴う危険を冒して、むしろ以下のようにいおう。一連の反対の声、これを敢えて政府与党の側に立ってみて、つまりは、意見を異にする他者の声は、騒々しく、目障りで、不快で、面倒なものであるとして、しかしそもそも政治とは――少なくともここでいうところの政治とは――、おそろしく騒々しく、目障りで、不快で、面倒な営みであり、だからこそよい。なぜなら我々は互いに、潜在的あるいは顕在的に悪――すなわち、自由、ちから、可能性を体現する複数性――であり、それらの間で行われるものこそが政治だからである。討議から単一の集合的選択が導かれること、すなわち、複数性が単一性に結びつけられることの価値は、それが単一性に結びつけられた事実にあるのではない。単一性こそが価値ならば、討議など必要なくなってしまうからである。むしろその価値は、その単一性がもともとは複数性であったという事実、そこから曲がりなりにも単一性が生まれたという、ありえそうもなさそうなことの現前という奇跡、そしてその単一性もまた、常に他なるものの可能性に寄り添われている（脅かされている）という暫定性に、ある。決定を脅かす複数性に、それでも真摯に取り組み続ける限りで、そのなかで可能な限り全体の利益を目指す限りで、政治は政治と、民主主義は民主主義と呼ばれるにたる。そしてそのことは、生きるということがちょうどそのようであることと、ほとんど正確に一致する。悪の擁護という形をとった、政治の擁護、そして我々の――互いに異質な者たちの共生であるような――一群の生の擁護。

＊＊＊

「とはいえ我々は、もしかすると、ロマンティックに過ぎるのかもしれない」。このような自己への懐疑を抱くことは、それ自体正しく健康的である。実際に「非暴力・不服従」を驚くほど注意深く貫徹した一連の安保反対運動を擁護することは可能であるとしても――むしろそれは擁護どころか称賛されるべきもののように思われる――、明らかな殺傷の意図をもった、その意味で少なくともその行動において擁護に相応しくない悪がありうることは、確かであろう。

今世紀に入って、セキュリティの欲望を強烈に喚起しつづけているものの典型は、テロリズムである。二〇〇一年九月一一日の同時多発テロが、アメリカ合衆国と世界各国に与えたショックは計り知れない。そこから生み出された悲しみと憎悪、あるいは恐怖とセキュリティの希求は、アフガニスタンとイラクにおけるアメリカを主軸とした軍事行動を導いた。しかし実際のところ、このまったく理不尽な悪は、従来の戦争とは異なる概念を要求した。テロリストたちは国家ではなく、伝統的な意味での軍隊でもなかった。軍事的な目標ではなく市民をその標的としたし、その目的も必ずしも領土などではなかった。犯罪と国家間戦争のあいまいな中間をいく彼らは、不定形で不確実な脅威であり、犯罪や戦争がそうであるのとは別様の恐怖を人々に喚起した。終結の輪郭すら描くことのできない、戦争ならざる戦争が、いわゆる「テロとの戦い」である。（その点からいえば、安全保障関連法案への反対は、アメリカ主導のテロとの戦いに参加することで、国際社会における日本の位置づけが変わり、在外邦人や外国で活動中の自衛隊員、さらには日本社会自体がテロの標的になることを未然に防ぐという意味もあった）。

あくまで誠実に自己を省みれば、遠い過去の、極めて限定された暴力——例えば先の「悪党」——について、その我々の生活の現在からの隔たりを介して、またそのことに守られて、自由やちから、可能性などと呼ぶのは容易い。しかし、宣戦布告すらなく、航空機が自分をめがけて落ちてくるかもしれないということの圧倒的なリアリティに誠実であろうとしたとき、悪の擁護がときに陳腐なロマンティシズムだとの指摘を覆すのは、容易ではない。

あるいは、単に感情の強度による説得ではない、我々にとってより内在的な以下の批判はどうだろうか。「なるほどあなたは、悪という言葉によって、多様性や複数性の領分をつくりだそうというのですね。では、その悪のうちの一つが、その他の、あるいは自らも含めた多様な生の抹殺——実際、自爆テロとはそのようなものです——だとしたら、どうですか？」。

事実、アメリカ合衆国は、件のテロ事件の後、国内のムスリムないしアラブ系の人々を、多数拘束している。多数派——彼らもまたそれぞれ、複数性の一部であることには違いない——の安全のためになされた、この明白な個人の市民的権利の侵害は――デモクラシーを単なる多数派の支配以上の道徳的な価値として考えれば、あきらかにデモクラシーの名に悖《もと》る。しかしまた、非常時においてもなお、だが――、社会体そのものの危険を放置して、道徳的な清廉さを保たねばならないというような選択が、それこそ民主主義的に採用されることはありそうもない。そして、先に引いた特定秘密保護法も、行政権力の濫用は問題外だとはいえ、その趣旨はテロ防止という我々の社会の複数性の擁護ではないか、という反論は、可能である。

結局、我々はいかにして、悪の擁護をめぐるこの葛藤と折り合いをつければよいのか。

より小さな悪

カナダの政治学者、また政治家でもあったM・イグナティエフは、複数性の擁護という文脈でこそないが、多数派のセキュリティと個人の市民的権利の停止をバランスないし限定的に基礎づけるものとして「より小さな悪 lesser evil（lesser of two evils principle）」という古典的な語彙を復活させた。それはつまり「ふたつの悪い選択肢のうちで一方が他方よりも悪くない場合には、より大きな脅威にならない方が選ばれるべきだ」（イグナティエフ訳書〈訳者あとがき〉2011：362）という考え方である。彼によれば、社会がテロリストの脅威に対処する際に直面する選択とは次のような類のものであって、そしてその選択の一つとして、市民的自由の停止さえもが、慎重な手続きのもとではあるが、許容される。

人生において最も困難なのは善か悪かの選択ではなく、悪かそれ以上の悪かの選択である。私たちはこの選択を、いくつかのより小さな悪の間での選択と呼ぶ。私たちが何を選択しようとも、それによって大切な何かが犠牲にされることを私たちは知っている。私たちが何を選択しようとも、誰かが傷つけられるだろう。最悪なことに、私たちは選択しなければならない。私たちはよりよい情報、忠告、あるいは何か新しい状況配置を待っているわけにはゆかないのだ。私たちは今まさに決断しなければならず、その決断には支払うべき代償があることを確信している。私たち自身が支払わなければ、誰かが支払うことになるのだ。

（イグナティエフ訳書 2011：14）

このことは、決して我々の行く道と無関係ではないどころか、むしろ正しく我々自身の課題である。我々もまた、複数性としての悪を擁護しようというのならば、その一部でありながら敵である〈複数性を縮減する悪〉に抗して、それを排除するという〈より小さな悪〉を背負うか、少なくとも消極的に支持しなければならない場合がありうる。

だとすれば、そこで我々ができることは、また為すべきは、権利の普遍性の部分的毀損という〈より小さな悪〉を、文字通り〈より小さく〉するための具体的な方途を探し求める、極めて危険な――危険という語の最高度の意味においてまったく危険な――探求であるかもしれない。例外状態が、リベラル・デモクラシーの道徳の清廉な貫徹を不可能にするとして、にもかかわらず、可能な限りでその命脈を守り抜くために、その清廉さを適切な程度に切り下げること。広範で包括的な市民的自由のうちで、いかなる場合において、そのうちのどれが、どこまで、いつまで、どのようにして――その他、考えられうる限りの条件節を付与してよい――なら、切り下げられることが受忍されうるのか。それは逆説的に、例外を例外として極限まで引き絞り、例外状態のうちでその終結を展望し、例外状態における日常的なるものの橋頭堡を築くことである。そのために準備される、自己自身にたいする適切な軛。それを構想する、理想主義的なリアリズム。

ちなみに、イグナティエフが提出した回答は、次の五つである。我々がいずれ、まったく不幸にも検討を迫られるかもしれない準則の、ありうべき先駆として、概観だけはしておきたい（イグナティエフ訳書 2011：64-65）。①尊厳テスト（dignity test）：あらゆる強制手段が、個人の尊厳を損ねていないかを判断するもの。そこで排除される手段の例として、残虐で尋常ならざる刑罰、拷問、刑罰としての奴隷労働、司法手続きを経ない処刑、容疑者を権利が蹂躙されている国へ送還すること、などがある。②伝統テスト（conservative test）：現存している適正手続き基準からの逸脱が必要不可欠かどうか、それらの手段が我々の制度上の遺産を毀損していないかを判断するテスト。それによって例えば、人身保護令状の無期限停止の排除、あらゆる拘束における司法審査の必要、権利をはく奪された人々の弁護士との接見を保証することが企図される。③有効性テスト（effectiveness test）：それらの手段によって、長期的にみて幾分でも市民の安全が確保されることになるかという有効性についてのテスト。④最後の手段テスト（last resort test）：より強制力の少ない他の手段を試みたのか、また本当にその手段しか残されていないのかを判断するテスト。⑤開かれた当事者論争主義的審査（open adversarial review）：施策の当事者に対して、その選択について、立法機関ないし司法機関が、恒常的あるいは緊急事態が許す限り迅速に実施する審査。⑥人類の様々な意見に対する品位ある敬意：テロリズムと戦う国家が、自国の国際的責務と共に同盟諸国や味方の勢力が熟考を重ねた上で示す意見を尊重すること、その要請。云々。

屋上屋を架すことを厭わず言い添えておけば、このような、非常時における市民権の部分的停止の手続きを論じるイグナティエフを参照することは、決して、ある種の国家緊急権の積極的承認を意味しない。当のイグナティエフからして、非常時においても憲法秩序や法の支配の重要性は決して手放されているわけではないのであって、むしろその議論の焦点は、あくまで、例外状態を極小化し、そのなかでも踏み出してはならない最悪の領野の一歩手前を理論的に印づけ、またそのような例外状態をいかにして適切なかたちで終わらせ、日常へと復帰するかということに、かかわっている。そこから導かれる教訓は、危機の言説の扇動に乗って非常時における行政権力の肥大化を平時において準備することでは決してなく、むしろ、それでも非常時においては不可避的に拡大するであろう行政権力に対して、それを適切に制限できるよう備えておくこと、ということなのである。

ところで、我々の日常の語彙では「次善の選択」と呼ぶようなこの原則が、敢えて「より小さな悪」と呼ばれること——つまりあくまで「善」ではなく、「悪」であるとされること——には、理由がある。それは、イグナティエフが念頭に置く悪の種類にかかわる。

デモクラシー諸国に特徴的な悪は、通常は盲目的な善意の結果として生じる。私が念頭においているのはリベラル・デモクラシー諸国における官吏によってなされる悪であり、彼らは自分たちが悪をなすためにいるのではないことを弁えていて、悪に対抗するために作られた諸制度に奉仕している、そういう人びとなのだ。それにも関わらず、彼らが悪をなす場合もある。それは、より大きな危害を事前に阻止するがゆえにそうした行動が正当化される、あるいは近代官僚制の規模を前提にすれば、そもそも自分たちが取る行動の帰結を知ることはほとんど不可能であるがゆえにそうした行動が正当化される、と信じているからなのである。

（イグナティエフ訳書 2011 : 45）

すなわち、敢えて悪という語が採用されることの意義は、その語がもつ道徳的なスキャンダル性が、選び取られた選択肢の反省を絶えず励起し、できうる限りそれを最小化せよと我々を急き立てるという、その性質にある。[8] したがって意外なことに、おそらく「より小さな悪」の対義語は、「必要悪」である。後者には、悪しき選択をした者の道徳的救済か、少なくとも、道徳的非難の減殺が試みられている。対して前者は、逆に、絶えざる吟味による、我々自身の節度が賭けられているのである。そのことによってはじめて、道徳的完璧さに欠けるある選択が、それでもなお〈理に適っている〉として暫定的に許容されうる可能性が、かろうじて残される。

そうしてみれば我々は、敢えてみずから悪を冠してきた理由を、彼の議論のなかに再度見出す。我々は先のデュルケムとの決別のなかで、全体性に包摂される予定調和に抗するという意味で、多様な現実の可能性を、敢えて悪と呼んだ。しかし、我々が自身をもまた悪と呼ぶとき、それは我々が、現実の複数性を、ひいては民主主義を構成する一部であるという以上の意味をもっている。それはつまり、民主主義を防衛するために民主主義を毀損することの不可避を、関連するあらゆる事柄の極限の吟味を前提に甘受しつつ、しかしにもかかわらずそのことに——ニーチェの有名な語を敢えて転倒させるが——〈良心の疚しさ〉を覚え続けるということを我々自身に可能にするための、名乗りなのである。必要性の次元へと頽落しないための、非常時を日常と錯覚してそこに安んじないための、決意としての悪の名乗り。

悪を排除するという悪

もう一つ、もっと身近な事例を介して、我々のテーゼの輪郭をなぞっておこう。いわゆる「ヘイトスピーチ」は、近年の日本社会における、悪＝複数性を擁護することの限界という先ほどの問題系にかかわる、より身近な例となりうる。

「在日特権を許さない市民の会」（以下、在特会）は、在日コリアンをはじめとしたマイノリティに対する差別的、侮辱的、強迫的な活動で知られる団体であり、差別的言動を伴う街宣・デモ活動を実行しつつ、その様子をインターネットの動画サイト等を通じて拡散することが、活動の基本的な形となっている。二〇〇六年一二月に準備会が結成され、翌年一月に正式にスタートした同団体の活動の嚆矢は、二〇〇九年四月にフィリピン人を両親にもつ中学二年生の女子生徒を標的にして行われた街宣活動（「カルデロン一家追放デモ」）であった。その後、二〇〇九年一二月の京都朝鮮第一初級学校での街宣活動、二〇一〇年四月の徳島県教祖襲撃事件、二〇一一年三月のロート製薬襲撃事件、さらには二〇一三年に入ってからは、東京の新大久保、大阪の鶴橋における韓国人および在日コリアンを標的とした差別デモといった具合に、活動は積み重ねられている（中村 2014 : 20-22）。

その言動も凄まじい。「北朝鮮のスパイ養成機関、朝鮮学校を日本から叩き出せ～」「こらチョンコ」「この学校の土地も不法占拠」「我々の先祖の土地を奪ったんですよ、全部これ。戦争中、男手がいないとこ、女の人をレイプして虐殺して奪ったのがこの土地」「これはね侵略行為なんですよ、北朝鮮による」「日本に住ましたってんねや」「お前ら道の端あるいとったらええんや」「約束というのはね、人間同士がするもんなんですよ。人間と朝鮮人では約束は成立しません」「スパイの子どもやないか」「密入国の子孫」「キムチ臭いねん」（京都朝鮮第一初級学校前の街宣活動）（中村 2014：9）。プラカードには「朝鮮人 首吊レ毒飲メ飛ビ降リロ」「犯罪民族朝鮮人は日本から全員出て行け」「風紀を乱す五万人の韓国人売春婦を日本から叩き出せ」「良い韓国人も悪い韓国人もどちらも殺せ」「FUCK KOREA」「蛆虫」「害虫駆除」「いまだに韓流にハマる日本の汚物＝韓流バカも出て行け」の文字が並び、参加者は大音量の拡声器で叫び、シュプレヒコールを上げる。「変態朝鮮人は日本から出て行け！（以下略）」「韓国人を射殺しろー！ ソウルの街を焼き打ちにしろー！ 火の海にしろー！」「鬼畜、ケダモノ、人非人の言葉がこれほど当てはまる民族は、朝鮮民族以外にありません」「韓国人ぶっ殺せ！ 絞め殺せ！」「朝鮮人をガス室に送れ」「在日韓国人をテポドンにくくりつけて、韓国に打ち込みましょう！」（新大久保等でのデモ）（有田 2013：3-5）。我々の社会の複数性を構成するマイノリティの尊厳と暮らしを毀損するがゆえに、規制されるべきであろうこの一連の活動。

我々は先に、正義と善以外のほとんどすべて（それは我々自身を含む）を悪と名指し、しかもそれを擁護すると宣言した。その見地に立てば我々は、彼らレイシストをも、自由、ちから、複数性の担い手の一部として擁護しなければならないようにも思われる。しかしこの圧倒的な悪の経験は、我々の形式的な命題のナイーブさを、生々しく剔抉する。そもそも疑いえない事実は、ここで彼らによってその生と尊厳を毀損されるマイノリティが、我々の社会の複数性の担い手であるということである。ヘイトスピーチは、現にそのような我々の社会の複数性を、毀損している。やはり我々は、この種の悪の存在を許してはならないように思われる。みずから打ち立てた、悪の擁護テーゼの完全性をそこなうとしても、である。

そしてそれはつまり、先に触れた〈より小さな悪〉の思考にほかならない。我々は、レイシストを、たとえそれ自体我々の社会の複数性であるにしろ、ここに毀損されるマイノリティの生と尊厳を守るために――少なくともその言動において――排除すべきである。このことは、もはや我々にとって逡巡する必要のないことに属する。

したがって議論はむしろ、その先へと移る。複数性を毀損する複数性の排除を、いかにして〈より小さな悪〉へと引き絞っていくか、という問い。

＊＊＊

おそらく誰もがまず思いつく有効な規制の方法は、法によるものと思われる。だが、日本の憲法学の議論も含め、ヘイトスピーチの法規制には慎重論も根強い。反ヘイトスピーチ（あるいは広く反レイシズム）は、言論の自由などの市民的自由と緊張関係にあると考えられているからである。それはまさしく、社会の複数性を擁護することと、しかしその複数性を構成する担い手でありながら、複数性自体を縮減しようとする者たちの処遇についてのジレンマという我々の困難と、重なっている。

しかし先に我々は、〈〈複数性を縮減する悪〉の排除という悪〉を、まさにそれが悪であることの自覚のうえに、〈より小さな悪〉である／とする限りのものとして引き受けることを宣言した。これを適用するならば、一連のヘイトスピーチの規制自体は、我々にとって必然的な選択となる。問題は、これらの原則と準則の束を適用するそのやり方である。

時宜にかなって邦訳されたＥ・ブライシュの仕事（ブライシュ訳書 2014）は、我々の手探りの探求に、決して小さくない貢献をしてくれる。ヨーロッパとアメリカにおける自由と反レイシズムの緊張関係、またそのなかでの規制法制の整備を歴史的スパンにおいて整理する同書を、簡単に概観しておこう。

ヨーロッパの国々は、概してヘイトスピーチ規制あるいは反レイシズム関係法令の整備や司法判断の蓄積が進んでいるといってよい。すべての事例に触れる紙幅はないが、ヨーロッパの多くの国では、人種にかかわる名誉毀損や侮辱、あるいはその扇動を規制する法制、例えばホロコースト否定禁止法制に加え、最近では、反イスラム的な憎悪表現への規制法制など宗教にかかわるそれらが一定程度整備され、またそれに基づく司法判断も蓄積されている。

最近の注目すべき動向としては、二〇〇六年にイギリスで成立した人種および宗教的憎悪法が挙げられる。同法は、人種的憎悪・扇動を規制する一九六五年の人種関係法を宗教的憎悪の扇動に拡大するものであるが、これが成立した背景には、二〇〇一年の九・一一テロ事件があった。テロ事件以降イギリス政府は反テロリズム政策をすすめたが、モスクや潜在的なムスリム過激派ネットワークの監視強化を行うのと引き換えに、テロに直接・間接に影響を受けているであろう反ムスリム的な扇動活動を規制するもの、というのが、同法が成立した固有の文脈であった。（ブライシュ訳書 2014 : 45-50）。この措置は、〈より小さな悪〉=反テロリズム政策が燃え広がること、すなわち、アラブ系あるいはムスリムへの人種的ないし宗教的差別・憎悪を、政府の施策が図らずも亢進させてしまうことへの対応策として、興味深い。もちろんそれが、イスラム系市民への監視強化という、市民権の侵害の疑いをともなっているという厳然たる事実からして、我々にとっての無謬の模範例ではないことには、十分留意すべきだが。

またここで注意すべきは、ブライシュの強調点が、ヨーロッパにおけるこれら一連の法規制の強さ、ではないという点である（実際、先のイギリスにおける宗教的憎悪法の有効性についての彼の評価は、必ずしも高くない）。むしろ彼の趣旨は、そこに至るまでのプロセス、正確には、そのプロセスが極めてゆっくりとした論争的なものであり、彼のいう「自由を絶対視する人々」が危惧する「すべり坂」――ひとたび反レイシズム法制を少しでも許せば、なし崩し的に自由の領分が侵食されるということ――が、必ずしもリアリティのある予測ではないことを示す点にあったのであり、その意味で彼の意図は、法規制に過剰に慎重なリベラリストに再考を促すことにあった。実際、ヨーロッパにおけるヘイトスピーチ（あるいはレイシズム）規制法制は、実に一九六〇年代以降数十年にわたる「ゆっくりとした歩み」（ブライシュ訳書 2014：35）であり、その内容においても、自由と反レイシズムは、少なくとも法制上は、また相対的には、バランスされているように思われる。もちろん、二〇一五年一月のシャルリ・エブド編集部に対するテロが、フランスでのその失敗を意味していると論じることは可能であるが。[9]

他方で、アメリカにおけるヘイトスピーチ規制の変遷は、我々の選択が〈より小さな悪〉となるために必要な熟慮と配慮を、別の観点から示している。ブライシュによれば、ヨーロッパに比べ、アメリカはより言論の自由を重視する立場にあると、とりあえずはいうことができる。ただしそれは、建国以来の一貫した伝統というわけではなく、「二〇世紀の半ばごろまでには、最高裁は今日におけるヨーロッパの自由民主主義諸国と大差のないルールを確立していたのであった」（ブライシュ訳書 2014：144）。

事態が変化するのは、一九六〇年代以降である。クー・クラックス・クランの指導者クラレンス・ブランデンバーグは、オハイオ州シンシナティで行われた集会で、十字架を燃やし、民衆を煽る差別発言を発した。そして、「我々は復讐組織ではない。しかしもし大統領が、議会が、最高裁が、これ以上白人の抑圧を続けるなら、何らかの復讐が行われなければならないということはありうる」と述べるブランデンバーグに、州裁判所は、犯罪ないし暴力の唱道を禁じた一九一九年の法律に違反するとして有罪を命じたが、一九六九年、連邦最高裁はその判決を破棄する。「差し迫った違法行為を扇動ないし産出しようとする場合、また扇動ないし産出しそうである場合」に限り言論が違法となるとの最高裁の判断は、実質的に、扇動的な言論について、「きわめて厚くそれを保護するもの」(ブライシュ訳書 2014:130) であった。一九七二年のジョージア州法に対する判断(一対一の喧嘩言葉に対する保護)や、一九七〇年代後半のイリノイ州の自治体における人種ないし宗教的憎悪の扇動を制限する規定への違憲審査にみられる姿勢など、連邦最高裁はあきらかに、ヘイトスピーチを容認する方へ傾いた。

このヨーロッパとは逆方向への変化は、何に由来するのか。その一端には、連邦最高裁が、マイノリティの側からみた、ヘイトスピーチを法によって規制することのデメリットを重くみたという事実がある。実際、反ナチの著述家たちは、集団に対する名誉毀損禁止法を、利益よりも危険のほうがはるかに大きいと考えていたし、同様の観点は、公民権運動に携わるアフリカ系アメリカ人にも共有された。一九六〇年初頭、公民権運動家たちはジム・クロウ法により起訴され、またサウスカロライナ州では、州議会議事堂前をデモ行進した平穏なピケ隊が有罪判決を受けている。ルイジアナ州では、差別的な企業のボイコットを呼びかけた運動家が有罪となり、アラバマ州裁判所は、四人の黒人牧師が『ニューヨーク・タイムズ』に掲載した広告が自分に対する名誉毀損だと主張するモントゴメリ市の職員の訴えをみとめ、同紙に賠償金の支払いを命じた。しかしいずれの事案においても、連邦最高裁は判決を破棄している(ブライシュ訳書 2014:134-136)。マイノリティの側におけるこのような現実の危機を救ったのは、連邦最高裁による言論の自由の拡張＝ヘイトスピーチの保護だったという訳である。

とはいえブライシュによれば、「アメリカでレイシストが何を口にできるかについては、それでもなお制限が存在する」（ブライシュ訳書 2014：137）。だから、アメリカではヘイトスピーチが完全に野放図の状態になっているというような理解は、彼の主張を裏切ってしまう。またこれとは別にアメリカは、レイシズムによって動機づけられた犯罪に追加刑罰を科すヘイトクライム法制や人種差別禁止法制を、ヨーロッパ諸国よりも積極的に整備してきたのであって、それはやはりこの国の反レイシズムの達成を示すものであろう。重要なのは、アメリカの政治が、そのような反レイシズムの姿勢を確実に発展させつつも、しかしそれら規制そのものの意図せざる効果に対して、適切に敏感であったということである。

そのことは、日本における反レイシズムを、〈より小さな悪〉のアプローチに拠りながら成熟させるうえで、重要な教訓であるように思われる。実際その重要性は、現在までのところ不発に終わっているものの、自由民主党によるヘイトスピーチ規制がデモ規制に転化しようとしたという事実を想起すれば、我々にもよく理解できるだろう。二〇一四年八月に開始された、自民党内のヘイトスピーチ規制策を検討するプロジェクトチームでは、右翼団体の街宣に加えて、毎週金曜日に行われる反原発デモなど、国会周辺の街頭活動に音量規制を行う考えがあることが明らかにされていた。結局九月に入って、自民党政調会長の高市早苗（当時）はその考えを撤回したが（朝日新聞 2014：9.2 朝刊）、そもそもこの一連の流れが、国連人種差別撤廃委員会が在日韓国・朝鮮人に対する中傷デモの是正を勧告したことを受けたものであったという文脈を考えれば、マイノリティの人権を保護するためと称した議論が、正当な言論の自由を抑圧する方向に横滑りするという可能性は、決して杞憂ではない。

そうしてみれば我々の〈より小さな悪〉のプロジェクトは、単に複数性を縮減する悪の排除を選択しさえすればよいということではなく、意図せざる帰結に対する敏感さ、それゆえの、歴史や文脈への配慮と熟慮を、社会選択における重要な徳として強く銘記することを、我々に要求するものである。規制の有効性は無論のこと、しかしその手続きや文脈、歴史、意図せざる帰結への熟慮、そしてなによりその選択に対する反省的熟慮を伴いつづけることによってのみ、規制＝悪はかろうじて許容される。

3　本書の構成

冗長さを恐れずいくつかの事例を介して練り上げられてきた、〈悪の擁護〉という我々のテーゼは、ようやくその原理の輪郭を明らかにしてきたように思われる。すなわち①我々の〈悪の擁護〉とは、歴史的・偶有的与件としての善にまつろわない、その限りにおいて非‐善とされがちな自由、ちから、可能性、あるいは複数性の擁護である。しかし我々は、②複数性を縮減しようとする悪は斥ける。③我々は、①と抵触する②の選択という〈より小さな悪〉を、理論的一貫性の欠如という瑕疵とともに敢えて引き受けるが、それはその〈より小さな悪〉を正しくそれとして背負うこと、すなわち、みずからが行使する悪について、その極小化をみずからに絶えず要求し続ける、そんな自分自身への軛として悪を名乗り、実際そのように生きること、その限りにおいてのみ許容される。我々は、悪を処罰しあるいは飼い慣らす統治を否定しえないが、その統治の網目の及ぶ範囲を、可能な限り極小な範囲に引き絞ろうとすることに真に誠実な限りにおいて、みずからの選択をかろうじて許容する。そうあり続けるために我々は、我々自身とその統治の行使を、悪と呼ぶ。

そうしてみれば、我々の選択は、二つの部分的に相反する原則を同時に保持するという、二元論なのである。そしてその二元論を二元的なままに背負うということが、我々のいう〈悪の擁護〉である。この煮え切らない二元論に敢えて留まることは、真でも善でもないであろうが、かろうじて一つの美学、すなわち、我々の複数的な生の豊かさを、注意深く、様々なものに配慮しつつ求め、また同時にその道行きの冗長さや煩雑さそれ自体を価値とするような、したがってラディカルに民主主義的な、さかしまの美学を構成するだろう。

しかしともあれ、ここにいうテーゼなるものも、実のところ、仮説に仮説を重ねることで暫定的に輪郭が描かれたものに過ぎない。実際、悪なるもののうちには、擁護に値する価値が存するのか、まずはその原点を読者とともに確認することが必要であろう。また、悪と共に在るための方途は、ありうべき悪との共生のかたちは、決して一つというわけでもないだろう。そもそも、ここに寄せられた論稿の執筆者たちからして、悪なるものに対する立場は、——実のところ「我々」などと一人称複数の形で呼ぶには似つかわしくないかもしれないほどに——それ自体複数的であるのだから。したがって事柄は、より具体的に、より大きな複数性の環において、個別のイシューごとに、各執筆者それぞれの位相において、読者との対話において、改めて一つずつ確かめられていくしかない。そこで我々は、それぞれの分野で、それぞれのやり方で、悪の魅力、あるいは悪との共生について考察した。そこで序論の最後に、それらについての若干の水先案内をしておきたい。

＊＊＊

各論部は、大きく二部に分かれる。第一部「抗いと甘受の閾」は、悪なるものの諸形象のレパートリーを理論の力を借りて拡張していく、したがってどちらかといえば理論志向の強い論稿によって構成されている。それはまさに、我々が抗うべきものと甘受すべきものの境界を探る、危うげな思考の実験である。他方で、「共生の身悶え」と題された第二部は、どちらかといえば実際に悪なるものとの関係を取り結ぶ、そのやり方にかかわる。しばしば苦痛を伴うものの、しかし確かに価値ある実践的な思想や振る舞いに多かれ少なかれかかわるような、したがってより実践志向の強い論稿が、ここに並ぶ。

もっとも、その区別は相対的なものである。自身の理論的関心を自認する読者はまず前者に、実践的関心の強い読者は後者にあたることをとりあえずお勧めするが、しかしそれにとどまらず通読することでえられるものは、決して小さくはないと思われる。

第一部　抗いと甘受の閾

第一部冒頭で、「悪とは何か」という、まったく直球の根源的な問いを掲げる髙宮論文（第一章）は、善の理論、義務の理論、徳の理論という伝統的な倫理学説を、哲学者デューイとともにめぐる旅である。「善とは何か」「義務とは何か」「徳と標準とは何か」をめぐる問題系は、それ自体がそれぞれの理論的見地から演繹される「悪とは何か」を逆照射する。我々の一般的語彙としての「悪」が、いかに複雑で多面的なものかということが、照らしだされる。

保田論文（第二章）は、災害、あるいは不運という、非人格的な破壊的形象としての悪を扱っている点で、本書における悪の射程を重要な方向へと拓くものである。被害の遍在性をリスク負担の平等性に関する問いと読み替えつつなされる一連の考察は、不運という悪に抗して平等であろうとする際の、我々の手持ちの思考原理――すなわち、責任という原理――の可能性と限界を露わにするという仕方で、あるいはその限界を超えるために必要なことの輪郭を示すというかたちで、悪について問うている。

J・ラズの理論を検討する石山論文（第三章）の主題は、ラズの「正統な権威」論である。難解だが骨太で豊穣なラズの理論から汲み取りうるものは多いが、例えばもし読者が、国家やその権威を無媒介に悪と断じるなら、ラズの理論はそのナイーブさを剔抉するものであるかもしれない。存在するもののほとんどすべてを悪と看做そうという本書の（敢えて意図された）過大さに抗して、本章は、議論を冷静な国家論へ引き戻すが、それこそがこの小著における複数性への、本章の逆説的な貢献である。

理論編の最後を飾るのは、感情をフックとした動員という道具的理性の隆盛に抗するという意味で、正しく批判的社会理論の現在と呼びうる堀内論文である（第四章）。いまや少なくない理論家たちは、意志の自律を導く啓蒙のプロジェクトを放棄し、感情動員を善用する「感情の政治学」に期待する。かつて批判理論が指摘した隘路への居直りであるようなそれらに抗する本章は、人々の頼りない理性的思慮を援助し行為へ結びつける〈環境〉のデザインというやり方で、つまりは意志の自律という道徳的要請を適切に切り下げるというかたちで、むしろその価値を擁護するという逆説性に彩られた、「よりマシな悪」論である。

他方で第二部は、個々人の保守／革新という政治的志向性の基底を器質的・遺伝的要素の方へと掘り下げるという人文・社会科学らしからぬ方向を模索する山本論文（第五章）が、その戦端を開く。パンドラの箱をまさぐるようなこの探求において、我々の政治が個々人の器質的・遺伝的基底に支配されているという事実がもしも見出されようものなら、我々は「所詮、人は分かりあえない」という絶望に沈むしかない。事はそう単純ではないというのが本章の知見であるとはいえ、それでもその叙述は、政治の条件としての我々自身の未規定性が危険に晒される、その意味で非常にスリリングなものである。

続く鈴木論文（第六章）は、我々のある社会的事象に対する感性の更新を迫るものであるように思われる。すなわち、宗教についての否定的感性である。「宗教ないしスピリチュアリティ的な要素は、現代の先進国社会にとって「排除できない悪」なのだ」「「人間性」とは、現代社会における宗教なのだ」――そう言い切る本章の主張もまた、人を困惑させはするかもしれないが、しかし同時に重要な議論の局面を拓く。新たなコミュニケーションの可能性としての悪＝宗教・スピリチュアリティの不可避性という局面である。

濱沖論文（第七章）の主題は、教育について、就中、教師のある種の不当な振る舞いを、ウェーバーの「責任倫理」を媒介としながら擁護すること、あるいは、擁護に値するものである条件としての、教育の「責任倫理」を明らかにすることにある。生徒自治の生起に責任を負う限りにおいて、教師の非道徳的な指導を擁護する本章は、本書のモチーフ「悪の擁護」の具体的な試行であり、よってその課題設定と結論の双方において極めてポレミカルだが、教育の善性へのナイーブな信頼を超えた先で、教育なるものの一つの可能性を読み拓く。

他方で、教育を主題とするもう一つの章である神代論文（第八章）において、悪とは子どもたちのことである。生活指導なる独特な人間形成の営みを思想的に読み解く本章は、その営みが、潜在的に悪であるところの、この世界への新たな来訪者としての子どもたちを、絶えず「異邦人」として置き直しつつ擁護――本章の語彙では「歓待」――するという、不可能性への挑戦であったことを強調する。そこには、単に教育の成功のみならず、我々の民主主義の存立が賭けられているというのである。

そして本書の締めくくりには、監修者である宮台氏の解題が寄せられている。圧倒的な思考の密度が生み出す強度に裏打ちされた、現代に対するある種の箴言の束であるようなそれ。提起、提言という控えめで理性的な表現では形容できない、むしろ読者を感情的に鼓舞する形で示されるのは、「感情の劣化」という時代診断からの、「感情への設計」という方策である。いかにも邪悪な倍音――もっとももしかするとそれは、氏にいわせれば、その実効性を不問にしつつ、カント主義的な道徳観を、あるいは理性への思慕を手放せない我々が、勝手に聞き取っているに過ぎない幻聴ということなのかもしれないが――を響かせる、しかし極めて挑発的で幻惑的な解題を、ぜひ味読されたい。

《註》

1　ちなみにそれは人間にとって、非日常的なことではない。本来上位にある「そうすべき」という道徳法則を劣位におき、人間に備わる自然衝動や傾向性を満足させること（「幸福の原理」）を積極的に行為の第一原理として採用すること――カントのいう「根本悪」――は、むしろ人間の一般的な「性癖」である（中島 2011）。

2　シェリングの悪論については、諸岡（2001）および三重野（2006）のコンパクトな整理に示唆をえた。

3　この不自由は、逆説的ではあるが、神の絶対的自由の言い換えである。神の自由は何ものにも遮られることがないので、神は遮られて在ることができない。

4　例えば、セクシャル・ハラスメントという道徳的過誤――これは、諸々の諸条件が生み出した個々人における集合的行為類型からのとあるズレに、性的な侮辱に対する嫌悪という集合的感情に基づく道徳意識が重大性を見取ることによって成立する――は、それ自体はむろん非難されるべきである。だが、過去には単なる無作法な行為であったそれは、集合的感情の亢進に伴って、セクシャル・ハラスメントという道徳的過誤として名指されることで、人権の尊重という道徳的理念に、実質を付け加える。あるいはそのズレは、我々の法に、セクシャル・ハラスメントの禁止を付け加えることによって、法の進化を促しうる。

5　実際、『道徳教育論』（デュルケム訳書 2010）で彼が示した基本的な道徳的性向は「規律の精神」「社会集団への愛着」「意志の自律性」であって、またその延長線上には、存続すべきものとしての社会と、それに奉仕するものとしての来るべき「完全に合理的な道徳教育」（デュルケム 2010：48）が、強く要請されている。健全な社会生活に必要な個人への規制力を重視する傾向性は、むしろデュルケムの本来的な関心から来るものとみなすべきであって、そうしてみればここにいう我々とデュルケムの重なりは、対極的見地から生じた関心同士の、ほとんど逆説的な（ある意味で皮肉な）一瞬の交わりに過ぎない。

6　もっとも、その運動の過程において、複数性が複数性であるための結集が、差異の抹消を帰結するのではないかという危惧は、とりわけSNS上で頻繁に表明されてはいた。そのことの真偽は、歴史的な評価に委ねざるをえないように思われる。

7　http://ishiba-shigeru.cocolog-nifty.com/blog/2013/11/index.html（二〇一五年一一月一三日最終閲覧）なお、二〇一三年一二月二日付で記事は修正されており、本文中で引用した「テロ行為とその本質においてあまり変わらない」の部分には削除の意の線が引かれ、「本来あるべき民主主義の手法とは異なる」と訂正されている。

8　したがって、先の特定秘密保護法に対する批判は、国家は外交・防衛・警察に関するすべての情報を即時に開示すべし、という道徳的に清廉ではあるがナイーブな主張ではない。国家がまさに「特定の」秘密をもつ必要性は十分に理解したうえで、国民が信頼するに足る手続きなどの準則が示されていない、その限りにおいて行政権力の濫用の可能性を指摘するものであり、また、デモをテロと同一視する発言が、その濫用可能性をすでに示している、ということを指摘したものである点は、理解されたい。

9　ちなみにシャルリ・エブドは、一九九〇年代にはすでにイスラム風刺の件でムスリム団体から訴えを起こされているが、フランスの裁判所はそれを斥けていた。ブライシュは、この時の裁判が憎悪や差別、暴力を扇動あるいは誘発することを禁じた法律によって起訴されていたら、ある程度正当化可能であったのではないかと主張する（ブライシュ訳書 2014：74）。

《文献一覧》

網野善彦（1993）『異形の王権』平凡社。

――（1995）『悪党と海賊――日本中世の社会と政治』法政大学出版局。

――（2003）『海と列島の中世』講談社。

有田芳生（2013）『ヘイトスピーチとたたかう！――日本版排外主義批判』岩波書店。

イグナティエフ、M（2011）『許される悪はあるのか？――テロの時代の政治と倫理』添谷育志、金田耕一訳、風行社。

石母田正（1985）『中世的世界の形成』岩波書店。

カント、I（1979）『実践理性批判』波多野精一ほか訳、岩波書店。

シェリング、F・W・J（1951）『人間的自由の本質』西谷啓治訳、岩波書店。

デュルケム、E（1978）『社会学的方法の規準』宮島喬訳、岩波書店。

――（2010）『道徳教育論』麻生誠・山村健訳、講談社。

中島義道（2011）『悪への自由――カント倫理学の深層文法』勁草書房。

中村一成（2014）『ルポ京都朝鮮学校襲撃事件――〈ヘイトクライム〉に抗して』岩波書店。

中村直勝（1978）『中村直勝著作集第四巻　荘園の研究』淡交社。

中村雄二郎（2012）『悪の哲学ノート』岩波書店。

ブライシュ、E（2014）『ヘイトスピーチ――表現の自由はどこまで認められるか』明戸隆浩ほか訳、明石書店。

プラトン（1998）『ソクラテスの弁明・クリトン』三嶋輝夫・田中享英訳、講談社。

堀内進之介（2012）「「人民による、人民のための統治」への試論――生の実験、あるいは自分自身を信じること」現代位相研究所編『統治・自律・民主主義――パターナリズムの政治社会学』ＮＴＴ出版。

三重野清顕（2006）「悪の起源――シェリングの思考に基づいて――」熊野純彦・麻生博之編『悪と暴力の倫理学』ナカニシヤ出版。

諸岡道比古（2001）『人間における悪――カントとシェリングをめぐって』東北大学出版会。

Bierce, Ambrose. (1971). "*The Enlarged Devil's Dictionary*" Penguin Books.

第Ⅰ部　抗いと甘受の閾

第一章　悪とは何か――デューイの倫理学から考える

髙宮　正貴

はじめに

悪とは何だろうか。まず、悪は何かを考えるには善が何かがわかればよい。だが、善の反対語としての悪というよりも広く、「道徳的に見て行ってはならないこと、あるいは道徳的に見てなすべきではないこと」として悪を捉えてみよう。西洋の倫理学では、こうした広義の悪について、三つの種類の理解の仕方が存在してきた。第一に、人間の生きる目的を善と捉え、それに対立するものを悪とみなす理論がある。第二に、人間がなさなければならない義務を絶対的なものとみなし、それが禁ずるものを悪とみなす理論がある。第三に、他者によって是認される行為を徳とみなし、それに反する行為を悪とみなす理論がある。

実は、それまでの西洋の倫理学を、このように善の理論、義務の理論、徳の理論という三つのタイプの倫理学に分類したのは、アメリカの哲学者J・デューイである。この区別は、現代における功利主義、義務論、徳倫理学という三類型におおよそ対応している。デューイは、これらの三つの倫理学のタイプを分けた上で、それらと対話しつつ、自らの倫理学によって三つのタイプの倫理学を統合しようとしている。本稿では、善とは何か、義務とは何か、徳と標準とは何かをめぐるデューイの考察を分析することを通じて、我々が悪をどのように捉えることができるのかを明らかにしたい。

1　善とは何か

倫理学の一つ目のタイプは、善の概念を導く目標や目的に重要性を置く倫理学である。このタイプの倫理学は、人間は何のために生きるべきかという目的を決定するとともに、その目的を達成するための手段である知恵や分別の獲得を重視する。人間の目的は何かをめぐっては、このタイプの倫理学の間でも多様な立場がある。デューイが主に取り上げるのは、(一) 快楽主義、(二) 成功を目的とする倫理学、(三) 禁欲主義である。禁欲主義は、一見すると人間の目的や善そのものに反対しているように思われるが、そうではない。禁欲主義は、この世での通常の快楽を犠牲にすることによって、最終的な満足を得ることを目的としているのである。

ところで、快楽主義の中には、エピクロス派の倫理学と功利主義が含まれる。エピクロス派の学説は、現在の享楽のうちで、最も確実なものを大切にせよというものである。それゆえ、将来の不確かな快楽を求めることを避けることを説くとともに、外的環境との接触を避けるように説く。そうすることで、人間は自分自身の中に確実な満足の源泉をもてるというのである。

デューイの当時における快楽主義の代表者は功利主義であった。功利主義はＪ・ベンサムやＪ・Ｓ・

ミルが主張した倫理学の理論である。功利主義の基本的な原理は、大きく三つの部分に分けられる。第一に、人間の行為は、動機の善さによってではなく、結果の善さによって判断されるべきだという「結果原理」である。第二に、人間の行為の目的は幸福であり、幸福とは、快楽であり、苦痛がないことであるという「快楽原理」である。それゆえ、行為の善悪は、それが快楽を増大させ、苦痛を減少させるかどうかによって判断される。第三に、今述べた行為の善悪は、単に行為者個人の幸福によって判断されるのではなく、関係者全員の幸福によって判断されなければならないという「社会原理」[1]である。

デューイは「結果原理」については功利主義を受け入れている。このことについては後に第2節で詳しくみる。デューイの功利主義批判は、人間の行為の目的が快楽にあるという「快楽原理」に関するものと、個人的な快楽を善とすることは社会全体の幸福を善とすることと矛盾するのではないかという、「快楽原理」と「社会原理」の間の整合性に関するものの二つの方向からなる。後者の批判については、第3節で徳と標準の理論との関わりで論じることにして、ここでは前者の批判についてみていく。

デューイが快楽を行為の目的にすることを批判する第一の理由は、快楽や苦痛は予測することが非常に困難だということである。というのは、特定の快楽を目的として行為した場合でも、様々な外的な事情や偶然によって快楽や苦痛が生じるからである。そうした偶然的な快楽まで見積もって行為を選択することは不可能である。

デューイによれば、仮に功利主義の理論の射程を予測できる快楽と苦痛に限定したとしても、まだ次のような問題が残る。デューイは、功利主義が、無意識のうちに、すでに善い人によって享楽される快楽の基準、すなわち正常とみなされる種類の快楽の基準を前提にしているのではないかという。「ふしだらな人、不誠実な人、卑しくけちな人の快楽ではなく、審美的享楽、友情、楽しい交際、知識などの快楽が考えられているのである。しかし、われわれが道徳的に軽蔑する性格の人たちも、自分たちの行為の方向から実際の快楽を得ていることは否定できない」(2002：74-75)。ここでのデューイの趣旨は、功利主義が正常な人の快楽を暗に前提としているのでなければ、快楽を増大させよというとき、不道徳な快楽が増大させられてしまうことを否定できないということだろう。

しかし、デューイのこの批判に対して、功利主義は快楽には非道徳的な快楽があることを率直に認めるだろう。つまり、功利主義は、快楽を増大させよというときに、最初から道徳的な快楽を想定しているわけではない。個々人はそれぞれに快楽を増大させようとするが、そのときにある人が求める快楽が他の人のより大きな快楽の実現を妨げるようなものであるならば、そのときに限り、その人は自分の快楽を諦めるように要請されるのである。このことは「社会原理」によって関係者全員の幸福が目指されるということの意味である。したがって、功利主義にとって、個々人の快楽がそもそも道徳的に正当なものかどうかを問うというのは間違っている。むしろ、それが社会全体の幸福の実現に反すると判断された後に、その快楽が非道徳的なものであると判断されるのである。

デューイの三つ目の批判は、功利主義が予測された将来の快楽と、目的を思考する際に直接に経験される享楽を混同しているというものである(2002：75)。つまり、功利主義は、ある目的を思考するときに、その目的の達成によって得られる快楽と、その目的を思い描くことで得られる現在の快楽を区別していないというのである。ある目的を想像することで引き起こされる快楽はしばしば非常に強いものであるので、将来の結果に関する健全な判断を妨げる場合がある。功利主義が単に快楽を増大させるよう説く限り、このような現在の想像上の快楽に耽ることを批判することはできないだろう。

デューイは、快楽を行為の目的とする際の問題点を指摘した上で、快楽を行為の目的とするとき、どのような快楽ならば善いかを論じていく。デューイが主張するのは、反省と関係をもつことのない快楽と反省と関係をもつ快楽は種類の上で違うということである。そして、人間は、反省が是認する目的のなかに快楽を感じるよう学ばなければならないということである（2002：77）。

デューイは、功利主義者であるミルの快楽の質に関する主張を再解釈することによって、この主張を補強している。ミルは、二つの快楽を比較してどちらかを選択するときには、快楽の量だけでなく質も評価されなければならないという。人間は快楽の質の高低を知っているがゆえに、一方の快楽をどれだけ大量に与えられてももう一方の快楽のほうを選ぶことがある。このとき選択される快楽は人間の高次の能力を使用させるような快楽であり、具体的には、知性、感情、想像力、道徳感情などによる快楽であるとミルはいう（2010：266-267）。

デューイは、快楽の質に関するミルの主張を次のように解釈し直す。

> われわれの結論は、ミルの言明に含まれている真理は、一つの「能力」が他のより本来的に高度だということではなく、大きな経験に基礎を置く反省によって、その人の欲求の全体系を調和的な仕方で統一していると認められる満足こそが、孤立した特殊な欲望との関係においてのみ善であるものよりも、質の上で高いというものである。ミルの言明の全体的含意は、何らかの目的や対象における全体的自我の満足は、単一の独立した欲望の満足とは、極めて異なった種類の事柄だという

ものである」(2002：79)。

自我の全体的な満足は、単に外的な状況に付随する快楽によって得られるのではなく、反省によって自我の永続的な性向を形成することによって得られる。デューイは、このような全体的自我の満足を「幸福」と呼び、単なる個別的な「快楽」と区別する。つまり、幸福とは性格に随伴するものなのである。たとえば、「寛大な性向の人にとって愉快なものは、卑しくけちな人においては嫌悪を引き起こす。子どもにとって愉快なものは大人を退屈させるだろう。学者を満足させる対象は粗野な人にとっては大変いやなものである」(2002：79-80)。

このようにしてデューイは全体的自我の満足を幸福とみなす。こうした観点からすると、善悪はどのようにみなされるだろうか。行安茂によれば、「デューイは自我と衝動が分裂するとき、不正が起こる、という。したがって、ここから悪が生ずる。分裂とは自我と衝動と一体になっていないことである。逆にいえば、衝動が有機的となるに従って、自我は調和する。かれによれば、一つ一つの行為はこの衝動が統一された自我の表現であり、これを実現している人が「よい人間」である」(1988：77)。

しかしながら、デューイに対しては次のように問うてみることができよう。なぜ反省によって統一された自我の満足は孤立した一時的満足よりも善いといえるのだろうか。その理由としてはデューイの知性主義がある。「デューイは悪い行為を分析の不十分さからくる判断の不十分さの結果として考える」(行安 1988：140)。つまり、悪は判断の誤りという知性の問題に還元されているのである。悪を知性の問題に帰することができるのは、環境への適応によって行為の善さを判断するからである。デューイはＣ・

R・ダーウィンの進化論を倫理学に応用している。

しかし、個人が環境に適応することがそのまま社会全体の幸福と常に一致するとはいえないのではないか。社会全体からみて悪しき行為によって個人が環境によく適応するということはありうるからである。たとえば、約束を破る人は、他者に迷惑をかけ、社会にとっては害になるとしても、その人なりの仕方で環境に適応しているといえるのである。既にみたように、デューイ自身が個人の快楽と社会全体の幸福の矛盾に関して功利主義を批判していた。それにも関わらず、ここまでのデューイの議論からは、個人の善と社会全体の善が矛盾する可能性を否定できない。個人の善と社会の善の関係をどう考えるかという問題は、次節で論ずることにしよう。

2　義務とは何か

デューイは、功利主義が行為の目的とする快楽＝幸福の内容を批判し、反省に基づいて形成される全体的自我の満足として幸福を捉え直した。そのようにして、快楽主義そのものを否定するのではなく、快楽に対する新しい見方を提供したのである。

デューイの次の対話の相手は、義務とか権利の概念の至上性を導くような法と規制に重要性を置く第二のタイプの倫理学である。この倫理学は、欲求や欲望の統制を重視する。それゆえ、欲求に関連づけられている目的の概念を重視する第一のタイプの倫理学には真っ向から対立する。

この第二のタイプの倫理学の代表者はI・カントである。カントは「義務のための義務」を説く。そのような義務は、何らかの目的や善を達成するための手段とみなされてはならない。したがって、義務は、欲求を満足させる価値を求める人間の「傾向性」と対立する。

では、ある行為を傾向性からではなく義務に基づいて行うとはどのようなことだろうか。カント自身の例でいえば、できる限り他人に親切にすることは義務である。人は同情心から他人に親切にするかもしれない。しかし、同情心というのは他人に対する愛着的傾向であって、同情心に基づく行為は道徳的価値をもたないのである。一方、自分自身の悲しみのために他人に対する同情心を失ってしまった人がいるとする。他人の苦しみはもはやこの人の心を動かさない。しかし、この人が他人に同情するという傾向性を失ってしまったにもかかわらず、専ら義務に基づいて他人に親切にするとすれば、このような行為こそが道徳的価値をもつというのである（カント 1976 : 33）。

このような行為は傾向性に基づくのでないとすれば、一体何に基づいてなされるのだろうか。カントは、義務は道徳法則に対する尊敬の念に基づいてなされなければならないという（1976 : 38）。傾向性は尊敬の対象にはならない。というのは、激情の抑制、冷静な思慮といった傾向性は一般に善い特性と思われているが、無条件に善いとはいえないからである。

ところで、カントにあって、義務の概念と不可分に結びついているのは意志の概念である。なぜ人が義務に基づく行為をなすのかといえば、それを意志するからである。義務があらゆる傾向性と切り離されているのと同様に、この意志はいかなる目的や結果をも考慮することがない。意志の善さは、目的や結果の善さに左右されることはないのである。カントは、善意志だけが無条件に善いものであり、それはその意志がもたらす結果とは無関係に善いという。たとえば、溺れかけた人を助けようとしたが、その人を助けられなかっただけでなく、自らも溺れてしまった少女がいるとする。この少女の行為は、何も善い結果をもたらさなかっただけでなく、彼女自身の家族にも余計に悲しみを与えてしまった。それでも、この少女の意図は非難されるよりは称賛されるであろう。このように、善意志がそれ自体として善いということは、何か他の結果をもたらすから善いのではないということである。

しかし、意志がそれによって達成される目的や結果から切り離されるとなると、我々はいかにして意志から導かれる義務の正しさを知りうるのか。この問いに対してカントが提出するのが定言命法である。

たとえば、賄賂を受け取ることを拒否した政治家がいるとする。そのとき、賄賂を受け取ったことが露見すれば自らの政治生命が危うくなるからという理由でその行為を選択するならば、あくまで自らの政治生命を守るという目的のために義務に従っているにすぎない。つまり、ここでは賄賂を受け取ってはならないという義務は、自らの政治生命を守るという目的のための手段になっている。このとき、この政治家は、「政治生命を失いたくなければ、賄賂を受け取ってはならない」という命令に従っている。この命令は、なんらかの別の目的を実現するための手段としての行為を命ずるので、「もし～を欲するならば、…せよ」という「仮言命法」の形式を取っている。

それに対して、「定言命法」とは、その行為以外のいかなる目的も前提とせずに、行為そのものを命ずる形式である。それゆえ、「定言命法」は端的に「～せよ」と命ずる。しかし、定言命法は他のなんらかの目的に基づいて行為を命ずるのでないとすれば、そのような命令が正しいといえる根拠は何だろうか。その行為そのもの以外の目的に関する実質的な考慮が排除される限り、このような根拠は普遍化可能性という形式にしか存在しないことになる。こうしてカントは定言命法を次のように定式化している。

君は、〔君が行為に際して従うべき〕君の格率が普遍的法則となることを、当の格率によって〔その格率と〕同時に欲し得るような格率に従ってのみ行為せよ。（1976 : 85）

格率とは行為者自身が任意に立てる主観的原則である。そのような主観的原則が同時に客観的な道徳法則となるように欲することができるためには、その格率に普遍化可能性がなければならないのである。たとえば、私は、困ったときには偽りの約束を結んでよいという格率を普遍的な法則であるべきだと欲することができるだろうか。私は、この格率を個人的に欲することはできるが、偽りの約束を結んでよいことを普遍的な道徳法則として意欲することはできない。このようなことを欲すれば約束などというものは成り立たなくなるからである。したがって、困ったときには偽りの約束を結んでよいという格率を普遍的な道徳法則として要求することは論理的に矛盾しているのである。

しかし、このように普遍化可能性は道徳法則の条件であるとしても、普遍化可能性から直ちに、何らかの具体的な道徳法則が導かれるわけではないだろう。これについて、デューイは、「理性の一般的で形式的命令から特殊な事例の正義または義務の判断に移るとき、理性の働きの概念化において、無意識にではあるが完全なごまかしが行われていることは指摘できる」（2002 : 113）といっている。

約束を破る人を批判できるのは、すでに約束を道徳法則として受け入れた場合に限るだろう。では、なぜ約束を守ることは道徳法則なのだろうか。なぜ約束のない社会はあってはならないのか。定言命法はこのことを説明できない。

こうした批判は、実はデューイ以前にG・W・F・ヘーゲルやミルが行ったものである。ヘーゲルは次のようにいう。

義務を、あの（カントの）ように矛盾の欠如、〔あるいは〕おのれ自身との形式的な一致として規定するのは、抽象的無規定性の確立以外のなにものでもない。そこからは、もろもろの特殊的な義務の規定への移行は行われえない。なおまた、もし行為するためのなにかそのような特殊的な内容が考慮されるとしても、それが義務であるかないかの規準は、右の原理のうちにはふくまれていない。――反対に、こういう仕方では、あらゆる不正かつ不道徳な行為の仕方が正当化されうるのである。（中略）どんな所有も起こらないということは、あれこれの個々の民族、家族等々が存在していないということ、あるいは総じて人間がひとりも生きていないということとまったく同様に、それ自身としては矛盾をふくんでいない。だが一方、もし所有と人間生活は存在し尊重されるべきだということがそれ自身、確定され前提されているとすれば、窃盗とか殺人を行うことは一つの矛盾である。矛盾は、なにか存在するものとの矛盾、すなわち、確固たる原理として前もって根底にある内容との矛盾としてのみ生じる。行為は、そのような確固たる原理への関係においてはじめて、それを一致しているか、それとも矛盾しているかしているのである。

（2001：349-350）

つまり、盗みを行ってよいという格率をもっている人は、他者にも同様な格率を普遍化できる。盗みが定言命法に違反するのは、すでに所有権が存在している社会の中においてである。それゆえ、なんらかの道徳法則を義務として導き出すには、定言命法の外部になんらかの別の原理を必要とするのである。無矛盾性だけからはなんら具体的な義務や正義が生じ得ないということは、次のような例をみてもわかる。かつて、運動会の徒競走で、順位をつけないで、みんなで手をつないで一斉にゴールする学校があると話題になったことがある。真偽のほどはともかく、このようなことをするとすれば、それが正義という点で道徳法則に則っていると考えられるからだろう。その一方で、正義はむしろ、足の速さという能力に応じて、足の速い子どもに高い順位を与えるべきだという考え方もある。これもまた、功績に基づいて評価するという意味で正義だと考えることができる。この二つの正義はどちらも、それ自身に矛盾することなく普遍化可能な道徳法則でありうる。それゆえ、無矛盾性だけではどちらが正しいかを決めることはできない。ヘーゲルが義務を正当化するには定言命法以外に何か別の原理が必要だというのはそのためである。

一方、ミルは、定言命法から義務を導き出すためにはなんらかの結果に言及する必要があるという。もちろん、カントからすれば、義務を結果の観点から正当化することは義務の無条件性を台無しにすることである。しかし、ミルはカントを批判して次のようにいう。

何らかの実際の道徳的義務をこの指針〔定言命法〕から導き出そうとしたとき、まったくおかしなことに、彼〔カント〕はきわめて言語道断な不道徳な行為の規則があらゆる理性的存在によって採用されることは矛盾していることであり（物理的にとは言わないが）論理的に不可能であるということをしめせていない。彼が明らかにしたのは、あらゆる人が不道徳な規則の採用することの帰結は誰も望まないようなものになるだろうということだけである。
（2010 : 261）

このように、無矛盾性という形式からは一般に不道徳とされるような規則が正当化されてしまうことがありうる。そうならないためには、結果に訴える必要があるとミルはいう。デューイはこうしたミルによるカント批判を引き継いで、定言命法を次のように解釈する。

〔定言命法という〕この方法は、結果へのすべての関わりを排除するのではなく、結果について、偏見のない一般的な考察を確保する方法にすぎない。（中略）それは、このやり方で行為する結果をできる限り広く考察せよ、もしあなたと他者が、自分の目的にしようと思った目標に常に働きかけるとすればどのような結果が生じるかを想像せよ、そして、その場合に、あなたが進んでその目標を支持するかどうかを考えよ、と言うのである。こうしたやり方で進めるならば、あなたはその時の自分の目標の本当の性質を理解するだろう。あなたは自分の義務がどこにあるのかを発見することを助けられるだろう。そして、もし人が「しっぺ返し」をされたくないことを反省によって発見するならば、その人が公平である限り（そして、通常の用法では、公平性と判断の合理性は同義語である）、その人はもくろんだ行為の誤りを認めるだろう。
（2002 : 114）

だが、デューイのカント批判はこの点にとどまらない。デューイによると、カントには、「あらゆる人間関係が役立つべき目的や善を表現するものとしてではなく、あらゆる人間関係を超越した、それ自体のものとして法を扱う傾向」(2002:122)がある。しかし、デューイからすれば、義務は人々の社会的な関係を表現するものとみなされなければならない。たとえば、親が子どもを保護し養育する義務は、単なる親の個人的意志から出てくるのではなく、親と子の間の永続的な紐帯(tie)から生じる。義務というものが社会から独立した個人の思考から生まれるものではなく、人と人が互いに結ぶ関係の中で理解されなければならない。これはデューイの独自の思想ではなく、既にヘーゲル倫理学やその影響を受けたヘーゲル主義者が主張していたことである(ノーマン 2001:186-206)。

しかし、このように義務を人々の善や目的に寄与するものだと考えると、義務の絶対性が揺るがされ、義務は時と場合に応じていつでも覆されうるものになってしまうのではないだろうか。この問いに対するデューイの応答は二重である。

まず、人々の善に訴えたからといって、義務や正義が個別の善から独立しているという性質が失われるわけではない。デューイは「共通善(common good)」という概念に訴えることによって、このことを次のように説明している。「正義が主張する要求の本質は、強要された事物は、たとえ呼びかけられた人々にとってその人の善としては訴えていないとしても、その人は自発的にその事物を善と見なすべきだということである。つまり、たとえ彼がそのときにそう判断していなくても、それは彼の善になるべきなのである」(2002:123)。つまり、単にある人の善であるだけでなく、他の人にとっても善であるものによって義務の普遍性が正当化されるのである。

デューイは、こうした共通善の観点から定言命法を解釈し直している。詐欺を行う人は、他人の誠意をあてにしているので、自分が依存している原理を他者にまで一貫して主張することができない。つまり、他者には誠意を期待しながら、自分自身に対しては誠意の価値を否定するのである。しかし、この人は、「カントならたぶんそう考えるように理性の抽象的法則と矛盾しているのではなく、互酬性（reciprocity）の原理と矛盾しているのである」（デューイ 2002 : 124）。

その一方で、共通善によって義務を正当化することは、義務の絶対性を揺るがすことになりうる。カントが義務を人間の傾向性から切り離すのは、義務の絶対性を守るためである。しかし、デューイにとって、義務の絶対性が揺らぐことは必ずしも悪いことではない。むしろ、義務が人々の善に寄与しないとわかれば、義務は改善されなければならない。こうした観点からすると、道徳的非同調主義者（moral non-conformist）は、たとえ現存の義務に抗議するとしても、自分に対しては認めている原理を他者には適用しないという利己主義者ではない。彼らは、より広範囲の人々にとっての一貫した善に訴えてそうした抗議を行うのである。何が義務であるかについての彼らの判断は、他者によるさらなる試験（trial）によって検証され、確証されるべきものである。

これまで、デューイがカントの定言命法を共通善の観点から再解釈していることをみてきた。この共通善の観点によって、前節の最後で取り上げた問題、すなわち個人の善と社会の善の関係をどう考えればよいのかという問題を解決できるだろう。第1節でみたように、デューイにとって環境に適応することが善であり、環境に適応しないことが悪である。しかし、共通善の観点を加えると、単に個人が環境に適応することが善だとはいえなくなる。だが、ここではまだ共通善と個人の行為の関係について十分に論じ尽くされているわけではない。共通善が個人に要求するものが何かについては次節でみていくことにする。

3　徳と標準とは何か

倫理学の第三のタイプは徳と標準の理論である。このタイプの倫理学にとっては、他者の行為を是認しあるいは称賛したり、否認しあるいは非難したりするという事実に道徳の本質をみる。この倫理学にとって、善や義務の概念は二次的なものとみなされる。善とは是認を引き出すものであり、義務とは他者がある行為に対して与える報酬と罰、または称賛や非難に由来するものである（デューイ 2002 : 131）。

デューイは、単に特殊な社会で受け入れられている道徳である「慣習的道徳」と、そうした慣習的道徳の中にある一般的かつ合理的な原理を発見しようとする「反省的道徳」とを区別している。この二つの道徳のそれぞれから徳と有徳の概念をみると次のようになる。慣習的道徳にとって、行為は単に社会的に是認され称賛されるがゆえに有徳である。しかし、反省的道徳にとっては、何が尊重されるべきかが問われる。したがって、反省的道徳は、単に是認されるから有徳とみなすのではなく、是認に値する行為は何かを問う（デューイ 2002 : 134）。

こうして何が称賛に値し、批判に値するのかということを合理的に決定する原理が現れ、それが「標準」というものを形づくる。是認の合理的な標準を与える理論としてデューイが検討するのは功利主義である。つまり、ある行為の正しさは、それが影響する関係者全員の幸福を増大させるかどうかによって判断されるという原理、すなわち、第1節で述べた「社会原理」である。デューイはこの社会全体の幸福を、「一般的幸福（general happiness）」、「一般的福祉（general welfare）」、「一般的善（general good）」、「共通善」などと様々な表現で呼んでいるが、これらはどれも同じ内容を指すとみてよい。

このようにデューイは、社会原理としての功利主義の意義を認める。しかし、デューイは、功利主義がすべての行為の目的を個人的快楽としていることが、社会原理を擁護することと矛盾するのではないかと批判する（2002：138）。つまり、個人の行為の動機が個人的で、利己的であるのに、どのようにして他者や社会の幸福を目指す行為が出てくるのか、と疑問を呈するのである。

たしかに、功利主義者、とりわけベンサムが人間の利己的な動機を強調していたのはたしかである。[2]しかし、ベンサムは、制裁（sanction）という方法によって、個人の利己的な動機を社会的な利益に適うように誘導することを主張している。制裁とは、社会的な利益に反する行為には罰則を課し、社会的な利益に適う行為には報奨を与えるということである。このように制裁という手段を用いれば、個人が利己的であったとしても社会全体の幸福を実現することができる。

このように制裁によって個人の利己的な動機を社会全体の利益に結び付けることが可能であるとしても、制裁は行為をその外部から方向づけるものであり、他者や社会の利益をそれ自体として望む性向を形成することにはならないのではないか。こうした批判は、ミルがベンサムに対して行っているものでもある。

道徳は二つの部分からなっている。その一つは、自己教育、すなわち、人間がみずから自分の性向と意志を訓練することである。この部門は、ベンサムの体系においては空白のままである。他の同等な部分は、人間の外的行為の規制に関するものであるが、第一の部分を欠くと、全然跛行的な不完全なものになってしまうものである。
（1997 : 262）

ミルは、こうした観点から、行為を外部から規制する「外的制裁」とは別に、個人が自らの内的な良心によって自分自身の行為を規制する「内的制裁」を重視する。ミルは、こうした内的制裁の感情は、宗教、教育、諸制度、世論といったものによって育まれるという（2010 : 300）。

デューイはこうしたミルによるベンサム批判に好意的に言及している。デューイは、社会全体の幸福、つまり共通善という功利主義が提供する標準を受け入れるときには、他者や社会の利益を尊重する個人の性向をいかにして育むかという問題を無視できないという。「教育は、すべての人のなかに、一般的善を促進するという関心を創造すべきであり、それによって、すべての人は、他者の諸条件を改善するために自分たちができることのなかに、自分たち自身の幸福が実現するのを見出すだろう」（2002 : 141）。

そのとき、ある行為が称賛に値するものであるかどうかに関する標準として共通善を考える場合に、この標準と個人の関係は二重である。一方で、ある行為および法律や制度が称賛に値するものかどうかを判断する際には、その行為、法律、制度が共通善に及ぼす影響という客観的な結果を没人格的（impersonal）に考察すべきである。しかし、その一方で、そのような考察を行う個人が共通善を価値あるものとみなすための保証は、共通善に関心をもつという個人の性向である（デューイ 2002 : 140）。

ただし、このように個人の性向の問題は無視できないとはいえ、あくまで標準は共通善に対する影響を没人格的に考察するように要求することは今みた通りである。したがって、共通善を行為の標準とみなすことは、共通善を行為の目的とすることと同じではない（デューイ 2002 : 194）。

> もし幸福〔＝共通善〕が、行為の直接的目的と見なされるならば、幸福は固定した不変のものと見なされるだろう。（中略）標準としての幸福は、あらゆる熟慮においてとられるべき首尾一貫した観点を提供するが、何が一般的福祉あるいは共通善を構成するかを予め明確に決定すると主張するものではない。標準としての幸福は、福祉の新しい構成要素の発見や、異なった状況におけるこれらの構成要素の変化する組合せに対する自由な余地を開けておくのである。（デューイ 2002：194）

共通善を行為の直接の目的とすることと標準とすることの違いは、規則（rule）と原理（principle）との違いと重なっている。前節でみたように、デューイはカントを批判しながら、定言命法は結果に関する考察を排除するのではなく、むしろあらゆる結果を考慮に入れるように要求するものであると述べている。カントにとって、定言命法は固定した規則を正当化するものであるが、デューイにとって定言命法は原理であり、すなわち特定の状況を分析するための道具なのである。「規則は実践的なものである。それは物事を行う習慣的なやり方である。しかし、原理は知的なものである。それは、行為の示唆された進路を判断するのに使用される最終的な方法である」（2002：192）。規則は実践的であり、原理は知的なものであるということは何を意味するのだろうか。その違いとは、規則は特定の命令を発するものであるのに対して、原理は特定の命令を発するものではないというところにある。たとえば、「人にしてもらいたいと思うことは何でも、あなたがたも人にしなさい」という黄金律を規則とみなすならば、どうなるだろうか。普通、ある人がクラシック音楽を演奏してもらうように他人に望むからといって、その人が他人にクラシック音楽の演奏をすべきだということにはならないだろう。このように、黄金律を規則とみなしてしまうと、どういう場合には黄金律があてはまり、どういう場合には黄金律があてはまらないかという詳細な「決疑論」が必要になるだろう。したがって、黄金律は原理とみなされるべきである。原理は、詳細な規則を規定し、個人を拘束するのではなくて、個人に「そこから行為を考察する視点」(デューイ 2002: 194) を提供する。そのとき、黄金律は、自分の行為が自分たちの利害だけでなく、他者の利害にどのように影響するかを考察する必要があることを示すのである。

デューイにとって、共通善を行為の標準とすることは、共通善を原理とすることである。すなわち、固定した規則を正当化するために共通善という概念を用いるのではなく、具体的な社会的状況に関する知的な分析を通じて正義や義務が何かを理解しなければならないということである。このように共通善を標準として理解することは、規則の場合のように、個人の傾向性や欲求を抑えることを要求するのではない。むしろそれは、個々人が自由に想像力を発揮することによって、自分たちが置かれた状況を分析し、何が善いことなのかを積極的に探究するよう要求するのである。

こうして、第1節で取り上げた問題、すなわち、なぜデューイにとって悪が知性の問題であるのかをより深く理解することができるだろう。原理としての共通善は、それを規則の正当化のために用いる場合とは異なって、個々人が自分たちの置かれた状況を分析するために知性を用い、善が何であるかを探究することを要求する。共通善を固定的な規則の正当化するための概念ではなく、原理とみなすべきであるのは、我々が生きている社会の条件が絶えず変化し、それとともに、我々がなすべきことも変化するからである。それゆえ、デューイは、「知識の道徳的側面について重大な事柄は、知識の実際の範囲であるよりも、むしろ知ろうとする意志、つまり、行為を一般的善との関係で検証しようという積極的欲求である」（2002：195）と結論する。その場合、悪とは、今ある規則を絶対的なものとみなし、その規則の正しさを共通善との関係で問い直そうとしない態度である。つまり、悪とは、自分たちの今の状態に満足し、自分たちが今もっている判断を最終的なものとみなすことなのである。

おわりに

全体の議論を簡潔にまとめるならば、次のようになるだろう。まず、デューイは、全体的な自我の満足を善とみなし、単なる個別的な一時的満足を悪とみなす。しかし、これは個人的目的との関係でみたときの悪であり、社会的な次元での悪は考慮に入っていない。では、社会的な次元での悪をどのように考えればよいのか。そのとき、絶対的な義務を個人の善や目的に対立させ、こうした個人の善や目的を悪とみなすカントのような議論は避けられる。なぜならば、なぜ義務が義務であるのかを理解するためには、義務に従うことが結果的に実現するだろう個々人の善や目的に訴えざるをえないからである。こうして導入されるのが共通善という観点である。

共通善の観点を導入することは、個人的な善を常に社会的な善に対立させることではない。個人がもっぱら自分の利害のために行う行為が社会的にみても善であるということがあるからである。それゆえ、デューイは、共通善は行為の直接的な目的ではなく、行為の正しさを判断する標準だというのである。

ただし、デューイは、このように共通善に訴えることは社会的善あるいは福祉に対する結果を没人格的に考察することだという一方で、同時に、共通善に関心をもつ個人の性向の育成を重視している。たしかに、これら両方が満たされるのが一番望ましいだろう。だが、悪を主題としている我々としては、あえて次のようにデューイに尋ねてみたくなる。一方で、性格が卑しくけちであって共通善に関心をもたないが、その行為が結果的に共通善と矛盾しない人がいる。他方で、共通善に関心をもっている高尚な性格の持ち主ではあるが、結果的に共通善に寄与しない人がいる。この二人のどちらがより悪であるのだろうか。

また、次のような疑問も生じるかもしれない。なぜデューイは、知ろうとする意志を実際の知識の範囲に優先させることができるのか。というのは、共通善を行為の標準とするならば、どんな行為が実際に共通善に寄与しうるかを知ることが善であるはずであり、知ろうとする意志が無条件に善だとはいえないからである。そうなると、知ろうとする意志がないことと、実際に知らないことのいずれがより悪いのかと問われることになろう。

《註》

1 「結果原理」、「快楽原理」、「社会原理」という用語については、新田（2000：65）を参照。

2 もっとも、ベンサムが人間の動機として利己的な動機しか認めていないわけではない。ベンサムは「動機を大まかに、自利的な動機、社会的あるいは共感的な動機、反社会的あるいは反感的な動機という三つの種類に分類している」（スコフィールド 2013：76）。人間は、共感的な動機よって他の人の快楽が増大するのをみることで快楽を得ており、それゆえ、その行為は他の誰かの利益をもたらすことによって、同時に自分自身の快楽を促進する。また、人間は、反感的な動機によって、たとえば犯罪者が裁かれることに快楽を感じる（同：77）。このように、人間に共感的な動機や反感的な動機があることによって、個人は自分の快楽を増大させながら、同時に社会的な利益を増大させることができる。

《文献一覧》

カント(1976)『道徳形而上学原論』篠田英雄訳、岩波文庫。

スコフィールド、フィリップ(2013)『ベンサム――功利主義入門』川名雄一郎・小畑俊太郎訳、慶應義塾大学出版会。

デューイ、J(2002)『倫理学』河村望訳、人間の科学新社。〔Dewey, J. (1988-1991). Ethics, Boydston J. A. (Ed.), *The Later Works*, 1925-1953, vol. 7. Carbondale : Southern Illinois University Press.〕※邦訳を参照したが、訳語・訳文は適宜変更した。

新田孝彦(2000)『入門講義　倫理学の視座』世界思想社。

ノーマン、リチャード(2001)『道徳の哲学者たち――倫理学入門(第二版)』塚崎智・石崎嘉彦・樫則安章訳、ナカニシヤ出版。

ヘーゲル(2001)『法の哲学Ⅰ』藤野渉・赤沢正敏訳、中央公論新社。

ミル、J・S(1997)「ベンサム論」泉谷周三郎訳、杉原四郎・山下重一編『J.S.ミル初期著作集　第三巻』御茶の水書房。

――(2010)「功利主義」『功利主義論集』川名雄一郎・山本圭一郎訳、京都大学学術出版会。

行安茂(1988)『デューイ倫理学の形成と展開』以文社。

第二章　災害の分配的正義論――リスクと責任

保田　幸子

1　問題の所在

大惨事の被害者に対して、わたしたちの多くは支援することが道徳的に正しいと考えるだろう。しかし、それはどの程度であろうか。例えば、暮らし向きの悪い人々に対して無分別に公的支援をすることはフリーライダーを招くので望ましくないという判断もありうる。この場合、当該個人がそうした状況に陥った原因を特定し、本人にその責任のない場合のみ支援することになる。そして、このような、公的支援を受けるためには本人の責任を十分に問うべきという考えは浸透しているように思える。それでは、緊急時には理由を問わず援助し、そうでない場合は責任原理に基づいた支援をすべきなのであろうか。

そこで、本稿は、大惨事のリスクやそれに伴う不利益に対する、わたしたちが通常行っている道徳的判断は真に説得的であるのかを検討したい。本稿で中心的に検討されるのは、各人の帰責可能な場合は支援し、そうでない場合は支援するべきでないという責任原理である。各人の責任の有無により再分配の可否を決めるという見解に関しては、分配的正義論の大きな論点である運の平等主義（luck egalitarianism）において議論されている。運の平等主義とは次のような立場である。各人が、自らの選択の結果により当該状態にある場合については、各人の責任の範囲内であるので、たとえ当人が不利な状態であったとしても、社会的補償の対象外とすべきである。それに対して、各人が自らの選択によらず不利な状態にある場合は、各人の責任ではなく状況に起因するものであるので、社会的補償の対象とすべきである。こうした選択と状況の区別に基づく再分配は、しばしば被害者に対して支援すべきという道徳的直観と対立する。したがって、運の平等主義とその難点を明らかにすることで、被害者に対して支援すべきという私たちの道徳的直観が、責任原理と時に対立し、恣意的な判断をもたらすことを明らかにしたい。

また、運の平等主義における選択と状況の区別では、各人がリスク回避的であるか否かが再分配の可否に影響する。高度科学技術社会がもたらすリスク問題は、「トランス・サイエンス」の問題といえる。すなわち、テクノロジーと社会の間の相互作用で発生する問題は、科学技術には答えられないということである。例えば、先の東日本大震災において生じた、震災廃棄物や放射能物質の処理・管理をめぐる問題に代表される被害の偏在性問題は、「トランス・サイエンス」の問題の一つといえるだろう。本稿は、この被害の偏在性をリスク負担の平等性に関する問いと読み替える。その上で、近年の分配的正義論の知見を応用することで、リスク不均衡はいかに是正されるべきかを考察していく。具体的には、リスクの是正を財の再分配と捉え、リスクやそれに伴う不利益をどこまで当該個人の選択の帰結であると判断すべきかを考察したい。

その際、次の三点が要点となる。第一に、選択と状況の区別の恣意性と過酷性という問題に応答しなければならない。すなわち、選択と状況を区別し、後者のみを平等化の対象とすることは、自由意志に基づく各人の自発的選択に基づいているが、この想定は必ずしも自明ではない。わたしたちの一見自発的に思える選択も、生得的な能力や環境という非自発的要因の影響下にある。第二に、運の平等主義が前提としている区別には恣意性問題がつきまとうとすると、支援の範囲の正当性が問われることとなる。運の平等主義は、意欲を反映しやすく（ambition sensitive）資質を反映しにくい（endowment insensitive）分配が公平な分配であるとの考えから、各人の選択と状況の区別に基づく再分配を支持する。すると、災害により不利益を被ったから回復せよという当然に思える要求は、真に正当であるのか精査されることとなる。たとえば、ある特定の地域に生まれたということは当人の非自発的選択によるものなので、その地域で生活することによりもたらされる利益は正当な利益とはいえず、災害による損失は補償されないと判断される可能性もある。第三に、仮に選択と状況の区別の恣意性という問題を克服できても、帰責可能であればいかに不利な状態であっても平等化の対象外とすることは、各人へ過酷さを強いることとなる。

次に、本研究と先行研究との差異について述べたい。「トランス・サイエンス」問題におけるリスク不均衡問題へのアプローチとしては、専門家と市民による熟議民主主義により公共的意思決定の質を高めるアプローチがある（Johnson 2008）。このアプローチは、専門家が市民に専門知を教えるという「欠如モデル」による意思決定も、科学・専門知識の成果を無視する意思決定も、ともに退けることができる点で優れている。しかし、熟議民主主義が上首尾に達成されることと、公平な政策が結果として選択されることは、別個の論点である。したがって、本稿では意思決定過程に着目するのではなく、望ましい再分配のあり方を示し、その正当化を試みたい。

本稿の構成は以下の通りである。第二節では、望ましい大惨事のリスクへの各人の選択と不利益の是正の手がかりとして、運の平等主義を取り上げる。その上で、運の平等主義における選択と状況の区別の意義を明らかにする。第三節では、こうした区別のもと、運の平等主義が提供する補償範囲はどの程度かを考察することで、先の区別の線引きは論争的なものであること述べる。第四節では、運の平等主義の批判を検討することで、選択と状況の区別の恣意性と過酷性を明らかにする。第五節では、こうした問題を乗り越えることが可能かを検討したい。

2　運の平等主義

大惨事の被害にあった人々に対して、わたしたちの多くは、早急に救済すべきと考えるだろう。だが、被害者を救済することは、どの被害者も同程度に道徳的に重要なのだろうか。この問題に対して、分配的正義論における運の平等主義が一つの手がかりとなる。そこで、本節では、運の平等主義とはいかなる見解であるかを理解するために、選択と状況の区分の企図を明らかにしたい。まず、この区別の端緒となったJ・ロールズの公平な分配の構想を確認した上で、R・ドゥオーキンが資源の平等論においていかにロールズの問題点を克服して、責任に基づく平等という規準を提出したのかを明らかにしていく。さらに、主要な運の平等主義者たちの立場の相違を通じて、運の平等主義が提供する再分配の範囲を検討する。

近年の分配的正義論の論点は大きく三つに分かれる。第一の論点は、運の平等主義とその批判である。第二に、ロールズの功利主義批判を発端とした「何の平等か」(Sen 1982＝1989) という論点が挙げられる。これは、資源主義対厚生主義を中心的対立軸とし、第三の立場として潜在能力を加えた、分配の通貨 (currency) に関する論争である (Cohen 1989)。また、D・パーフィットの論文「平等か優先性か」(Parfit 2000) により分配理念として平等は適切なのかが論争的テーマとなった。これが第三の論点である。これらの論点は、ロールズの『正義論』(Rawls1999＝2010) を契機としている。

ロールズは『正義論』において、意欲を反映しやすく資質を反映しにくい平等を構想しているといえる (Scheffler 2003 : 8)。すなわち、第一に、レッセフェールは、形式的な機会平等を背景にして自由市場経済を支持するが、人々の自然の属性と社会的ポジションといった恣意的な影響を受けており、こうした影響をなくす努力をすべきだとロールズは論じる。第二に、各人の選好の多様性に基づく基本財への批判に対して、ロールズは、各人は自身の選好や目的に対して責任があると主張する。ただし、『正義論』においては、運の平等主義の萌芽は見られるものの、最も不利な人は当該状態が自らの選択によるものであっても格差原理により状態の改善が目指されるので、ロールズは選択と状況を厳密には区別していない。

運の平等主義の起源は、ドゥオーキンの平等論にあるといえる。資源の平等とは、各人の選好がどれだけ満たされているかではなく、各人が現にもっている私的財の束を評価尺度として、人々の状態を平等にするべきという立場である。それに対して、厚生の平等は、選好充足としての厚生を各人の状態を測る尺度として平等を追求するべきと考える。ここでは、各人は選択肢に対して選好順序をもち、より高い順位にある選好が満たされればより多くの厚生を得ると仮定される。

資源の平等は、無人島におけるオークションと仮想的保険市場という二つのアイディアにより構想されている。まず、彼は、無人島におけるオークションの例を用いて、資源の平等を次のように単純化して描く。無人島に流れ着いた難破船の生存者たちを想定する。彼らはこれから生きていくために、島のあらゆる資源をオークションにかけて、所有者を決定していく。オークションにかける理由は、無人島に流れ着いた時点で彼らのうち誰一人として、島にある資源に対して優先権を主張することができず、彼らは平等に島の資源を分配することに同意するであろうと想定されているからである。オークションの参加者たちは、貨幣の代わりに同等のクラムシェルをもつ。これは、彼らは同等の購買力をもっており、これは無人島における初期分配が平等であることを意味する。また、各人の能力や健康などの身体的条件も同等と仮定されている。こうした条件の下、各人は自らの人生設計に見合った財を落札する。このオークションは、羨望テストをクリアするまで繰り返される。すなわち、自らの財の束より他人の財の束を選好しなくなるまで続けられる。また、ドゥオーキンの資源の平等では、各人の選好は、オークション過程で形成、修正されると想定されている。例えば、流れ着いた無人島にはバナナしかない場合、リンゴが好きでバナナが嫌いな人は自らの選好を満たすことができないかもしれない。しかし、ドゥオーキンの議論では、このような不運は各人が引き受けるべきものと考えられている。

さて、羨望テストをクリアしても、運・不運により、自らの人生設計を首尾よく進められる人とそうでない人が出てくる。例えば、二人の人が同じ作物を栽培することを選んだが、一方がたまたま足に怪我をしたことで満足に働けず、両者の間に収入の格差が生じた場合などがそうである。また、無人島におけるオークションでは参加者間の身体的・知的な能力差はないと仮定されているため、これらに由来する格差は放置される。こうした問題に対して、ドゥオーキンは仮想的保険市場のアイディアを導入することによって解決をはかる。すなわち、各人は自身がどのような立場におかれているか知らない状況で、先天的な障害や自然災害による不利益などに備えて、どれだけ保険料を払うかを決める。もし不利益を被った場合は、各人が払った保険料から補償が行われる。

運は、選択の運（option luck）と自然の運（brute luck）に分けることができる（Dworkin 2002）。前者は、ギャンブルのようにリスクを承知の上で選択を行った結果、利得をあげる人と損失を被る人が生じるものであるのに対して、後者は生まれながらの障害や天候による作物の不作など自然による運をさす。ドゥオーキンによれば、選択の運の結果は、自らの選択によるものであるから、各人の責任の範囲内であり、たとえ不利な状況となっても社会的に是正するべきではない。それに対して、自然による運の結果は、各人の選択に由来しないので、社会的に是正されるべきであると考える。しかし、自然の運も、保険装置を導入することによって、選択による運と部分的に転換可能となる。このように、ドゥオーキンは、各人の選択の結果は当人の責任の範囲内、各人の選択の結果ではない状況は当人の責任の範囲外と区別し、後者のみを社会的補償の対象とすることが、望ましい平等であると主張した。

また、各人の人生は、当人の人格（person）と状況に依存する。状況とは、各人の身体的・精神的能力である個人的資源と、他者への移転可能な非個人的資源とに分けられ（Dworkin 2002：432）、資源の平等では、もっぱらこれらの再分配が追求される。また、ドゥオーキンによれば、人格とは企図や性格を含む（Dworkin 2002 : 432）。そして、資源の平等においては、各人は十分に考慮した上でそれらを形成していくと想定されている（Dworkin 2002 : 116）。したがって、こうした嗜好や企図による結果がいかなるものであっても、それは各人の責任の範囲内とみなされる。例えば、水道水ではなくミネラルウォーターでなければ我慢ならない人がいるとする。彼は水道水で満足する人より高価な嗜好をもっているので、より多くの出費がかさむことになるが、いかなる嗜好をもつかは各人の人格の範囲内であるので、十分な飲料水を確保するために追加的資源を彼に与えることは正当ではない。

この見解は説得的なように思える。なぜなら、一般的な嗜好をもつ人と高価な嗜好とでは、同程度の効用を得るためにかかるコストが大きく異なるからである。すると、両者が同程度の財をもっている場合、高価な嗜好の持ち主は一般的な思考の持ち主より選好が充足していないという点で劣位にある。この不平等は解消すべきだろうか。ドゥオーキンは、こうした不平等の解消を認めることは高価な嗜好の持ち主に多くの財をそうでない者には少ない財を与えることになるので、選好は各人の選択の帰結とすべきと述べる。選好を各人の人格の範囲内とすることで、高価な嗜好のような不適切な選好に伴う再分配問題を回避できる。

しかし、次のような例を考えると、この見解は疑わしい。高価な嗜好とともに、不適切な選好としては、適応的選好形成も挙げられる（Sen 1985 : 14-15＝1988 : 33-36 ; 1992 : 54-55＝1999 : 77-78）。適応的選好形成とは、過酷な状況にいる人は、一般的な選好を抱いても充足することがないので、そうした状況に適した慎ましやかな選好をもつことで満足しようとすることをさす。ドゥオーキンの見解を受け入れるのならば、過酷な状況ゆえに非常に慎ましやかな選好をもつ人は自身の意志で形成した選好に基づいて、一般的な選好の持ち主より少量の財を要求する。すると、たとえ、当該状況が劣悪な状態であっても、それは自身の選択の帰結であるので平等化の対象外となってしまう。

ドゥオーキンの人格と状況の区別に対して、コーエンは選択（choice）と状況の区別の方がより適切であると述べる（Cohen 1989 : 927-928）。先の水道水とミネラルウォーターの例でいえば、ミネラルウォーターでなければ我慢ならないのは当人の嗜好ではあるが、水道水を受け付けない体質などの当人の非自発的選択に由来する場合もある。そうした場合、ミネラルウォーターを選択することに伴う結果を本人に負わせることは不公正であるといえる。留意すべきは、ドゥオーキンとコーエンは共に各人の自主的な選択の結果は当人が責任を負うべきであると考えている点である。コーエンは、好き好んで当人が形成した高価な嗜好は個人の選択に起因するため補償すべきでないと述べる（Cohen 1989 : 923-924）。また、ドゥオーキンの場合、各人の選好は、「社会において道徳的あるいは倫理的な主体性をもった行為者」としての個人の一部をなしているので、選好やそれに伴う行為の責任は負うべきと考える（長谷川 2004 : 123-124）。

また、運の平等主義の主要な論者の一人であるアーネソン（Arneson 1989）も、ドゥオーキンの選好を各人の選択とする見解に異を唱えている。アーネソンのドゥオーキンへの批判を要約すると、ドゥオーキンは真に選択と状況の区別をしていないということになる。彼は、選択と状況の厳密に区別するために、各人の人生を意志決定樹（decision tree）としてイメージする。この意思決定樹では、各人はそれぞれどのような人生を送るかという選択肢群をもち、さらに、それぞれの選択肢にはその選択肢によって生じる帰結とその帰結の確率が対応しており、これらの連鎖が意思決定樹を形成している。この意思決定樹により、各人の意志に基づかず形成された選好であれば平等化の対象、意志に基づくものであるなら対象外と判断される。

運の平等主義の論者は共通して、各人の選択の結果ではないにもかかわらず当該の状態が不利であるのは、悪（bad）であると考える（Temkin 2011 : 62）。なぜなら、それは各人の自由意志に基づく選択によるものでないからである。またそれと同時に、各人の選択の帰結に介入することは、当該個人の選択の自由を侵害することになるので、すべきではない。したがって、運の平等主義の目的は、自身の選択の結果に由来しない不利益を補償することにある（Segall 2007 : 180）。

3　選択と状況の区別

運の平等主義の主張する責任原理は、各人の自由意志を尊重した再分配を提供できる点で、適切な規準であるといえそうである。しかし、選択と状況の線引きそれ自体が、運の平等主義内で見解を一にしていないので、平等化の範囲という点では問題がある。そこで本節では、運の平等主義者たちの選択と状況の線引きの見解の相違は何であるのかを探っていきたい。

運の平等主義内において、各人の責任の範囲に関する線引きをめぐって意見が分かれている。先に述べたように、ドゥオーキンは、各人の選好は人格を形成する一部であるので、当人の責任の範囲内であるとした。彼の分配理論においては、各人の選好が等しく満たされているかではなく、各人間で人生を送るのに必要な資源が等しく分配されているかが重要となる。なぜなら、厚生の平等は次のような理由により支持できないからである（Dworkin 2002：19-92）。まず、ドゥオーキンは、厚生の定義を成功理論、喜びの平等、客観的な厚生理論に分類して批判的に検討していく。成功理論においては、ある人間の厚生とは、その人の選考や目的や企図を実現しようとする際の成功の問題であると捉えられる。喜びの平等においては、快楽から苦痛を差し引いた量が人々の間で平等になることが追求される。先の二つの理論が当人の評価が首尾一貫して十分な情報に基づいてさえいれば、当人の厚生に客観的な評価を行うことが可能であるとするものである。ドゥオーキンは、公正の分配に関する理論がなければ、選好や目的、喜びのうちで平等化の対象となるものとそうでないものとの区別をつけることができないと述べる。したがって、厚生の平等は単独で成立せず、厚生の平等の中に平等に関する別の構想である資源の平等が存在しているのというのである。このように、厚生の平等を退け、資源の平等を支持しているゆえに、人格を構成する各人の企図や性格は分配の対象外となる。

ドゥオーキンが厚生の平等を退けた上で資源の平等を主張したのに対して、アーネソンは、厚生の平等に欠陥があることとは資源の平等を支持するべきことを必ずしも意味しないと述べ、厚生の平等の問題点を修正した厚生への機会の平等を提示した（Arneson 1989）。資源の平等において、状況の変化によって従来ならば充足可能であった選好がそうでなくなった場合であっても、自己責任の範囲とされる。しかし、アーネソンに従うならば、本人の非自発的選択である状況変化に起因するため、こうした場合は補償されるべきである。したがって、厚生の平等も資源の平等も説得的ではない。そこで、アーネソンは機会概念を導入し、厚生の立場を擁護する。厚生の機会の平等においては、機会を自身の選択で失った場合は社会的な補償の対象にはならないが、自身の選択に起因しない場合は補償対象となる。

また、コーエンは、アーネソンが主張した厚生への機会の平等に基本的には賛同を示すが、それだけでは不十分であると述べる。そして、厚生ではなく利益、機会ではなくアクセスとして捉えるべきであると主張する（Cohen 1989）。このように、アーネソンやコーエンは、ドゥオーキンの資源の平等では、当人が自主的に選択していない事柄までも責任の範囲内であると補償対象から除外されてしまうため、各人に過酷な運命を強いる可能性があると指摘し、各人が責任を取るべき範囲に関して修正を加えている。

さて、選好を選択の帰結とみるか否かに関する両者の見解の相違から、一見もっともらしく思える選択と状況の区別は論者により様々である事がわかる。これは、分配の通貨の問題に起因する。分配の通貨とは、再分配の際、各人の状態を評価する尺度のことである。ドゥオーキンとアーネソンの対立は、選択と状況の線引きの相違ではなく、分配通貨の対立であるといえる。すなわち、ドゥオーキンは、各人の状態に関して、資源（resource）を尺度とすべきとの立場をとる。資源の平等は、各人の欲求がどれほど充足したかではなく、充足のための手段の平等化を目指す。それに対して、アーネソンは厚生の平等を支持する。

また、運の平等主義者のうち分配通貨として基本的潜在能力を支持する論者はいないが、この立場も論理的にはありうる。[1] 潜在能力とは次のような概念である。資源の特性はそれぞれの環境に依存するので各人のもつ特性が異なり、それ故に、機能（functioning）が異なってくる。したがって、環境や資源を行使する能力に起因する不平等を放置する可能性が残る。ここでいう機能とは、資源を行使する能力や資源により達成可能な事柄を指す。この潜在能力アプローチを用いて厚生の平等や資源の平等への代替案としてセンが主張したのが基本的潜在能力の平等である。基本的潜在能力とは「人がある基本的な事柄をなし得ること」(Sen 1982：367) であり、基本的な諸機能のリストにより決まる。例えば、資源に基づく補償は、不利益に対する金銭的補償としてイメージされるが、基本的な潜在能力に基づいた場合、金銭的補償は不十分と判断される。運の平等主義者は選択と状況を区別し、後者のみ補償すべきと考えるが、補償範囲はいずれの分配通貨を採用するかで大きく異なる。

4　批判

さて、第3節での議論では、次なる課題はいずれの分配通貨が説得的かを明らかにすることである。しかし、運の平等主義が前提とする選択と状況の区別それ自体に対する批判も多くなされている。そこで、本節では、これらの批判を検討したい。

運の平等主義の第一の問題点は、スティグマを押す可能性である（Anderson 1999：305-307；Wolff 1998：114)。運の平等主義におけるスティグマ化は、不利益を被る人々に関わる問題点である。運の平等主義は身体的・精神的障害や才能の欠如なども自主的な選択の結果でないため、当人に責任はなく、社会的に補償されるべきであると考える。この際、他者と平等な存在であるという理由からではなく、他者よりも劣っているという理由で、彼らの不利益は補償される。そのため、こうした人々に対して補償を行うということは、彼らが劣った存在であるということを公的に認めることにつながり、補償対象者も自らが劣った存在であるということを自認することなしに補償を受けることができない。これは、非自主的な選択により不利益を被っている人々から自尊心までも奪うこととなる（Wolff 1998 : 114）。それに対して、優位な立場にいる人々はなぜ彼らがそうした状態であるのかを説明する必要がない（Wolff 1998 : 111）。したがって、非自発的選択により不利益を被る人々への補償根拠は、各人を平等な配慮と尊重で扱っていないといえる。

また、この問題は、パターナリズムを生じさせる可能性がある（Anderson 1999 : 300-302）。例えば、アーネソンは責任ある主体となるためには、先を見越しどのような行為を選択するのかを判断できる能力や意思の強さが必要であるが、こうした能力は遺伝や環境など当人に帰責できない要因に左右されると述べる。したがって、責任ある主体でないことへの責任を各人に問えない場合がある。こうした可能性に対して、アンダーソンは、このような政策は全体主義的な社会を導く可能性があり、各人に対して平等な配慮と尊重を示すにはほど遠いと指摘する。

第二の問題としては、過酷さへの異議（the harshness objection）（Daniels 2011 : 282; Voight 2007）が挙げられる。責任原理は、帰責可能であればいかに不利な状態であっても平等化の対象外とするので各人へ過酷さを強いることとなる（Anderson 1999 : 295-300）。アンダーソンはいくつかの例を挙げている（Anderson 1999 : 295-298）。まず、熟慮せずに選択を行った者に対しては一切の補償がなされない。例えば、保険に加入していない人が交通事故にあったとしても、放置されるかもしれない。なぜなら、彼は自らの選択で保険未加入を選んだからである。さらに、仮に、彼が一命を取り留めたとしても、障害が残った場合は社会的補償の対象外となる。例えば、事故の結果、彼が失明したとしても、彼の障害に対する社会的な配慮はなされない。それに対して、先天的に目の不自由な人に対しては、その人の選択の結果ではないので、補償がなされる。すなわち、同じ障害を負っていても、帰責可能か否かで扱いが大きく異なる。

また、運の平等主義においては、自らリスクの高い選択を選んだ者も補償の対象外となる。すなわち、地震のリスクの高い地域への居住や消防士や軍人などの危険な仕事を選んだ人々が被災したとしても、各人の自発的選択の結果であるので補償の対象外となる。こうした批判は、S・シェフラー（Scheffler 2010）などほかの論者からもなされている。

第三の問題は、責任原理の自由意志問題である。選択と状況を区別し、後者のみを平等化の対象とすることは、自由意志に基づく各人の自発的選択に基づいている（Scheffler 2003 : 18）。しかし、各人のコントロール下にあると通常は想定されているこうした選択も、遺伝や社会階層などの非自発的な要因の影響下にあるといえる（Scheffler 2003 : 18）。すると、一見自発的選択に基づく行為であっても、その要因となったものを辿っていくと、最終的には非自発的要因に起因するため、各人にいかなる責任を問うこともできない可能性がある（Hurley 2003 : 24-26）。もしこの見解が正しいのであれば、運の平等主義は説得的ではない。

責任原理の自由意志問題は、運の平等主義における責任と状況の区別の恣意性を指摘しているといえる。そして、この恣意性により、補償の正当性が問われることとなる。次のような例で考えてみよう（河野・金 2012 : 65-76）。ある町で原発を建設するか否かが争点となっている。AとBは建設反対派で、CとDは建設賛成派で、双方自らの信念に基づいて政治的に行動している。選挙の結果、賛成派が勝利し、Aは危険性を憂慮して移住を決断した。それに対して、Bは町にとどまった。その後、不幸にも事

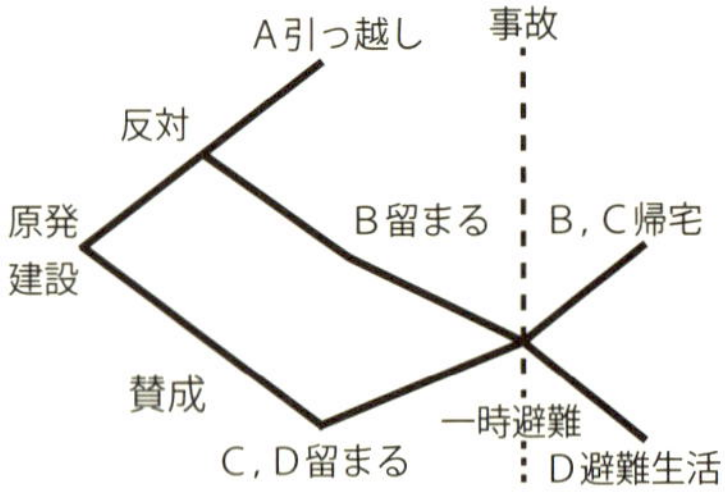

故が起き、三人とも一時的避難を強制されたものの、BとCは帰宅が許される事となった。しかし、Dの住居周辺は帰宅困難地域に指定されたため、避難生活を継続する必要がある。運の平等主義は、こうした事態に対してどのような補償が望ましいと判断するであろうか。

　次の三つの回答を検討したい。第一に、賛成派の二人は事故後の不利益は自身の選択の帰結なので、反対派のBのみ補償すべきというものである。この場合、原発建設が問われた選挙時点での各人の選択が問われることとなる。しかし、第二に、選挙後、Aは移住したのに対してBは町にとどまったのであるから、事故のリスクを自らの判断で受け入れたと解釈することも可能である。この場合、Bも自らの選択により被害にあう可能性のある土地に住み続けたため、補償対象外と判断される。第三に、一時避難後帰宅可能となったBとCを比べて反対派であったBに対して、共に賛成派であったCとDの被害状況を比べてDに対して、より積極的に補償すべきとの判断もありうる。この場合は、Cを基準として三人の補償を決定している。しかし、事故以前に移住したAに何の補償もないのに対して、建設に賛成しその後も恩恵に浴してきたDに移住のための補償をするのは望ましい判断といえるであろうか。

　これら三つの回答例から分かる運の平等主義の問題点は、各人の責任を問う際の基準となる任意の事態をあたかも正当性があるかのように扱うことにある。運の平等主義は、選択と状況を区別する時点を特定することで、意思決定の無限後退を免れようとしている。しかし、いずれの時点での各人の選択が道徳的意義をもつのかに関して運の平等主義は明言できないので、この方法は説得的でないように思われる。また、Aの最もリスク回避的行為は社会的な補償の対象外であるのに対して、リスクテイカーであるCやDに対しては補償するのが道徳的に望ましいと判断を下しているからである。すなわち、わたしたちは、結果としてリスクテイク的選択に補償することを望ましいと判断することになるからだ。

さて、第二節での議論では、いずれの分配通貨を支持するかを決定すれば、運の平等主義は適切な補償範囲を特定することが可能であるということであった。しかし、これらの批判を踏まえると、選択と状況の区別に基づく再分配は説得的ではないといえる。

5　優先すべき原理

前節における議論を踏まえると、運の平等主義は望ましい再分配を提示できないように思える。本節では、この結論が説得的であるかを明らかにするために、運の平等主義者からの批判への応答を検討していきたい。

まず、スティグマ化という問題に関して、C・ナイトは、運の平等主義は、不利益を被る人々の自尊心を奪うかもしれないが、補償がなされることで各人の選好などが満たされるだろうと指摘する（Knight 2009: 132-133）。また、ナイトによれば、再分配の是非は優位にいる人々の決定でなされるのではなく、すべての市民の利益を代表した不偏の観点からそうした判断は下される（Knight 2009: 135）。したがって、運の平等主義はスティグマ化問題を伴うが、批判者が指摘するほど責任原理に対する大きな批判とはならないといえる。
また、過酷さへの異議に対して、運の平等主義者は、再分配に際して責任原理だけでなく他の原理を併用することで、批判を回避可能だとしている。本稿で検討したいのは、優先性の原理と十分性の原理である。アーネソン（Arneson 2000）は、優先性の原理を取り入れることで過酷さへの異議を回避可能であると論じた。優先性の原理とは、ある個人がより不利な状況であればあるほど、その状態はより悪であるということである。
パーフィット（Parfit 2000）によれば、優先性の原理は、従来、「各人間に格差がない状態が最も望ましく、格差が生じている状態は悪である」という平等の原理と混同されてきた。しかし、両者は水準低下の異議（levelling down objection）により区別される（Parfit 2000 : 97-99）。すなわち、平等原理は、各人の状態の改悪による格差を是正することを認めざるをえない。例えば、一〇〇万円を所持するAと五〇万円所持するBがいた場合を考えてみる。多くの場合、AからBに二五万円を渡すことで格差をしようとするが、Aから五〇万円を奪うことでAとB共に五〇万円の状態にしたり、AとBの所持金をすべて奪うことで格差を解消することも、平等原理は望ましいと判断してしまう。それに対して、優先性の原理は、各人がよりよい状態であれば、それだけ道徳的によいと考えるので、水準低下のよる平等の達成を認めない。したがって、水準低下の異議を免れている。[2]
責任原理と優先性の原理を両立させたアーネソンの立場は、「責任対応型優先主義（responsibility-catering prioritarianism）」と呼ばれる。この立場は、各人が不利な状態にあればあるほど、その状態は悪と判断されるので、再分配の対象となる。ただし、同程度に不利な状態であると判断された場合は、当人の選択の結果ではなく当該の状態にある方に優先的に再分配が行われる。また、責任の原理に十分性の原理により制約することで、過酷さへの異議は回避可能である。十分性の原理とは、皆が一定の閾値以上の状態であることは望ましく、それを下回っている状態は悪と考える。H・フランクファート（Frankfurt 1998）は、平等主義は各人間の格差の解消を目指しているが、分配において道徳的に重要なのは、皆が平等であるということではなく、皆が十分な状態にあることだとして十分性説（sufficientarianism）を主張した。優先性の原理と十分性の原理の大きな違いは、前者はより状態の悪い人への際限のない分配を認めているのに対して、後者は閾値以上での分配パターンに関心を払わない点にある。

K・タンは、運の平等主義を各人のニーズを超えた領域で働くものと位置付けている（Tan 2012 : 100）。タンの分配的正義論においては、まず、各人の基本的なニーズが充足され、その上で、責任原理に基づいた分配が行われる。したがって、各人に過酷さを強いる状態とは皆が一定の閾値以上の状態ではないので、各人の責任の如何にかかわらず十分性の原理により補償される。同様に、S・セガールは、各人が基本的なニーズの水準を下回った場合は、責任の原理よりニーズの充足の方が優先されると考える（Segall 2010 : 69）。セガール自身は十分性という語彙を使用しているわけではないが、一定水準以上のニーズ充足の要求は、各人が閾値以上の状態であることを望ましいと考える十分性の原理に一致するものである。また、ナイトも各人の基本的なニーズを満たすことの重要性を指摘した上で、運の平等主義は保険制度と両立しうると述べる（Knight 2009 : 141）。こうした保険制度は課税による運営が想定されているので、各人の選択により離脱することはできない。本稿は、十分性の原理により過酷さへの異議は回避できると考える。

残る問題は、責任原理の自由意志問題である。運の平等主義は選択と状況の区別をするが、この批判は、一見自発的選択によるものであっても非自発的要因に基づいているため、各人にいかなる責任も問えなくなるという指摘であった。また、選択と状況の区別それ自体が恣意的であるので、不利益を被っている人々に対して適切な補償を行えない可能性もある。運の平等主義は選択と状況の区別を前提としているので、いかなる選択も非自発的要因に基づくという決定論的見解には同意しないだろう。しかし、説得的な両者の区別を提示しなければ、この批判を回避できないと本稿は考える。たとえば、アーネソンの意志決定樹はそうした試みの一つであるといえる。

6 結論

本稿の目的は、大惨事により被害を受けた際、運の平等主義に基づく補償は説得的であるのかを検討することであった。運の平等主義は、再分配による平等の達成に際して、当人の選択ではなく状況によりその人が不利な状態にあることを悪と考える。しかし、責任に基づく平等が成功裡に進んでも、各人に過酷さを強いるという別の悪が生じることを確認した。また、運の平等主義は、選択と状況の区別の恣意性により、深刻な被害を受けているにもかかわらず補償対象外となるなどの望ましくない再分配を支持する可能性もある。

過酷さへの異議を回避しつつ、責任原理を維持する方法としては、責任原理と優先性の原理もしくは十分性の原理の両立する方法が考えられる。しかし、適切な責任に関する見解を提出することで自由意志問題を乗り越えない限り、運の平等主義に基づく補償は説得的ではないといえる。

《註》

1　例えば、犬塚元（2013）は東日本大震災の不利益負担の再分配という問題に対して、不利益の不均衡を公的に解決すべき不運による不遇であるとした上で、基本的な潜在能力に基づく補償によるアプローチをしている。

2　なぜ平等の原理は水準低下の異議を回避できず、優先性の原理は回避できるのかについて、より詳細な説明をしておきたい。水準低下の異議は、「状態1が状態2より何らかの点でよいならば、状態1は誰かにとってはよい」という個人影響原理（Person-Affecting Principle）を前提としている（Parfit 2000：114-115）。先のAとBの例で考えてみよう。平等のみを重視する純粋平等主義という立場は、各人が平等であることのみをめざすので、人々がよりよい状態であることはそれ自体としてよいという効用原理を含まない。そのため、純粋平等主義にとって、両者が同等の金額を所持していれば、その金額の多寡は問題とならない。すなわち、AとBがともに〇円であってもともに七五万円であってもどちらも同程度に善いと判断する。したがって、純粋平等主義は、水準低下の異議を免れない。では、効用原理を取り入れた多元的平等主義をとることで、水準低下の異議は免れるだろうか。答えは否である。たとえ、多元的平等主義が総合的には水準低下による平等の達成を望ましくないと判断しても、少なくとも平等の観点においては、水準低下による平等の達成を望ましいと判断している。したがって、個人影響原理に抵触し、水準低下の異議を免れない。

優先性の原理は、各人の状態がよければよいほど、それは道徳的に善いと考える。これには二つの仮定が含まれている。第一に、道徳的善さは、個人的な善さ（例えば利益など）とは無関係である。第二に、しかし、各人の状態の善さと道徳的善さは連動して増加し、追加的な各人の状態の善さに対する道徳的な善さは逓減する。そのため、道徳的価値は各人が得る利益と連動して増加するので、優先性説は水準低下の異議を回避しうる。

《文献一覧》＊著者名表記は各文献の表記に従っている。

Anderson, Elizabeth.(1999). "What is the Point of Equality?" *Ethics*, 109 : 287-337.

Arneson, Richard.(1989). "Equality and Equal Opportunity for Welfare," *Philosophical Studies*, 56: 77-93.

——— (2000). "Luck Egalitarianism and Prioritarianism," *Ethics*, 110:339-349.

Cohen, G. A.,(1989). "The Currency of Egalitarian Justice," *Ethics*, 99: 904-944.

Daniels, Norman.(2011). "Individual and Social Responsibility for Health," in Knight, Carl, & Stemplowska, Zofia (eds.), *Responsibility and Distributive Justice, University* Press, 266-286.

Dworkin, Ronald.(2000). *Sovereign Virtue: The Theory and Practice of Equality,* Harvard University Press.〔ドゥオーキン、R（2002）『平等とは何か』小林公・大江洋・高橋秀治・高橋文彦訳、木鐸社〕

Frankfurt, Harry.(1988). "Equality as a Moral Ideal," in *The Importance of What We Care About,* Cambridge University Press, 134-158.

Hurley, Susan L.(2003). *Justice, Luck, and Knowledge,* Harvard University Press.

Johnson, Genevieve Fuji.(2008). *Deliberative Democracy for the Future: The Case of Nuclear Waste Management in Canada,* University of Toronto Press.〔ジョンソン、G・F（2011）『核廃棄物と熟議民主主義――倫理的政策分析の可能性』船橋・西谷内訳、新泉社〕

Knight, Carl.(2009). *Luck Egalitarianism: Equality, Responsibility, and Justice,* Edinburgh University Press.

Parfit, Derek.(2000). "Equality or Priority," in Andrew Williams and Matthew Clayton (eds.), *The Ideal of Equality,* Palgrave Macmillan, 81-125.

Rakowski, Eric.(1991). *Equal Justice,*Oxford University Press.

Rawls, John.(1999). *A Theory of Justice, Revised Edition,* Harvard University Press.〔ロールズ、J（2010）『正義論』川本隆史・福間聡・神島裕子訳、紀伊國屋書店〕

Scheffler, S.(2003). "What is Egalitrianism?," *Philosophy & Public Affairs,* 31(1): 5-39.

———(2010). *Equality and Tradition: Questions of Value in Moral and Political Theory*, Oxford University Press.

Segall, Shiomi.(2007).“A Defense of Luck Egalitarianism,” *Social Theory and Practice*, 33(2): 177-198.

Sen, Amartya.(1982).“Equality of What?,” in Amartya Sen, *Choice, Welfare and Measurement,* Basil Blackwell.〔セン、A(1989)「何の平等か?」『合理的な愚か者』大庭健・川本隆史訳、勁草書房〕

――――(1985). *Commodities and Capabilities,* Elsevier Science.〔(1988)『福祉の経済学――財と潜在能力』鈴村興太郎訳、岩波書店〕

――――(1992). *Inequality Reexamined,* Harvard University Press.〔(1999)『不平等の再検討――潜在能力と自由』池本幸生・野上裕生・佐藤仁訳、岩波書店〕

Sunstein, Cass R.(2009). *Worst-case Scenarios,* Harvard University Press.〔サンスティーン、C(2012)『最悪のシナリオ――巨大リスクにどこまで備えるのか』田沢恭子訳、みすず書房〕

Tan, Kok-Chor.(2012). *Justice Institutions, and Luck: the Site, Ground, and Scope of Equality,* Oxford University Press.

Temkin, Larry.(2011).“Justice, Equality, Fairness, Desert, Rights, Free Will, Responsibility, and Luck,” in Carl Knight and Zofia Stemplowska,(eds.), *Distributive Justice and Responsibility,* Oxford University Press, 126-161.

Voigt, Kristin.(2007).“The Harshness Objection: is Luck Egalitarianism too Harsh on the Victims of Option Luck?,” *Ethical Theory and Moral Practice,* 10(4): 389-407.

Wolff, Jonathan.(1998).“Fairness, Respect, and the Egalitarian Ethos,” *Philosophy & Public Affairs*, 27 (2): 97-122.

犬塚元(2013)「大震災後の政治と政治学」(http://www.law.tohoku.ac.jp/~inuzuka/130526 jcspt.pdf)。

河野勝・金慧(2012)「復興を支援することは、なぜ正しいのか――哲学・思想の先駆者に学ぶ」『復興政策をめぐる《正》と《善》』早稲田大学出版部。

第三章　ジョセフ・ラズにおける二つの正統性

石山　将仁

はじめに

「正統性（legitimacy）」を、「国家による権力行使に対して市民が承認を与えること」とさしあたり定義するならば、私たちはどういった条件・根拠で権力行使を承認するのだろうか。

政治理論における正統性論といえば、まずM・ヴェーバーが思い起こされる。彼は正統な支配の三つの類型を記述的に示した。その三つとはカリスマ的支配、伝統的支配、合法的支配である。だが、現代社会において、前二者の支配はもはや妥当なものとはいえない。カリスマとして特定の人物が支配することも、伝統を根拠に支配することも私たちは認めないであろう。現代社会において正統性を有することができる支配は合法的支配である。

それでは、合法的な権力行使であるのならば、ただちにそれは正統な支配であるとはいえるだろうか。一方で、一定の手続きを踏まえ、集合的に決定した法であるのならば、どのような法であっても従うべきなのではないかという直観が存在する。だが、もう一方で、一定の手続きを踏まえた法であるならばいかなる悪法も法であるとしても、そういった悪法による権力行使を正統なものとみなすことはできないという直観も存在する。

このような二つの直観は、正統性に二つの理解をもたらす。すなわち、手続きを根拠とする正統性と、正しさ〈rightness〈correctness〉〉を根拠とした正統性である。

本稿では、正統性の理解の仕方は二通りあるという観点から、ジョセフ・ラズの正統性論を検討する。ラズは、「正統な権威」のための根拠を正しさのみに求めているようにみえるが、しかし、手続きに基づく正統性を自身の理論に明確にしないまま内包させている。本稿はこの点を明らかにするものであるが、本稿の目的はその先にある。すなわち、ラズの理論の検討を通じて、正統性に関する政治（哲学）的問題を明らかにすることが本稿の目的である。

このような目的から本稿は以下の構成をとる。本稿第1節では彼の権威論の考察を行う。行為理由の観点からラズは権威に関して三つのテーゼ（依存テーゼ、通常正当化テーゼ、先取りテーゼ）を定式化しており、前二者から「権威のサービス構想」が導き出される。第2節では、ラズの正統性論の考察を行う。ラズは「正統性」を定義していないので、彼のテキストに基づいて筆者がその定義を行う。その上で、ラズが正統性のために示した二条件（通常正当化テーゼ及び自立条件）を明らかにする。そして、通常正当化テーゼの「最大限の柔軟性」という側面に着目し、ラズの正統性論の二つの特徴を説明する。第3節では、ラズが明示的に用いている正統性の構想（本稿では〈サービス構想としての正統性〉と呼ぶ）以外に、ラズが暗黙裡に用いている正統性の構想（本稿では〈排除理由としての正統性〉と呼ぶ）

を明確化する。これによって、ラズは一見正しさを根拠とする正統性のみを主張しているように思われるが、しかし、手続きを根拠する正統性が彼の理論の中に伏在していることが分かる。それぞれの構想の意義を明らかにし、二つの構想はどちらかが棄却されるべきではなく、どちらも正統性の理解にとって必要不可欠であることを示す。そして第4節では、この二つの構想を用いることによって浮かび上がる政治（哲学）的問題を指摘する。

本稿がラズを扱う理由を簡単に述べる。第一に、ラズは現代リベラリズムの代表的な論者であるにもかかわらず、後述するように日本のラズ紹介は十分なものではない。第二に、彼の権威論は行為理由の観点から考察されている点に特徴がある。こういった権威論から展開される正統性論も、行為理由の観点から主張されている。行為理由という観点をとることによって、彼の正統性論は分析的なもの、あるいは精緻なものとなっている。第三に、ラズは正統性論をヴェーバーのように記述的に示しているのではなく、規範的に説明している（Peter 2014）。そもそも権威とはどうあるべきか、権威はどのような条件を満たすことで正統性を有することができるのか、といった規範的問いを扱っている。

先行研究との関係を述べておこう。ラズの権威論に関しては、邦語二次文献においても濱（1995）、（2008）、高橋（2004）、長谷部（2006）によって一定程度の紹介がなされている。しかし管見によれば、ラズの正統性論に関して十分な紹介が日本でなされていない。より具体的にいえば、ラズの主著である『自由の道徳』第四章で示された、通常正当化テーゼの最大限の柔軟性という側面について、また、ラズが二〇〇六年に出した論文「権威の問題：サービス構想再考」（以下、論文「権威の問題」；Raz（2009a）収録）で示されている正統性のための二条件について、邦語二次文献で言及しているものはない。

一方、英語圏ではラズの権威論に対する批判が多くなされている。例えば、S・ダーウォルは「二人称の理由（second-personal reason）」という観点から通常正当化テーゼを批判している（Darwall 2013）。他にも、J・ウォルドロンは、立法の権威という観点からラズの権威論を批判している（Waldron 1999）。こういった批判は権威とはいかなるものかを考えることに資するが、本稿の関心はあくまでも正統性論にあり、焦点が異なる。

ラズにおける権威論と正統性論を共に扱ったものとしては、Christiano（2004）やHershovitz（2003）が挙げられる。彼らは、ラズが正統性の契機として民主的手続きないしデモクラシーを考慮していないことを問題とする。すなわち、彼らはラズの理論に外在した形で手続きを根拠とする正統性の必要性・重要性を主張している。こうした批判を受けて、S・ウォールはT・クリスティアーノに対して、通常正当化テーゼを再解釈し、ラズの理論を発展させることで、正しさを根拠とする正統性と手続きを根拠とする正統性の両立をラズ主義的な立場から説明する（Wall 2006）。

本稿第3節では、ラズの理論の中から、手続きを根拠とする正統性の構想を掘り起こす。ラズの理論に内在しているという点で、本稿はこれら三人の議論とは一線を画する。前二者はもとより、ラズの議論のどこにその構想が位置付けられるのかを明らかにする点で、ウォールの議論とも異なる。

このような先行研究との違いから、本稿にはラズ研究上の意義がある。だが、本稿は単なるラズ紹介やラズ研究には留まらない。本稿第4節では、正統性の二つの構想から明らかになる問題を指摘する。この点に政治哲学上の意義がある。

1　ラズにとって「権威」とは何(であるべき)か

本節では、ラズによる「権威のサービス構想」を概観する。ラズは権威に関して三つのテーゼを定式化しており、それぞれ「依存テーゼ（the dependence thesis）」、「通常正当化テーゼ（the normal justification thesis）」、「先取りテーゼ（the pre-emptive thesis）」と呼ばれている。サービス構想は、依存テーゼと通常正当化テーゼから導かれている。第1項では、権威のモデルを提示する。第2項では、そのモデルに基づいて、依存テーゼと先取りテーゼについて述べる。その上で、第3項では通常正当化テーゼを概観する。第4項では、それまでの議論を踏まえて、サービス構想とは何かを明確化する。

(1) 権威のモデル

ラズが挙げている権威のモデルから議論を始めよう。[1] ラズは、権威とその名宛人との関係を、「(行為) 理由（reason〈for action〉）」という観点から説明している。[2] まず、この「(行為) 理由」というものが、どういう使われ方をするか、簡単に説明したい。[3] 例えば、競馬のことをあまり知らないAさんは、競馬に詳しい先輩Bに誘われて、今、競馬場にいるとしよう。Aは、折角競馬場に来たのだから、実際に賭けてみることにした。もちろん、Aは賭けに勝ちたい。この時、〈賭けで勝つ〉という理由が私に「当てはまっている（apply to）」と表現する。このようにラズは、「〈理由〉が〈人〉に当てはまっている」という表現をする。さて、Aは自分ではレースのことがよく分からないので、精通しているBに色々とアドバイスをもらって賭けてみたところ、見事、勝つことができた。この時、私は〈賭けで勝つ〉という理由に「合致する」(合致した〈comply with〉)と表現する。[4] 逆にいえば、賭けに負けた場合、私は理由に合致することができなかった、ということになる。ここでは、「〈人〉が〈理由〉に合致する」と表現される。

さて、権威のモデルを図式的に整理したものが図1である。このモデルからラズは、二つの行為理由、すなわち、「依存理由」と「先取り理由」を説明する。

紛争当事者である甲と乙は対立しており、それぞれに特定の「理由」が当てはまっている。ここでは便宜的に、甲に当てはまっている複数の理由を理由1、2、3とし、乙に当てはまっている理由を理由4、5とする。両者は紛争解決を仲裁者に委ね、仲裁者の決定に従うことに合意していることを前提とする。この場合、「仲裁者は紛争を解決する権威がある」(Raz 1986 : 41 = 1996 : 150)。

依存理由について述べよう(Raz 1986 : 41 = 1996 : 150-151)(Raz 1995 : 212 = 1994 : 144)。依存理由には、仲裁者にとっての依存理由と、紛争当事者にとっての依存理由の二つが存在する。まず、仲裁者にとっての依存理由から説明しよう。仲裁者は理由1~5を勘案して、その末に決定を下す。「仲裁者の決定は、〔その決定が理由となるが、その理由以外の〕他の諸々の理由に基づき、それらの理由を総合し、それらの理由の結果を反映するべきものとされている」(Raz 1986 : 41 = 1996 : 150)。要するに、仲裁者は甲と乙に対して何かしらの決定を下すことになるが、その決定は仲裁者が恣意的に行うものではなく、紛争当事者たちの諸事情を勘案・考慮して導きだされるものである。図1でいえば、仲裁者の決定は、理由1~5に依存することになる。このような理由が、仲裁者にとっての依存理由である。

次に、紛争当事者にとっての依存理由とは仲裁者の決定のことである。仲裁者の決定には従うという上述の前提により、「当事者は、仲裁者がいうことだから仲裁者のいうとおりにするべきである」（Raz 1986 : 41 = 1996 : 150）ので、仲裁者によって出された決定には、たとえ不承不承であれ、両紛争当事者（甲と乙）は従う。この仲裁者の決定（ないし権威の指令）は、両紛争当事者にとっての行為理由となり、両者はこれに依存することになる。

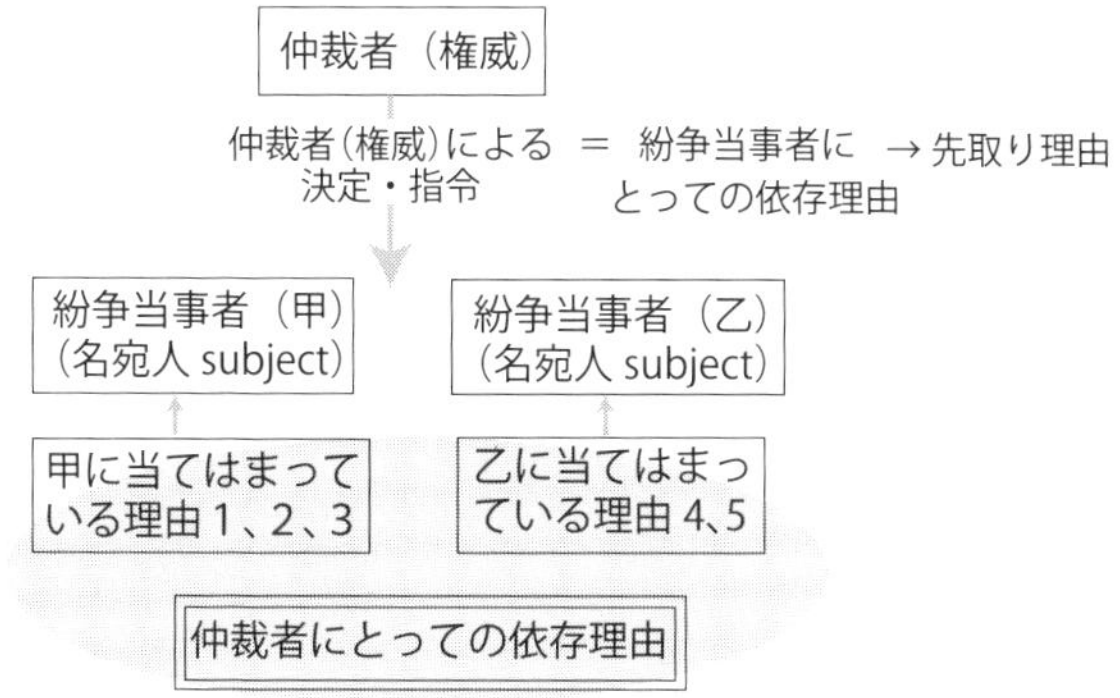

図1

注意しなければならないのは、仲裁者の決定が必ずしも理由1～5を等しく反映した決定ではない、ということである。仮に理由1と理由4が真っ向から相反するようなものである場合を考えれば良い。一つの決定で、それぞれの理由を同時に反映させることはできないし、仲裁者が決定を下す際に、どちらかの理由を却下することはありえる。紛争当事者にとっての依存理由は、「基づいている諸理由〔※図1でいえば理由1～5〕のバランスを、実際に、反映しているものではない」（Raz 1985 : 10 = 1996 : 150）。

ラズは、紛争当事者にとっての依存理由の特徴を、「この理由は……他の諸理由に付け加わる別の理由ではない。それは、……他の諸理由と並立する理由ではない」（Raz 1986 : 41 = 1996 : 150）と述べている。この特徴は先取り理由に関係する。ラズは先取り理由についてこう述べている。

仲裁者の決定は、それに依存している諸理由〔仲裁者にとっての依存理由〕にとって代わるものともされてもいる。仲裁者の決定に従うことに合意する際、紛争当事者は、諸理由のバランスについて、紛争当事者自身の判断ではなく、仲裁者の判断に従うことに合意したのである。以降は、仲裁者の決定が、紛争当事者が何をするのかを定める。……私〔ラズ〕は他の諸理由にとって代わる理由を、先取り理由と呼ぶ。

(Raz 1986 : 42 = 1996 : 150-151)

つまり、両紛争当事者にとっては、仲裁者による決定は依存理由であり、かつ、先取り理由である。ここでのポイントは、紛争当事者にとって「仲裁者の決定以前では行為を正当化するために依拠しえた諸理由〔図1における理由1～5〕は、一旦〔仲裁者による〕決定が為されると、〔それ以降は〕依拠することができない」(Raz 1986 : 42 = 1996 : 151 傍線引用者) ということである。このように、ラズは、理由を単に個人的な行為を記述するために用いているというわけではなく、「行為を正当化するため」のものと捉えている。仲裁者の決定は紛争当事者の行為理由となり、逆にいえば、決定に反するような理由は行為を正当化する理由ではなくなる。ただし、ここでいわれていることはあくまでも、自らの行為を他者に正当化する際に決定に反するような理由を用いることができないというだけであり、決定と自らの信念が一致している必要があるわけでもないし、その決定に対して不満をもつことや批判的であることを斥けているわけでもない。[5]

（2）依存テーゼ・先取りテーゼ

本項では、前項で示した権威のモデルに基づいて、権威一般にあてはまる依存テーゼと先取りテーゼについて述べる。[6]

依存テーゼは、以下のように定式化されている。

全ての権威的指令は、以下のような理由に基づくべきである。その理由とは、指令の名宛人subjectsにすでに〔権威とは〕独立して当てはまっていて、かつ、その指令が及んでいる状況での名宛人の行為に関連している理由である。

（Raz 1986 : 47 = 1996 : 159）

ここでいわれている理由とは、前節で示した仲裁者にとっての依存理由に相当する。権威は、その名宛人に当てはまっている諸理由を斟酌・勘案した上で、指令に反映させる。

先取りテーゼとは以下のように定式化されている。

権威が行為の遂行を要求するという事実は、その行為を遂行するための理由である。その理由は、するべきことを評価する際に他の関連する全ての諸理由に付け加えられるべきものではなく、それらの諸理由のいくつかを排除し、それらに取って代わるべきものである。

（Raz 1986 : 46 = 1996 : 157 傍線引用者）

ここでいわれている理由とは、前節で示した先取り理由である。このテーゼのポイントを三つ指摘しておこう。

第一に、「先取り」とは何を意味しているのか、つまり、何が何を先取っているのか、という点である。結論から述べれば、「正統な法、そして一般的にいえば正統な権威の指令は、……背景的理由を先取っている」(Raz 2009a : 141)。道路交通法を例にとって考えてみよう(Raz 2009a : 140-141)。私たちには自動車の運転を安全にしようとするという理由がある。もし道路交通法が無ければ、そのような状況の中でもできる限り、私たちは安全に運転をしようとするだろう。だが、道路交通法があれば、より安全に運転ができる。道路交通法は、安全に運転にするという「背景的理由」を先取って成り立っている。「権威の機能は、私たちに、背景的理由に従おうとさせるというよりもむしろ、権威の制度に従おうとさせることによって、私たちが背景的理由に合致することを改善することである」(Raz 2009a : 141)。

第二に、「排除」について述べる。権威の指令ないし法が依存テーゼを満たしているのならば、法は私たちに当てはまっている(背景的)理由に依存するのだから、先取りテーゼは依存テーゼと同じことを繰り返しただけのようにみえるかもしれない。また、このテーゼは先取りテーゼと命名されているものの、定式化には「先取り」の用語は出ておらず、このテーゼだけでは(背景的)理由を先取るということは明確ではない。先取りテーゼの定義をそのまま読めば、このテーゼのより重要な点は、先取り理由の特徴、すなわち、権威の指令は「排除理由」であるということが表明されている点にあると考えられる。前項で確認したように、先取り理由は、指令ないし法が出るまでは正当化根拠となっていた諸理由に付け加わるものではなく、それらの諸理由に取って代わるものである。このテーゼでは、「取って代わる」というだけでなく、「排除」するとも述べられている。これはラズが「排除理由」と呼ぶものに相当する。

拘束力のある権威的指令は、それが指令するように振る舞うための理由であるだけでなく、排除理由でもある。排除理由とは、すなわち、ルールと衝突する理由に従わない not following（換言すれば、その理由で行為しない）ための理由である。 (Raz 2009a : 144)

権威の指令は、背景的理由を先取った理由でもあるが、その指令と反するような理由を排除する理由でもある。

無論、ラズは権威からの指令が絶対的なものだと主張しているわけではない。前項で先取り理由について述べた時に確認したが、人々が権威の指令に、批判的であることも、不満がありつつも従うことも、ラズは認めていた。この点は先取りテーゼにおいても引き継がれている。

権威的決定が最終的には、何が為されるべきかを定めるとされる場合であっても、一定の根拠に基づいてその決定は争われることに開かれている。例えば、非常事態が発生した場合、あるいは、指令が基本的人権を侵害している場合、あるいは、権威が恣意的に振る舞った場合である。排除されない理由や、権威の指令を争うための根拠は、事例ごとに様々である。 (Raz 1986 : 46 = 1996 : 158)

ラズは、権威の指令に盲目的に従うべきだと主張しているわけではない。特定の状況においては、権威に異議申し立てをすることができる。

第三に、このテーゼは「正統な権威についてのみ当てはまる」(Raz 1986 : 46 = 1996 : 157) とラズが注意を促していることは見逃されてはならない。先取りテーゼでいわれているような、指令あるいは法が他の諸理由を排除することが認められる場合は、まさにその指令が正統な権威から発せられているとラズは考えている。ここでの「正統性」の理解の仕方が、ラズの理論に問題を生じさせることになる。ラズの正統性論に関しては第2節で、ラズの正統性の理解の仕方の問題に関しては第3節で論じる。

(3) 通常正当化テーゼ

本項では通常正当化テーゼを概観する。第1項で挙げたモデルとの関係でいえば、「通常正当化テーゼは、仲裁者の権威の基礎であった紛争当事者間の一致 (agreement) に取って代わる」(Raz 1995 : 214 = 1994 : 148) ものとされている。そして、このテーゼは、「すべての権威の正統性のための主要な主張」(Raz 1986 : 70-71)、すなわちこのテーゼは、権威の正統性のための条件の一つだとラズは考えている。

通常正当化テーゼは以下のように定式化されている。

ある人が他の人に対して権威を有していることを確立するための通常の方法は、以下のことを示すことを伴う。もし、名宛人だとされる者が、権威の指令とされるものを権威的に拘束力があるものとして受容し、その指令に従おうとするならば、名宛人に当てはまっている理由に直接従おうとするよりも、（いわゆる権威的な指令以外の）名宛人に当てはまっている理由に合致する可能性がより高い、ということを示すことである。（Raz 1986 : 53 = 1996 : 166）

この定式化自体は分かり易いといえないが、ラズは別の箇所で次のように言い換えを行っている。

ある人が理由に合致することを権威が改善する場合にのみ、権威を受容することが正当化される、ということを通常正当化テーゼは述べている。（Raz 1986 : 93-94）

権威の正当化のための通常かつ主要な主張は、権威の指令に従うこと（conforming to）が、権威から独立して行為することよりも、ある人が理由に合致する（conform with）可能性をより高めるということを示さなければならない。（Raz 1989 : 1179）

要するに、私たちがある行為をする理由があって、自分自身でその行為をしようとするよりも、権威の指令に従った方が、その理由に基づいた行為を首尾よく実行できる可能性が高い場合に、権威は正当化される、ということである。もちろん、これ以外にも権威の正当化の方法はありえるとラズは認めているが、しかし、ラズにいわせるとこの方法が「通常の方法である」（Raz 1986 : 53 = 1996 : 166）。

通常正当化テーゼを理解するために、まず、ラズが示す友人から受けるアドバイスという例をみてみよう（Raz 1986 : 53-54 = 1996 : 166-167）。ある人（A）は友人（B）にアドバイスを受ける。その時に、「一つのアドバイスを受け入れるための通常の理由は、それが健全な（sound）アドバイスである可能性が高いということである。アドバイスをする通常の理由も、まさしく同じ理由である」（Raz 1986 : 54 = 1996 : 167）。もし、AがBのアドバイスをもっともらしいと思ったという理由ではなく、アドバイスを聞かないことによってBを傷つけてしまうのは避けたいという理由で、Bのアドバイスを受け入れるとしたら、それは一つの理由ではありえるが、しかし、通常の理由ではない。ラズは、この「アドバイスの例は権威のケースに近い」（Raz 1986 : 54 = 1996 : 168）という。ある人ないし機関によって発せられた指令が人々に当てはまっていないような理由を反映したものである場合、その人ないし機関を正統な権威として承認することは、決して通常ではない。

通常正当化テーゼでいわれているのは、権威（の指令）に従うことによって、理由に合致する可能性が高いという場合に、その権威は正当化されるというものである。その可能性に対する信頼や期待がなければ、権威は通常は正当化されない。ラズはこう述べている。

> 権威に対する信頼（trust）は、権威がその義務を適切に遂行する可能性が高いという信頼である。それゆえ、その信頼は権威の活動を支配すべき原理を前提としている。（Raz 1986 : 55 = 1996 : 169）

ここで権威の「義務」としてラズが念頭に置いているのは、調整問題（co-ordination problems）の解決と四人のジレンマ型状況（Prisoner's Dilemma type situations）の解消である。[7] 以下、それぞれについて、依存テーゼ・通常正当化テーゼとどのように関係しているのか具体的に示す。

まずは調整問題について述べよう。ラズは、「権威による指令の重要な機能の一つは、慣行（convention）を確立し、慣行を維持する助けをすることである」（Raz 1986 : 49 = 1996 : 163）としている。ここでいわれている「慣行」は、以下のようなものである。

ここでは、慣行は、狭い意味で理解される。その意味において、慣行は、調整問題に対する解決策である。言い換えれば、大多数の人々によってとられる（とられがちな）行為をとろうと選好するための十分な理由を、大多数の人々が有しているという状況に対する解決策である。調整問題がある場合、権威による指令を発することは、この問題におけるミッシング・リンクを提供しうる。権威による指令を発することは、権威的に設計された法令（act）に従うように慣行が確立されるということの可能性を高める。（Raz 1986 : 49 = 1996 : 163）

この慣行の確立について、より具体的な説明を長谷部（2006）が行っている。

世の中には、どれでもよいが、とにかくどれかに決まってくれなければ困る事柄が沢山ある。車は道の右を通るべきか左を通るべきか、有効な契約を結ぶためには書面や証人が必要か否か、燃えるゴミを出す日は月・水・金か火・木・土か、これらの事柄は、人によって多少の便・不便の差はあっても、いずれが正しいかより、いずれかに決まっていること自体が、そして、それに大多数の人々が従うことが肝要な問題である。（長谷部 2006 : 71-72）

確認されるべき点は、まず権威は依存理由に基づいて慣行を形成していることである。これは依存テーゼに関わっている。というのも、「諸個人は慣行を望む理由を有しており、したがって慣行が形成されることを助けるような行為をとる理由がある」(Raz 1986：50 = 1996：164)という想定があるからだ。次に確認されるべきは、通常正当化テーゼとの関係である。このような理由に合致しうる指令・法・政策を権威が発しないと、通常、権威は正当化されない。

次に囚人のジレンマ型状況である。ラズはこの状況がどのような状況であるのか、あまり詳しくは述べていない。そのため、これについても長谷部(2006)の説明を引用したい(長谷部 2006：73-5)。長谷部(2006)によれば、「公共財の供給が問題となる状況は、いわゆる囚人のジレンマ状況の一種である」[8](長谷部 2006：73)。公共財の具体的な例として、警察や消防、防衛、それらに加えて、表現の自由を長谷部は挙げている。これらは「通常の私的財と異なり、消費の排除性・競合性が働かないため、市場においては消費者が自己の選好を確実に顕示せず、そのため、適切な供給がなされない」(長谷部 2006：74)。そのため、政治的権威である「国家を通じて公共財を供給することが適切となる」(長谷部 2006：74)。

この囚人のジレンマ型状況の解消も、調整問題の解消と同様に、依存テーゼに関わっている(Raz 1986：50-51 = 1996：164)。囚人のジレンマ型状況に人々が置かれている場合、人々は一定の仕方で行為する理由を有しているが、その人たちでは状況を変えることができない。だが、人々にはその状況を変えるという理由はある。これらの理由を依存理由として、権威は囚人のジレンマ型状況を解消する。そして、そのような解消ができない権威は通常、正当化されない。

まとめよう。調整問題の解消と囚人のジレンマ型状況の解消は、政治的権威に要請される活動である。[9]というのも、それらが依存理由に基づいて行われるべきことであるからだ。そして、このような問題解決能力を実際にもつ「事実上の権威（de facto authority）」でなければ、通常、権威は正当化されない。すなわち、「事実上の権威でなければ正統な権威たりえない」（Raz 1986 : 56 = 1996 : 171）のである。[10]こういった意味において、「依存テーゼと通常正当化テーゼは、相互に補強し合っている」（Raz 1986 : 55 = 1996 : 169）。

（4）権威のサービス構想

前項では、通常正当化テーゼとは何かを確認し、その上で、調整問題と囚人のジレンマ型の問題において、依存テーゼと通常正当化テーゼは関係していることを確認した。両テーゼからラズは「権威のサービス構想」というものを主張する。

最初の二つのテーゼ〔依存テーゼと通常正当化テーゼ〕は、私が権威のサービス構想と呼ぶものを明確にしている。それらのテーゼは、権威を、人々と、人々に適用している正しい諸理由とを媒介する（mediating）としてみなしており、したがって、権威は、人々が正しい諸理由にしたがって何をなすべきかを判断し宣言している。人々の側では、人々は、自分たちの手掛かり（cue）を権威から引き出している。（Raz 1995 : 214 = 1994 : 148-149 強調原文、傍線引用者）

このサービス構想は、私たちが理由に合致するために、権威を「手掛かり」、すなわち、道具・手段とみなすというパースペクティヴを提示している。この「手掛かり」ということについて説明しよう。

理由に合致する方法をラズはいくつか挙げている（Raz 2009a : 139-140）。そのうちの一つが、自身の「合理的能力」、すなわち、「世界における私たちの状況に関して見解を形成し、その観点で行為する能力」を行使することである（Raz 2009a : 139）。私たちは自らの判断に従って振る舞うことで、理由に合致することが可能である。だが、理由に合致することを可能にするのは、合理的能力の行使だけではない。火事を直感的に避けるように、自身の行為を逐一理由づけるよりも、身体的な反射に従う方が良い場合もある。

身体的な反射によっても理由に合致することができることから分かるように、理由に合致するという目的のためには、必ずしも、自らの判断に、つまり自身の合理的能力に従う必要は無い（Raz 2009a : 140）。アドバイスを受け容れることによっても理由に合致することができるし、早起きのために目覚ましをかけたり、スピード違反をしないようにスピード制限をかけたり、技術的装置に依存することもある。権威に従うということも、これらと似たようなことなのである。

権威は私たちの目的を達するための手段・道具であるといった見方をすれば、権威に従うことは、人々の合理的行為のための能力を否定することになると考える必要も、人々の自律を損なうことになると考える必要もなくなる（Raz 2009a : 140）。アドバイスを受け容れたり、技術的装置を使ったりするのと同様に、権威に従ったとしても、「人の究極的な自恃《じじ》（one's ultimate self-reliance）は保持されている」（Raz 2009a : 140）。なぜなら、「その人自身の判断こそが、その人が他者の権威を承認することを指令している」(Raz 2009a : 140) からだ。人々にとって、理由に合致すること、換言すれば、自らの目的を成し遂げることが重要である場合、そのための手段として何がありうるのかを人々は考える。つまり、権威に従うかどうかということ自体を、人々は自己決定しているのである。

ラズは、権威のサービス構想や三つのテーゼが、記述的な説明であると同時に、規範的な説明でもあると考えている。ラズは「どのように権威的な行為が人々の実践的推論（practical reasoning）において特別な役割を果たすのかを示すことによって、これらのテーゼ〔三つのテーゼ〕は、その〔権威の〕概念の我々の理解を深めると思われる」(Raz 1986 : 63 = 1996 : 180-181) と述べている。それに続けて、「これらのテーゼは規範的なものでもある。それらは、人々に、どのように拘束力のある指令を受け取るのかということや、指令が拘束的であると認めるのはどのような時かということを教える。サービス構想は、権威が正統である条件と権威が振る舞うべき様式についての規範的教説である」(Raz 1986 : 63 = 1996 : 181 傍線引用者) ともしている。ラズの権威論は、権威を行為理由の観点から捉えて、私たちの実践的推論にどう権威が関わっているのかを記述すると同時に、正統な権威とはいかなるものであるかも説明している。少なくとも彼の自己了解においてはそうである。

2　ラズにとって「正統な」権威とは何（であるべき）か

本節では、ラズの正統性論を明らかにする。ただし、ここではラズの主張を整理するだけにとどめ、その問題点については第3節で検討を行う。まず第1項において、ラズにおける「正統性」を定義する。ラズ自身はその定義を行っていないので、正統性に関するラズの言及をもとに筆者が明確化する。第2項では、ラズが、通常正当化テーゼと自立条件（the independence condition）を権威の正統性のための条件としていることを確認する。第3節では、通常正当化テーゼの「最大限の柔軟性」という側面から導き出されるラズの正統性論の二つの特徴を明らかにする。第3項の議論を踏まえて第4項では、国家の主張する正統性と、名宛人が承認する正統性には、不可避的に量的差異が生じる、というラズの指摘を概観する。

(1)ラズにおける「正統性」の定式化

ここでは、ラズのテキストに基づき、ラズが「正統性」をどのように捉えているのかについて考察する。その定義にあたっては、まず次の二点が注目に値する。第一に、ラズは、「単なる事実上の権威」を「名宛人に対する権力を行使するが、しかし、その権利を欠いている権威」と言い換えている（Raz 2009a : 128）。第二に、「どの事実上の権威も、正統な権威であると主張している〔だけ〕か、他の人々によって正統な権威と認められているか、いずれかである」（Raz 1986 : 46＝1996 : 158）と述べている。これら二つの記述から、「事実上の権威」は、「名宛人に対する権力を行使する」「権利」をその名宛人によって「認められている」場合に、「正統な権威」となる、とラズが考えているということが推察される。

そうであるならば、「正統な権威」は、権力行使の権利が認められるための何かしらの条件を満たしていなければならない。実際にラズは論文「権威の問題」の中で、「正統性のための条件（the conditions for legitimacy)」(Raz 2009a : 147) ないし「正統性の条件 (the conditions of legitimacy)」(Raz 2009a : 140 148 and 158) という表現を使っている。

以上を踏まえると、ラズは、「正統性」を以下のように理解していると定式化できる。

正統性：権力行使の権利が、一定の条件を満たすことで、権威の名宛人によって、承認されること。

それでは、「一定の条件」とは具体的に何であるのか。次項ではこの点について明らかにする。

(2)正統性のための二条件

本項では、権威の正統性のための条件とは何であるとラズが考えているかを示す。そのためには、あらかじめ、権威の道徳的問題についてみておく必要がある。この問題は、論文「権威の問題」において、以下のように定式化されている。

道徳的問いとは以下のことである。すなわち、ある人が自分の意志や判断を他の人の意志や判断に従わせる義務を有するということは、一体、どのようにしてありえるのか、という問いである。(Raz 2009a : 135)

これは以下のことを意味する (Raz 2009a : 135-136)。権威によって発せられた指令は、権威の名宛人の理由を構成することが目指されているし、それらの指令は拘束力がある。もし私たちがそれらの指令に従う義務を承認するのなら、権威が私たちに命令する権利を有することを承認したことになる。それでは、権威が名宛人の理由を構成することが可能となる条件とは何であるのか、という問題である。

前項で正統性を定義したが、そこで、「一定の条件」が満たされていることが、正統性に必要であることを確認した。この道徳的問題においても、権威に対して従うことが、「どのようにして」可能なのかが問題となっている。この道徳的問題は、正統性の条件とは何かを定式化することを目的とした問いである。事実、ラズは、この道徳的問題を、「ある人が他の人の意志に従うことの正統性に関わる」(Raz 2009a : 160 傍線引用者) と述べている。これは、前項の正統性の定義が正しいことの裏付けといえよう。

ラズはその条件について以下のように主張している。

> 道徳的問題は、二つの条件が満たされたときに答えられ、また、その問題は二つの条件が満たされるような事柄に関して答えられる。(Raz 2009a : 136)

この二つの条件とは、通常正当化テーゼと自立条件である (Raz 2009a : 136)。通常正当化テーゼに関しては、本稿第1節第3項で概観した。そこで既にこのテーゼが正統性のための一つの条件であることを確認している。もう一つは、自立条件である。自立条件とは、「一つ目の条件〔通常正当化条件〕が満たされるような事柄は、その事柄に関して、権威の助けを借りずに自分自身で決定する (decide for oneself) ということよりも、理由に合致するということがより良いというようなことである」(Raz 2009a :

137 傍線引用者）という条件である。要するに、通常正当化テーゼが満たされた上で、さらに、「自分自身で決定する」すなわち自己決定するということよりも、「理由に合致する」ことが重要である場合に、権威（の指令）は正統なものとなる。[11][12]

どうしてラズは通常正当化テーゼだけではなく、自立条件も必要と考えるに至ったのか。その理由は、まだ二条件が定式化されていなかった『自由の道徳』（一九八六年）における記述に表れているように思われる。というのも、そこでは、ラズ自身によって、通常正当化テーゼの「曖昧な点」(Raz 1986 : 75) が指摘されているからである。

> 自分自身で何をするのか決めることは、不安や極度の消耗を引き起こす。または、自分自身で何をするのか決めることは、時間や資源の〔面で〕コスト〔がかかること〕を含む。権威に従うことによってそのコストを回避することは、重大な欠点ではなく、それゆえに、正当化される。（これは、通常の正当化と〔通常からは〕逸脱した正当化の間の境界事例である。もっと言えば、それは、通常正当化テーゼの私の定式化における多くの曖昧な点の一つを示している。）(Raz 1986 : 75 傍線引用者）

ここでいわれているのは、権威は人々が何かする際の負担を軽減する故に正当化される、ということである。これが「曖昧な点」であるのは、個人にとってどのような場合に、権威による負担軽減が（道徳的に）許容されるのかという問題が未決になっているからだと考えられる。自立条件を提示した理由はここにあると考えられる。すなわち、権威による負担軽減を通じて理由と合致することが、自己決定するよりも重要である場合に、事実上の権威は正統な権威だとみなされるということを明確化・定式化する必要があった。

単に理由に合致することだけが重要ならば、信頼に値する権威にただ盲従するだけで良い。しかし、それは我々の（自己決定という意味での）自由に反すると考えられる。我々は自分で考えて、自分で決めることに、一定以上の価値を置いているはずである。それゆえに、正統性の条件は、通常正当化テーゼだけではなく、自立条件も必要とされる。別言すれば、自立条件によって、権威が通常正当化テーゼを満たしていたとしても、自己決定する領域が確保されることになる。

この二条件によって、どのように権威は正統化され、また正統化されないのかを、具体的に考えてみよう。ラズは危険物質の取り扱いを制限する例を挙げる（Raz 2009a：137）。私たちは危険を避けるために、薬剤製品に関する制度やその使用に関する法に従う。ここでは危険を避けることが目的になっており、かつ、私は自分で判断するよりも、薬品の専門家の意見に従うことの方が、その危険を避けることができそうなので、自身で判断することにさしたる重要性をおかない。よって、自立条件が満たされる。とはいえ、法は、消費者利益を必ずしも反映しているとは限らず、製薬企業の利益をより反映しているかもしれない。だが、もしそうだとすると、そのような法はそもそも通常正当化テーゼを満たしていないことになるので、正統な権威ではありえない[13]。

（3）通常正当化テーゼの柔軟性から導かれるラズの正統性論の二つの特徴

本項では、通常正当化テーゼは、正統性に関してどのような特徴をもたらすのかを明らかにする。結論を先取れば、ラズの正統性論には二つの特徴がある。一つは、権威の正統性を承認する主体は、市民全体といった集合ではなく、各々の名宛人だという特徴である。もう一つは、正統性を承認される対象は、政治的権威の全体ということもありえるが、個別的な法でもありえるという特徴である。これらの特徴は、通常正当化テーゼの「柔軟性」という側面から導かれている。以下では、まず通常正当化テーゼの一般性と柔軟性について述べ、その上でラズの正統性論の二つの特徴を明確にする。

ラズは、通常正当化テーゼは「一般的」であり、かつ、「最大限の柔軟性を許容する」と主張する (Raz 1986 : 73)。まず、一般的というのは、通常正当化テーゼが、権威と個人の一対一関係だけではなく、権威と人々（の諸集団）の関係を捉えている、という意味である (Raz 1986 : 71-73)。というのも、「権威は理由に基づいており、諸理由は一般的であり、それゆえに、権威は本質的に一般的である」(Raz 1986 : 73) からだ。理由というものそれ自体が一般性を有しているため、それに基づく限り、権威は「一般的」であるという側面をもつ。そしてラズは「公的権威は、諸個人が、仲間の人間 (fellow humans) に負っている道徳的義務に、究極的には基づいている」(Raz 1986 : 72) と主張する。

これまでの議論を踏まえると以下のように換言することができる。とりわけ調整問題や囚人のジレンマ型状況の場合、先取りテーゼに基づき、背景的理由を理由として先取り、あるいは、人々に共有された義務を理由として先取り、政府は指令ないし法を発しなければならない。通常正当化テーゼに基づけば、このように想定されえない権威は正当化されず、正統性の条件を満たすことはできない。

次に柔軟性という側面である。これは、一般性という側面とは異なり、権威と個人の一対一関係に焦点が当てられている。ラズはこのように述べている。

> 権威の射程は、権威が行使されると考えられる人、すなわち、その人の知識や、意志の強さ、生の様々な側面における彼の確実性と、当の政府に完全に依存する。(Raz 1986 : 73)

まず、ここでいわれている「権威の射程」とは何かを説明しよう。ラズは、この通常正当化テーゼの柔軟性について、『自由の道徳』の中で説明をしているが、そこでは、“authority”という用語が二つの用法で使われていると筆者は考えている。

一つ目の用法は、例えば「政治的権威は人々の多くの集団を統治する」(Raz 1986 : 71) といった表現から看て取ることができる。この“authority”の用法においては、権威の所在を指し示めすことができ、“authority”は具体性を帯びる。(政治的) 権威の所在は、国家・政府・法などである。

もう1つの用法は、「権威主張 (the claims to authority)」(Raz 1986 : 78) や「政府の権威の程度 (the extent of governmental authority)」(Raz 1986 : 80) といった表現から看て取ることができる。ここでは、権威の所在が指示されず、“authority”は程度として計られるものとして示されている。文字どおりに読めば、ここで国家・政府・法が主張しているのは正統性ではなく、また、問題となっているのは、正統性の程度ではなく、権威の程度である。だが、『自由の道徳』第四章の結論部では、次のようにいわれている。

> 私たちの結論の難しい側面は、政府の権威は正統かどうかという問題にイエス/ノーの答えを与えることを拒絶する点にある。私たちは、異なる人々に応じて、様々な程度で、権威は正統である、

と結論づけた。　（Raz 1986 : 104 傍線引用者）

この箇所から、程度が問題となっているのは、権威の程度ではなく、その正統性の程度であると理解することができる。

つまり、ラズのテキストにおいて、"authority"は、所在が具体的に指示しえるものとして解される場合と、正統性と混合された、あるいは、正統性を含意したものとして解される場合がある。こういった用語の整理を踏まえると、「権威の射程」と表現されているのは、正統な権威の射程、すなわち、権威の正統性が認められる範囲と解釈するのが良い。

このように理解すると、先の引用でラズが主張していることは以下となる。正統性が認められる範囲は、名宛人と権威の関係によって決まる。名宛人は、「知識や、意志の強さ、生の様々な側面における彼の確実性」に関して、それぞれ異なっている。[14] これらの要素を一般化しない点に通常正当化テーゼの「柔軟性」があるとラズは主張していると考えられる。

また、「権威の射程」というのは、「知識や、意志の強さ、生の様々な側面における彼の確実性」だけでなく、各人の「決定」や「気質」にも影響される。

> 国家の権威は、一部の諸個人に対して、他の諸個人に対してよりも、大きいかもしれない。そして、それは、その諸個人の人格的環境に依存する。実際に、それは、部分的には個人の決定や個人の気質（temptation）の問題であるような理由に応じて、異なるかもしれない。ある人は、自分の

時間をより多く、他の追求に捧げたいと望むかもしれない。そして、それゆえに、その人は、全範囲の問題に対する、ほどほどに正義に適っていて、堪能な政府の権威を受容する。〔一方、〕別の人は、それらの問題に関して、自分で決定したいと望むかもしれないし、自身が賢明な決定をできるように時間や労力を費やそうとするかもしれない。（Raz 1986：100傍線引用者）

要するに、権威に従うことで、自分にとって大切なことをするための時間や労力をかけずに済ませたいと考える人もいれば、自分自身で判断・決定することを厭わない人もいる、ということである。[15]こういった通常正当化テーゼの柔軟性から、先の引用にあるように、ラズは権威に正統性が有るか無いかの二元論では捉えず、「私たちは、異なる人々に応じて、様々な程度で、権威は正統である」（Raz 1986：104）と結論づける。理由に合致することと自己決定の比較検討をする際、各名宛人の能力等がそれぞれ異なるのだから、それに応じて、権威の正統性が名宛人毎に、異なるということである。逆にいえば、ラズの主張では、権威の正統性というものが、名宛人にとって一律なものではなく、「国家の権威は、一部の諸個人に対して、他の諸個人に対してよりも、大きいかもしれない」（Raz 1986：100）。

このようなラズの正統性論から二つの特徴を見出すことができる。[16]一つは、権威の正統性を承認する主体は、各々の名宛人だという特徴である。通常正当化テーゼの柔軟性に従えば、権威の正統性の程度は、各名宛人の諸要素に依存する。その諸要素の一つに「個人の決定」が挙げられており、理由に合致するために、権威に従うか、そうではなく自己決定をするかは、各名宛人の問題とされている。すなわち、権威を正統なものとみなすかどうかは、各名宛人の判断に基づく。裏返していえば、ラズは、何かしらの手続き（たとえば民主的手続き）によって正統性がもたらされるということを重視していない。もう一つは、正統性を承認される対象は個別の法でもありえる、という特徴である。通常正当化テーゼの「最大限の柔軟性」は、個人の資質・能力等が様々ということを認めることから、通常正当化テーゼの対象が個別の法であることも要請していると考えられる。もちろん、政府に従うことによって理由に合致することが可能になるという根拠で、その政府自体を正統なものと承認するということはありえる。しかし、政府に対して正統性を承認するということだけではなく、個別的な法それぞれに対して承認をする（しない）ということもありえる（Raz 1986 : 74）。

ラズは二つ例を挙げている（Raz 1986 : 74）。一つは、薬品に関する法（薬事法）がある。薬品に関して専門性を有していない人は権威の指令（薬事法）に従った方が危険は少なくなるが、専門家である薬理学者にとっては権威の指令に従うさしたる理由もない。もう一つは、河川に関する法である。河川沿いに長らく住んでいて、その河川について熟知している住民は、その河川のことに関して権威の指令に従う必要はない。しかし、薬理学者には薬事法に従う理由はないけれども、それ以外の法には従う理由はあるだろう。またその河川をよく知る人にとっても、同様のことがいえる。このように、人々が全ての法を正統なものだと承認する必要がない、とラズは考えている。

(4) 政治的権威が主張する正統性と名宛人に承認される正統性との量的差異

前項では、通常正当化テーゼの柔軟性について確認し、そこから導かれるラズの正統性論の二つの特徴を示した。その二つの特徴とは、権威の正統性を承認する主体は各名宛人であるということと、正統性を承認される対象が個別の法でもあるということだった。この二つ目の特徴は、「政府の権威の程度は、……ほとんどの人々の場合において、権威である政府が自身で主張しているよりも限定されている」（Raz 1986 : 80）という帰結をもたらす。本項ではこの意味を明確化する。前項で示した用語整理に従うと、「政府の権威の程度」という表現は、政府の正統性の程度と理解することができる。ラズはどういった論理で、政府が主張する正統性が、多くの名宛人にとって、限定的だといっているのであろうか。

ラズによれば、法は「国家の権力の大部分が行使されるための手段」（Raz 1986 : 70）であり、「政治的権威の通常の行使は、法や法的拘束力のある命令によってなされる」（Raz 1986 : 100）。それゆえに、政治的権威の正統性は法との関係で考えられる必要がある。そして、ラズによれば、「現代社会において、法は、無制限の権威を要求する唯一の人間の制度である」（Raz 1986 : 76）。ここで注目するべき点は、ラズが、法そのものを権威の一つとして捉えているということである。また、ここでいわれている「無制限の」という意味は、「法は、法の内容がいかなるものであれ、法に従う責務があると主張する」（Raz 1986 : 77）ということだと考えられる。約言すれば、政治的権威は、自らが発する全ての法が権威を有しており、全ての法に全ての名宛人が従う責務があり、その意味で全ての法が正統性を有している、と主張・要求する。[17]

しかしながら、こういった政治的権威の主張を、名宛人は認められない。というのも、正統性を承認される対象は個別の法でもあるからだ。名宛人は自らの理由に合致するような法を正統なものとみなすが、そうでないものは正統なものとみなさない。大部分の法は理由に合致する可能性が高いとしても、そうでない法も存在する。そういった意味で、人々は全ての法に対して正統性を承認することはありそうもなく、権威が主張する正統性よりも限定的に正統性が承認されることになる。

また、各人の能力などの諸要素はそれぞれ異なっているのだから、どの法が正統なものかどうかということは一律に決まらない。「個人に対して〔他の人と比べて〕より多く設けられている政府による制約の領域〔がどこであるかということ〕を、一般化することや指し示すことは不可能である」(Raz 1986 : 78)。逆にいえば、各人の諸要素によって、政府による制約を受ける(受けない)領域は、個別的に決まる。ラズが挙げている例は、車に詳しい人の例である(Raz 1986 : 78)。この人は、車の路上使用の適正に関して、政府の権威に従う理由はない。ここでは法が正義に適っているとか、不正なものだとか、そういうことが問われていない。正義に適った法でさえ、その人にとっては、法に従うさしたる理由がない。名宛人の側に視点をおけば、(たとえ正義に適った法でも)法に従うことで自分に当てはまっている理由に合致しやすいのかどうかによって、その法が正統化(正当化)されるかどうかが決まる。

以上からラズは以下のように結論づける。

> 主要な主張〔通常正当化テーゼ〕は、正義に適った政府に、留保付きの部分的な権威を与える一方で、それ〔通常正当化テーゼ〕は、不可避的に、これらの政府自体が主張する権威主張を正当化することはできない。政府が権威を有する人々や、政府の制度が先取る考慮、その制度が権威を有する活動領域は全て、それらが通常正当化テーゼによって決定される程度に応じて、政府や法によって為される主張よりも、より範囲の小さいものになる。
>
> (Raz 1986 : 78 傍線引用者)

要するに、各名宛人が承認する正統性は個別的な法それぞれに応じて異なる一方で、権威は全ての法に従うように主張するので、各名宛人が承認した正統性と権威が主張する正統性の間には、往々にして差分が生じるということである。その差分は、正統性が主張されている法と、正統性が承認される法の数の差分であり、量的差分と表現することができる。以上が、本節冒頭で引用した「政府の権威の程度は、……権威である政府が自身で主張しているよりも制限されている」(Raz 1986 : 80) というラズの主張の意味である。

ラズは、このような差分を、同意 (consent) や法の尊重 (respect for law) によって埋め合わせることができるかどうかということを検討する (Raz 1986 : 80-99 参照)。しかし、以下のように、それはできないと結論づける。

> ほどほどに正義に適った政府の権威に同意する人々、または、そのような政府の法を尊重する人々は、その政府の権威に服従しており、その政府の法に従う責務を有する。しかし、全ての人が同意しているわけではないし、全ての人が〔法を尊重するという〕このような態度を有しているわけではない。そうしない人々〔同意したり、法を尊重したりしない人々〕は、必然的に何かしら誤ったことをしているという罪を犯しているわけではない。同意ないし尊重を通じて引き受けられた責務は、自発的ないし準自発的な責務である。責務は、その責務を引き受けた人々を拘束する。しばしば、人々はそれらの責務を引き受ける理由を有するが、しかし、それらの責務を引き受けないと誤ったことをなしているというのは、単に例外的なことに過ぎない。(Raz 1986 : 99 傍線引用者)

通常正当化テーゼでは生じる差分を埋め合わせるために、同意や法の尊重を持ち出してきたところで、それらが全ての人によってなされるわけではないし、それらは各人の自発性に依存する。また、それらの自発性を発揮しないとしても、それは誤謬を犯しているわけではない。よって、同意や法の尊重でもその差分を埋めることはできないのだから、政府が主張・要求する正統性を、全ての人が承認することはありえない。

だが、法に従う責務が一般にありえるという根拠は、同意や法の尊重以外にもありえる。というのも、法に従う責務を、「正義に適った制度を支持し、維持する責務」(Raz 1986 : 101) とみなす主張があるからだ。ラズはこの主張には二段階あると考えている。一つ目の段階は、「国家が相対的に正義に適っている場合に、人はその国家を支持し、維持するべきである」(Raz 1986 : 101) というものである。ラズはこの点に関しては異議を挟んではいない。二つ目の段階とは、「法に従わないことは、その権威を減じ、またそれゆえに、正義に適った制度を支持する責務とは相容れない」(Raz 1986 : 101) というものである。ラズはこの段階が誤っていると考える。というのも、「どんなに小さな程度であれ、いかなる法令違反も、政府の存続あるいは法や秩序の存続を脅かすと考えることは、芝居がかった誇張である」(Raz 1986 : 102) からだ。現にいくつかの法は違反されているが、そのことによって「政府や法の安定性」(Raz 1986 : 102) が揺らぐことはないとラズは考えている。卑近な例を挙げれば、歩行者が信号無視をしたからといって、「政府や法の安定性」は動揺することなく、「正義に適った制度を支持する責務とは相容れない」わけでもない。それゆえに、「正義に適った制度を支持・維持する義務は、正当化された政府が制定した法にでさえ従う一般的理由を、確立することができない」(Raz 1986 : 102)。

本項では、政治的権威が主張する正統性と名宛人に承認される正統性との間に量的差異が、半ば必然的に生じるということを示したが、最後に一点付言しておく。ここでラズは全ての法に従う責務があるのかどうかを議論しているので、従う責務がないような法を一つでも挙げれば、彼の議論はさしあたり筋が通っていることになる。しかし、これは、いかなる法も従う責務がない、ということにはならない。例えば、人権侵害を防ぐための法に従う責務は、(例えば正義の観点から) 説明しえるだろう。少なくとも本節が中心的に扱っている『自由の道徳』第四章でラズは、どのような法に従う責務があるのか／ないのか、という境界線を示していない。

3 「正統性」の二つの構想

前節では、ラズの正統性論を考察した。本節では、その批判的検討を行う。まず第1項では、ラズの明示的な正統性の構想が、正統性への「個別論的アプローチ (a piecemeal approach)」を採っており、この「個別論的」アプローチは「全体論的 (holistic)」アプローチと対置されることを、T・クリスティアーノの整理に従って示す。第2項では、ラズが明示的に用いている正統性の構想とは別に、無自覚のうちに「全体論的」アプローチを採った正統性の構想を用いていることを示す。本稿では前者を〈サービス構想としての正統性〉、後者を〈排除理由としての正統性〉と呼ぶ。第3項では、私たちの正統性の理解にとって、二つの構想が両方ともに必要であり、片方が不要なものということはないことを示す。

それによって、二つの構想の意義が明らかになる。

(1)正統性への個別論的アプローチと全体論的アプローチ

前節第3項では、通常正当化テーゼの柔軟性を明らかにした上で、ラズの正統性論の二つの特徴を指摘した。それは、①権威の正統性を承認する主体は各名宛人であり、②正統性が承認される対象は個別の法でもありえる、というものであった。その上で第4項では、権威が主張する正統性と各名宛人が承認する正統性の量的差分について説明した。ラズは、自身のこういった権威の正統性の捉え方を、「個別論的アプローチ」(Raz 1986 : 80) と呼んでいる。[18] T・クリスティアーノは、デモクラシー論の観点から、「個別論的」アプローチと、それに対置される「全体論的」アプローチを整理している (Christiano 2004 : 266)。本稿はデモクラシーを中心的に扱っていないが、クリスティアーノの用語の整理は、個別論的／全体論的アプローチということの意味を明らかにするために有用であるので、ここで示しておきたい。

彼によれば、「民主的意思決定 (democratic decision-making)」には、「結果の質」から評価する方法と、「手続きの質」から評価する方法がある (Christiano 2004 : 266)。前者は「民主的手続きの評価の、実質的 (substantive) ないし結果の次元」を問題にしており、後者は「決定が為される方法は内在的に (intrinsically) 公正であるべきだ」ということに関心が向けられている (Christiano 2004 : 266)。彼は、これら二つの評価方法は一方に還元不可能だと考え、自身の立場を「二元論」(Christiano 2004 : 268) だとする。

しかしながら、彼が「一元論者」と呼ぶ理論家は、片方の評価方法がもう片方に還元可能だと考えている（Christiano 2004 : 266-267）。一元論者は二つに分けることができる。一つは、結果の質を重視するタイプである。このタイプは、「民主的手続きを評価する際に問われるべき唯一の問題は、……手続きが導く結果の質とみなす」（Christiano 2004 : 266）。この一元論者に道具主義者が含まれ、その一人がラズである。[19]もう一つは手続きの質を重視するタイプである。「純粋手続き主義者は……結果を生じさせる手続きの観点からのみ、結果を本質的に価値のあるものだとみなす[20]」（Christiano 2004 : 266）。

まず、ラズの立場だとされている道具主義について述べる。クリスティアーノは正しくも、「道具主義は、権威を二通りに分解する」としており、「第一に、道具主義者の権威の正当化の焦点は、究極的には、権威が振るわれている各名宛人にあるはずである。……第二に、道具主義者の権威の正当化は、個人である市民が、いくつかのタイプの決定を権威的なものと見なし、他のタイプの決定をそうは見なさない、ということを許容する」と述べている（Christiano 2004 : 267）。これは本稿第2節第3項で確認したラズの権威論の二つの特徴に合致している。クリスティアーノは、このような道具主義者による正当化の仕方は「個別論的」（Christiano 2004 : 267）であるとしている。そして、ラズも自身の見解をそう呼んでいるということは既に述べた。

次に、一元論者のうち純粋手続き主義者について述べる。こちらは「全体論的」アプローチを採用している。クリスティアーノのみるところによれば、「純粋手続き主義者にとっては、手続きが紛れもなく民主的である場合、その手続きは権威を有する」（Christiano 2004 : 267）。クリスティアーノ自身が「権威」をどのように捉えているのかは判然としない。[21]だが、ここで重要なことは、純粋手続き主義者による権威の正当化は、「全体論的」（Christiano 2004 : 268）だという点である。「一部の人々は権威に従い、他の人々はそうではない」という主張は認められないし、「諸個人に対する意思決定者 decision-maker の権威性は決定の種類 the class of decision に応じて様々である」（Christiano 2004 : 268）という主張も認められない。純粋手続き主義によれば、一定の手続きを踏まえた上で出された決定には、その内容に関係なく、人々は従わなければならない（Christiano 2004 : 267）。

本項の目的は、クリスティアーノについてでも、デモクラシーについてでもない。個別論的／全体論的アプローチの違いを整理することにある。その違いを端的にまとめよう。個別論的アプローチは権威の正統性を以下のように捉える。すなわち、権威の正統性を承認する主体は各名宛人であり、その対象は個別の法でもあり、それゆえ、承認される正統性の程度は名宛人毎に異なる。全ての法が一律に正統性をそなえうるわけではない。それに対して、全体論的アプローチは以下のように捉える。すなわち、全ての法が、全ての人々に対して、一律に正統性をそなえている。

⑵ラズの理論に隠されたもう一つの「正統性」

前項では、個別論的／全体論的アプローチの区別を行った。本項では、この区別に基づいて、ラズの「正統性」の構想が実は二つあることを指摘する。これまでみてきたように、ラズは、通常正当化テーゼと自立条件によって、権威の正統性が承認されると主張していた。これは個別論的アプローチである。しかしながら、このようなラズが明示的に用いている「正統性」の構想とは異なる「正統性」の構想が彼の理論の中には伏在している。この構想は、全体論的アプローチを採っている。そして、ラズは自身が二つの正統性の構想を採用していることに自覚的ではない。

まず、本稿第1節第2項で触れておいたが、先取りテーゼと正統性の関係についてである。ラズはこのように述べている。

このテーゼ〔先取りテーゼ〕は正統な権威に関してだけである、ということが思い起こされる。これは事実上の権威の特徴の説明に関係する。なぜならば、あらゆる事実上の権威は、正統な権威であるということを、主張している〔だけ〕か、あるいは、他者によって承認されているからである。しかし、あらゆる権威が正統であるわけではないのだから、あらゆる権威的指令が行為理由となるわけではない。

(Raz 1986 : 46 = 1996 : 157-158)

ここでラズは、先取りテーゼが事実上の権威には当てはまらず、正統な権威にのみ当てはまると述べている。また、既に確認したように、先取りテーゼは、権威から発せられる指令、ないし法が、他の行為理由を排除して新たな行為理由となる、ということを意味していた。ここから、法が排除理由となりえるのは、その法が正統な法である場合のみである、とラズは考えていることが分かる。

次に、本稿第2節でラズの正統性論を概観したが、そこでは、ラズの正統性論の二つ特徴が明らかになった。そのうちの一つは、権威の正統性を承認する主体は各個人であるということであった。これは通常正当化テーゼの最大限の柔軟性という側面から導かれていた。

ラズが、先取りテーゼで主張していることと、正統性論で主張していることを整合的に考えることは難しいように思われる。というのも、ラズのいうように正統性を承認する主体が各個人であった場合、法が排除理由になるかどうかということも各個人に応じて異なることとなってしまうからだ。通常正当化テーゼと自立条件に従って正統性を議論すると、理由に合致することができる可能性が低いような法は、正統性をそなえることができない。それゆえに、排除理由として機能しえなくなる。さらに、このことは、個人によって異なる。これは大変奇妙な帰結をもたらす。なぜなら、例えば裁判において、理由に合致するかどうかの可能性に応じて、法が排除理由となるかならないかが、その名宛人ごとに異なってしまう、ということになるからだ。これまで用いてきた薬理学者の例を用いてみよう。一般人にとって薬事法は正統な法として排除理由になるが、薬理学者にとっては排除理由にはならなくなるかもしれない。もしその薬理学者が許可のない調合を行って薬剤を処方したとしても、薬理学者はそれによって罰せられる謂われがないことになってしまう。

このような奇妙なことをラズが主張してしまった原因は、ラズ自身が実は「正統性」を二つの観点から捉えており、そのことに無自覚であったからだと考えられる。その二つとは、正統性を、〈市民である〉その名宛人の観点から捉えている場合と、〈政治的〉権威の観点から捉えている場合である。

名宛人の観点から捉えた正統性というのは、権威のサービス構想や正統性の二条件、通常正当化テーゼの柔軟性でラズが明示的に主張している正統性の構想である。すなわち、市民は、権威が通常正当化テーゼと自立条件の両方を満たす場合に、その権威を正統なものとして認める、ということである。権威が市民にサービスを提供し、市民はそれに従うことによって理由に合致する可能性が高い場合に、権威の正統性を承認する。これを便宜的に、〈サービス構想としての正統性〉と呼ぼう。これは、通常正当化テーゼに基づいているので、個別論的アプローチを採用した正統性の構想である。

これに対して、権威の観点から捉えた正統性というのは、ラズが明示的に示しているものではないが、本稿第2節第4項で言及した点から伺える正統性の構想である。権威が主張する正統性と、名宛人が承認する正統性は区別され、そこには不可避的に量的差分が生じる、とラズは考えていた。権威が正統性を主張するのは、権威からの発せられる全ての法に名宛人は従う責務があると主張することであった。これは、先取りテーゼを踏まえると、全ての法が排除理由として認められることを、政治的権威が市民に要求していることに等しい。この場合の法の正統性は、法が排除理由として機能することが正当化されるということだと考えられる。これを便宜的に〈排除理由としての正統性〉と呼ぼう。これは、政治的権威が全市民に対して全ての法に従うように要求しているという意味で、全体論的アプローチに基づいた正統性の構想である。

〈サービス構想としての正統性〉と〈排除理由としての正統性〉の間には、観点が権威にあるのか、名宛人にあるのかという違いだけではなく、それぞれの正統性の範疇が「個別論的」なのか、「全体論的」なのかという違いもある。ラズは、通常正当化テーゼの柔軟性の側面から、「正統性」は「個別論的」なものであると考えていた。しかしながら、市民は、ある法に従っても自分の理由に合致する可能性が低いからといって、それが排除理由にならないとは考えないであろう。市民的不服従を行使するような例外的な場合を除いては、あるものが法として制定・同定されるならば、それが法として機能する、すなわち、排除理由として機能するものとしてみなすはずである。

別言すれば、このようにいうこともできるであろう。もし全ての人に対して同一の理由が当てはまっているのならば、法は理由に合致する可能性が高いか低いかを、全市民にとって一律に判断することができるかもしれない。例えば、道路交通法のように法が調整問題を解決するような場合には圧倒的大多数の市民に共通の理由が当てはまっているので、そのような（背景的）理由に合致する可能性が高いかどうかという観点から、法の正統性を承認するかどうかが大多数の市民において同じように決まる。しかしながら、全市民あるいは圧倒的大多数の市民に同一の理由が当てはまっていない政治的問題は多くある。遺伝子操作や妊娠中絶などの価値に関する問題はとりわけそうである。各市民に当てはまっている理由は多様にありえる。だが、そうだからといって、その法が排除理由として機能しないと一般的には主張しないであろう。

ラズは、政治的権威が主張する正統性と、市民が承認する正統性が異なっているということには気がついていた。その限りにおいて、ラズは正しい。しかしながら、彼は、その二つの「正統性」を同一のものと混同してしまい、その差異を量的にのみ捉えてしまっているように思われる。二つの「正統性」は、観点の違いから二つに分類して考えられるべきであり、個別論的／全体論的アプローチの差があり、両者は質的に異なっているのである。

(3)二つの正統性の構想の必要性と意義

前項では、個別論的／全体論的アプローチという区別に基づき、〈サービス構想としての正統性〉と〈排除理由としての正統性〉の質的な差異を示した。本項では、この正統性の二つの構想は、どちらか片方を誤っている、あるいは不要であるとして斥けることはできないということを示す。このことによって、二つの正統性の意義が明らかになる。本稿第2節第1項では、正統性を「権力行使の権利が、一定の条件を満たすことで、権威の名宛人によって、承認されていること」と定式化した。まず、この定式をもとにして、二つの構想を改めて整理する。

〈サービス構想としての正統性〉では、その「一定の条件」が通常正当化テーゼと自立条件であった。すなわち、〈サービス構想としての正統性〉において、「権力行使の権利」が承認されるためには、理由に合致することが一つの要件となっている。この正統性の構想では、法に従うことによって各市民が理由に合致するかどうかということが問題となっている。この意味において、〈サービス構想としての正統性〉は正しさ rightness（correctness）を根拠にしているということができる。各市民にとって自らに当てはまっている理由に合致できることが正しいことであり、そうでないならば正しくない。そういう正しさが認められる場合に、〈サービス構想としての正統性〉は承認される。

〈排除理由としての正統性〉において「一定の条件」として最も有力であるのは（民主的）手続きである。〈排除理由としての正統性〉は全体論的アプローチである。全ての法が排除理由として機能することを、全ての市民はどのように承認するのか、ということが問題となる。別言すれば、排除理由として機能する法はどのように制定・同定されるのかが問題となっている。この場合、リベラル・デモクラシーにおいて「一定の条件」とは（民主的）手続きである。[22] 一定の手続きを踏まえた上で、立法府によって定められたものが法（律）である。[23] 民主的手続きを経た制定法が排除理由として機能する。[24] こういった意味で、〈排除理由としての正統性〉は手続きを根拠にしているといえる。

このような整理を踏まえ、二つの構想のうち、片方の正統性の構想しか採用しないと生じる問題を指摘する。まず、〈サービス構想としての正統性〉のみを認め、〈排除理由としての正統性〉を棄却する場合である。これは前項で示した薬理学者の例と同じ問題が生じる。すなわち、薬事法の〈サービス構想としての正統性〉を認めていない薬理学者がその法に違反した場合、その法が排除理由として機能しないことを裁判官が認めるということはありそうもない。本稿第2節第4項で示したように、名宛人は〈正義に適った法であったとしても〉全ての法に従う理由はないとラズは考えている。遵法的であるかどうかは各市民の自己決定に委ねられている。違反して罰せられるのも各市民の問題であるともいえるだろう。そしてラズが主張するように、各市民が法令違反をしたとしても、法的安定性は崩れないかもしれない。しかしながら、裁判官や公務員といった法実務家が全ての法に〈排除理由としての正統性〉を認めていなければ、法的安定性は確保されない。法実務家が個人の判断で、どの法が排除理由として機能するのかしないのかを決定されてはならない（無論、制定法であっても違憲である法は排除理由として機能しない）。〈排除理由としての正統性〉は法実務家によって承認されている（承認されるべき）ものであり、その意義は法的安定性にある。

次に〈サービス構想としての正統性〉を棄却し、〈排除理由としての正統性〉のみを認める場合である。もし人々が一定の手続きを踏まえた法の全てに従うべきであり、正しさの観点から法を検討する必要がないとするのならば、どんな悪法であったとしても人々は従わなければならないことになる。法実務家はどんな悪法でも合憲である限り〈排除理由としての正統性〉を承認するかもしれない。しかしながら、各市民には悪法に〈排除理由としての正統性〉を認める理由はない。法に従うことによって理由に合致することができないにもかかわらず、正しさが認められない法に唯々諾々と従う理由は市民にない。それゆえに、〈サービス構想としての正統性〉の意義は、悪法に対する異議申し立てにあるといえる。

	〈排除理由としての正統性〉	〈サービス構想としての正統性〉
アプローチ	全体論的	個別論的
主な承認主体	裁判官や公務員などの法実務家	各市民
承認対象	全ての法	個別の法
根　拠	(民主的)手続き	正しさ
意　義	法的安定性	悪法に対する異議申し立て

表　正統性の二つの構想

以上より、どちらの正統性の構想も、私たちの正統性の理解には不可欠であること、また、二つの構想の意義が示された。二つの構想を簡潔にまとめたのが上の表である。

承認主体に関して一点補足する。筆者が表で「主な」承認対象としたのは以下の理由による。〈サービス構想としての正統性〉を承認する主体は各市民であることは間違いないのだが、これは各市民が〈排除理由としての正統性〉と無関係だということを意味しない。市民は〈サービス構想としての正統性〉を承認していない法であっても、〈排除理由としての正統性〉を認めることはありえる。

4　二つの正統性の構想から明らかになる政治(哲学)的問題

前節第2項ではラズの理論において明示的な〈サービス構想としての正統性〉と、彼の理論に伏在している〈排除理由としての正統性〉を明確化した。そして、第3項では二つの構想が私たちの正統性の理解にどちらも必要であることを示した。本節ではこの二つの構想を手掛かりにすることでどのような政治（哲学）的問題が明らかになるのかを示す。

前節第3項で〈サービス構想としての正統性〉の意義は悪法に対する異議申し立てにあると述べた。まずこの点を掘り下げる。というのも、市民が〈サービス構想としての正統性〉を承認していないが遵法的である場合、政治的権威が正統性の意味を誤解する可能性があるからである。

最初に、権威に従うということの中に、各人が自ら判断を行う領域は確保されるということを確認する。というのも、権威に従うということは、人々が自ら判断を行わないことを意味するのではないか、という疑念が生じるからである。こういった疑念に対してラズは、「権威の立場にある人の観点からすれば、重要なことは、その名宛人が〔内面で〕何を考えているかということではなく、〔外面で〕どう行為するのかということである」(Raz 1986 : 39 = 1996 : 146) と応答する。これは第1節で確認した点に関係する。権威の指令に批判的であることを先取りテーゼは斥けていない[25]。

このようなラズの主張は理にかなったものであろう。しかし、ラズが正しかったとしても、この主張は皮肉な帰結を生じさせてしまう。というのも、権威の観点からすれば、動機はなんであれ法に従っているという外見的行為のみが重要であり、市民の観点から法が正統化されているかどうかはさしたる問題ではない、ということさえ意味してしまうからである。換言すると、以下のようにいうことができる。すなわち、権威にとっては、法が排除理由として機能していれさえすれば良く、この時、〈排除理由としての正統性〉は担保されていることになる。しかしながら、この場合、市民が法に従う動機は、理由に合致する可能性が高いからではなく、単に法に違反して刑罰が下されるのを避けたいがためだけかもしれない。そうであるならば、市民は、〈サービス構想としての正統性〉を承認していないことになる。つまり、国家は、承認されていない〈サービス構想としての正統性〉を、〈排除理由としての正統性〉と取り違えることによって、自らに「正統性」が与えられているのだと考えるかもしれないのだ。

これまでに用いてきた薬理学者の例をもう一度使おう。薬理学者は、薬事法の〈サービス構想としての正統性〉は承認していない。だが、その法に違反した際に課される刑罰は嫌なので、不承不承であれ、その法に従っている。政治的権威からすれば、その名宛人である薬理学者が、〈サービス構想としての正統性〉を承認していようがしていまいが関係はない。薬理学者が遵法的でありさえすれば良く、薬理学者が違反を犯さない限り、「正統性」が担保されているとみなす。しかし、その「正統性」はあくまでも〈排除理由としての正統性〉であって、〈サービス構想としての正統性〉ではない。「正統性」の二つの構想が混同される場合と、権威は〈排除理由としての正統性〉を〈サービス構想としての正統性〉と取り違える危険性がある。

ラズが正統性のための条件として、通常正当化テーゼと自立条件を挙げた時、その正統性の意味は〈サービス構想としての正統性〉である。そして、そのように条件を定式化した時、ラズは、私たち市民の観点から権威にどのように正統性を与えられるか、ということを考えていた。そうだとするならば、「正統性」が承認されていると政治的権威が誤解し、市民と権威の間に「正統性」をめぐる齟齬があるような状況をラズ自身も望まないはずである。権威に対して、市民から、〈サービス構想としての正統性〉を承認しているのか、していないのか、というメッセージが表明される必要がある。とりわけ、承認していないという異議申し立ての方が、政治においては重要な意味をもつであろう。そのようなメッセージは、法が制定される過程においても、法が制定された後においても、発せられるべきであろう。

その表現の仕方は多様にありえる。選挙によって、デモによって、ブログやツイッターなどのネット・メディアによって、ミニ・パブリックスによって、等々。〈サービス構想としての正統性〉は異議申し立てという意義をもつゆえに、このようなデモクラシーとは不可分の関係にあるといえる。[26]

ここまで、政治的権威が正統性の意味を誤解してしまう場合に、異議申し立てが必要とされるということを述べた。だが、政治的権威が「正統性」の意味を誤解することなく、市民からの異議申し立てを正しく認識したとしても、更なる問題・懸念が生じる。〈サービス構想としての正統性〉が承認されていないということを理解した政治的権威の応答の仕方は少なくとも二つある。

一つは、政治的権威は〈サービス構想としての正統性〉の承認を増大・拡大させるため、多数者に当てはまっている理由に合致した法を制定するという応答の仕方である。政治的権威が多くの市民に〈サービス構想としての正統性〉を承認してもらうことで、自らの基盤を確保しようとする場合、少数者に当てはまっている理由を考慮するインセンティブが少ない。例えば、同性婚の問題である。近年でこそ同性婚を是認する動きがみられるが、少し前までは同性婚を忌避する風潮にあったことは疑いえないだろう。そうした時代においては、政治的権威は同性婚を法的に認めないことが、自らの正統性をより確保する方途であったといえる。

もう一つは、市民は自身に当てはまっている理由を間違って理解しているという応答の仕方である。こういった応答の仕方の例として、フランスの死刑制度廃止を挙げることはこの応答の仕方の問題の複雑さを示す。フランスの死刑制度廃止の経緯をおおまかにまとめる以下となる（鈴木2007参照）。一九八一年、フランスの国内世論では死刑賛成派が反対派を上回っていたにもかかわらず、当時のミッテラン大統領はそういった世論を無視する形で死刑制度廃止を断行した。そして一九九九年までは依然として賛成派が反対派よりも多かった。しかし、一九九九年から逆転し、二〇〇三年頃には反対派が五〇%を越えるようになっている。死刑廃止の一九八一年から約二〇年経ってから、世論も一定以上ミッテランの政策を支持するようになったということができるであろう。

　こうした政治的状況を理由の観点から以下のように言い換えることができる。市民の多くは、自身に当てはまっている理由を死刑制度存続だと考えていた。しかし、政治的権威は人々に当てはまっている正しい理由を死刑制度存続ではなく廃止であると考え、死刑制度廃止のための法は通常正当化テーゼを満たすことになると主張していた。その当時は反発もあったが、時間が経つにつれて市民は自身に当てはまっていた理由を正しく認識するようになった。〈サービス構想としての正統性〉はこのように市民の声を振り切る形で結果的に承認された。

　理由に合致するという観点、すなわち、正しさの観点からすれば、世論を無視した政治的権威のその判断は評価されるものであろう。しかしながら、政治的権威が自身の恣意的な判断を「正しい」と僭称する場合も十分に考えられる。むしろ、そういった僭称の方が圧倒的に多いことは歴史が示すところであろう。

　人々に当てはまっている本当の理由は何かをめぐって、政治的権威によるパターナリズムが生じる。往々にして、パターナリズムは人々の自律を損なうものとして批判される。しかし、このパターナリズムは、〈サービス構想としての正統性〉の観点から、時として容認されるものかもしれない。パターナリズムだからといって十把一絡げに批判することができないことが、この問題の複雑さである。

おわりに

本稿ではこれまで、ラズの権威論・正統性論の検討を通じて正統性の二つの構想を示し、その二つの構想を用いることによって把捉できる政治（哲学）的問題を明らかにした。

本論で取り扱うことのできなかった問題がいくつかある。最後に、自己決定という意味での自律に焦点を絞って、それらの問題について言及しておきたい。

第一に、自立条件についてである。各名宛人は自分にとって自己決定する必要がない事柄に関しては権威に従うということをこの条件は意味しているが、どのような場合に自己決定する必要がないかは明らかではない。自己決定する／しない領域を各人の能力や資質、あるいは気質の問題として片付けて良いのかは議論の余地がある。確かにラズがいうように、各人の能力、資質、気質によって権威に決定を委ねた方が理由に合致しやすい領域はある。しかし、たとえ間違った選択をなすにしても、自己決定すべき領域があろう[27]。また、「政治的な事柄に全く興味がないのでそういったことは全て権威の決定に従う」という気質をもつ人があまりに多ければ、それは危険なことである。

第二に、本稿第4節で指摘した政治的権威による少数者の軽視についてである。このような権威に対する批判のための理論枠組みは、権威論の中には無いように思われる。少数者に当てはまっている理由を軽視してはならない根拠の一つは、そういった少数者の自己決定・自律を疎外するというものであろう。ラズは自律の観点からJ・S・ミルの危害原理を発展させており、この危害原理が批判のための枠組みの一つとなるであろう。（無論、自律の観点以外からの批判もありえよう。）

第三に、同じく本稿第4節で指摘したパターナリズムの問題についてである。そこでも述べたように、パターナリズムを全て否定することは困難であろう。帰結が正しいのであれば、政治的権威は世論を無視することが肯定されるべきかは当然議論の余地がある。近年では、行動経済学の知見を踏まえて、リバタリアンが認めるパターナリズムというものも出てきている（Thaler & Sunstein 2008）。自己決定・自律の観点からいかなるパターナリズムは許容されるのか（許容されるべきではないのか）が問われなければならない。

《註》

1　ここで示されるモデルは、いくつかの箇所で同様の説明がなされている。例えば、Raz 1986 : 41-42 = 1996 : 150-152 ; Raz 1985 : 9-10 = 1996 : 150-152 ; Raz 1995 : 212-213 = 1994 : 144-146〉

2　ラズは行為理由という観点から説明する理由を以下のように述べている。「理由基底的な説明を選好するのは、以下の信念によって動機づけられている〔からである〕。その信念とは、理由は全ての実践的概念の説明のための究極的な基礎を提供する、すなわち、全ては、それらの実践的推測との関係性を示すことによって説明されるにちがいない、という信念である」（Raz 2009b : 12）。

3　あくまでも簡単な説明なので、行為理由と本来ならば区別されなければならない「信念理由 reason for belief」との違いや、理由と欲求 (desire) の関係など細かい点は措く。

4　「合致する」という訳語について。例えば、Raz（1986 : 53）においては、通常正当化テーゼの定式という重要な箇所で、“comply with reasons”という表現が用いられている。Raz（1986）においては、“conform to reason”や“conform with reason”といった表現も散見される。『自由の道徳』（Raz 1986）についてのシンポジウムでの応答論文（Raz 1989）においても、これら三つの表現が散見される。だが、Raz（2009a）においては、“comply with reason(s)”という表現は影を潜め、後二者との表現のみである。本稿では、煩雑さを避けるために、これら全てを「合致する」と訳している。

5　ラズは以下のように述べている。「一定の事態において、それ〔仲裁者の言葉〕に異議を唱え、正当に拒否することができる。……〔いったん仲裁者の決定が出たならば、それ以前には用いることができた理由が、もはや行為の正当化には使えなくなるということは、〕人が自分の思考に制約を加えたり、この事案に適用されるべき理由について反省することを控えたりする理由にはならない」(Raz 1986 : 42 = 1996 : 151)。

6　「第一のテーゼ〔依存テーゼ〕と第三のテーゼ〔先取りテーゼ〕は、仲裁の事例において注目した特色を一般化したものである」(Raz 1995 : 214 = 1994 : 148)。

7　ラズは「政治的権威を有するためのケースは、かなりの程度、調整問題を解決する能力と、囚人のジレンマ型状況から人々を救い出す能力に依存している」(Raz 1986 : 56 = 1996 : 171) と述べている。

8　ラズ自身は、「公共財としての財の特性」は「社会のメンバーの間での享受の非排除性に依存している」としており、また「固有の公共財を『集合財』と呼ぶ」としている (Raz 1986 : 199 = 1996 : 11)。別の箇所では、「選択肢の利用可能性は、部分的に、金銭のような私的財に依存する。しかし、選択肢は、公共財にも依存する。公共財は全ての人に利用可能で、かつ、全ての人に奉仕する。公共財はほとんどの選択肢の基礎にある。選択肢はかなりの程度まで社会的に定義される」(Raz 1995 : 121 = 1996 : 230) としている。

9　政治的権威の役割として、ラズは、公的サービスの改善や、個人の安全の担保、契約・その他商業的取引の保障も挙げている (Raz 2009a : 158)。

10　無論、事実上の権威だからといって、直ちに正統な権威になるわけではない (Raz 1986 : 75-75)。事実上の権威が、正統性のための条件を充たすことによって、正統な権威となる。事実上の権威であることは、正統な権威であるための前提条件ということができる。

11　ラズは自立条件に対してある反論を想定している (Raz 2009a : 137-138)。その反論とは、理由に合致する価値と、自己決定する価値は通約不可能である、というものである。しかし、ラズは少なくとも以下に挙げる二つの場合は通約可能であると考えている。一つは、親子関係の場合である。子供が自身に依拠する能力を育むために、仮に間違った選択をしたとしても、子供が自己決定することを親は重視することがある。もう一つは、婚姻の場合である。ある社会では、親が結婚相手を決めることを重視するかもしれないが、しかし、別の社会では、良い婚約者をみつけることが理由に合致することだとしても、婚約者は自分で決めることが良いとされる。

12　Raz (1989) では、「自立条件」とは表現されず、「通常正当化テーゼと自律条件 the condition of autonomy の両方が満たされる場合、概して、いわゆる権威は正統である」(Raz 1989 : 1181) とされていた。ラズは「自律条件」という用語を、「(ある人が権威を有していると言われる) 事柄は、人々が正しく決定するべきだということよりも、人々が自分自身で決定する decide for themselves べきであるということの方がより重要である事柄ではないこと」(Raz 1989 : 1180 傍線引用者) と言い換えている。自立条件も自律条件も、権威の指令に従って理由に合致することの方が、権威とは関係なしに「自分自身で決定する」よりも重要であるという条件であり、内容は同じであるので権威が正統であるための二条件は変更されていないと解することができる。

13 同様のことであるが、道路交通法の例で考えると以下のようになる。道路交通法は、車は道の右を通るべきか左を通るべきかなど、道路交通に関して詳細な決まりを定めている。これによって調整問題が解決されるので、権威 (の指令) は通常正当化テーゼを満たしているといえる。次に問題となるのは自立条件を満たしているかどうかという点だが、これも満たされているといえる。道路の右を走るのか、左を走るのかということまでも自己決定するべき理由はないであろう。どちらかに決まっていれさえいれば良い事柄である。

14 「知識や、意志の強さ、生の様々な側面における彼の確実性」といったこれらの要素は、二段階の考慮に関係する (Raz 1986 : 73)。第一に、名宛人が理由に合致する可能性が高いのは、名宛人が自らの判断で決定する (自己決定する) 場合なのか、それとも権威に従う場合なのか、という比較検討が為される際に、これらの要素は重要となる。第二に、この比較検討をする際、自己決定するのか、権威に従うのかということを正しく結論づけられる状況も、これらの要素に左右される。ある状況では正しく結論づけることができるが、別の状況では結論を誤ることもある。どういった状況で結論が正しく導かれるのかということは、各人のこれらの諸要素によって異なる。

15 通常正当化テーゼの柔軟性と、前節で確認した自立条件の内的連関は次のように整理することができる。『自由の道徳』の段階では自立条件が定式化されていなかった。すなわち、理由に合致することが自分自身で決めることよりも重要である場合に権威は正統化されるという点が明確になっていた。それゆえ、『自由の道徳』の段階では、自己決定するかどうかは個人の「気質」に依存すると表現されるに留まっている。だが、ここに通常正当化テーゼと自立条件の内的連関を看取することができる。理由に合致することよりも自己決定することを優先するのか (しないか) がどのように決まるのかということを、通常正当化テーゼの柔軟性という側面は示している。それは、「知識や、意志の強さ、生の様々な側面における彼の確実性」であり、また、「気質」によって決まる。また註11で挙げた子供の教育や結婚の例は、各人の能力や資質、気質などとは異なり、社会的な文脈において、自己決定が優先される（べき）場面だと考えられる。

16　クリスティアーノも同様の理解をしている（Chrisiano　2004）。この点に関しては本稿第3節第1項参照。

17　ラズは、「国家の権威」(Raz 1986 : 100）と表現することもあれば、「政府の権威」(Raz 1986 : 80）と表現することもある。また、先に示したように、法それ自体も権威だと捉えている。実際に、ラズは、「国家」という用語を、「その政府」や、「法」などと互換的に用いると明言している（Raz 1986 : 70）。しかし、厳密に考えるならば、国家／政府／法といった権威の正統性は別個に考えられる必要がある。というのも、以下の四点の理由による。①国家は、司法・行政・立法の三権に分けられ、政府はそのうちの一つに過ぎない。大統領制と比べて、議院内閣制においては行政と立法の区別は相対的に明確なものではなくなるが、しかし、そうであったとしても司法はそれらと明確に区別することが可能である。②日本国という国家の正統性と、時の政府の正統性は区別されるはずである。時の政府が理由に合致しない政策ばかりを行うので、その政府を正統なものと承認しないということがあっても、それが日本国という国家の正統性を承認するかしないかということとは位相が異なる。③ある政府が発した法のうち、その多くの正統性を承認するが、一部のものは正統性を承認しないとする場合、政府の正統性と法の正統性は同一のものではない。④今の政府の正統性を承認するかしないかにかかわらず、それまでに制定された法が改正あるいは廃止されない限り、その法をその政府も施行することになる。前の政府の正統性は承認し、今の政府の正統性は承認しないとしつつ、特定の法はいかなり政府であっても正統性が承認される、ということもあるだろう。この場合においても、政府の正統性と法の正統性は同一のものではない。このような理由から、国家／政府／法の正統性は別個に論じられる必要があるが、本稿では法の正統性に焦点を当てる。

18　ラズは「政府の権威の問題に対する個別論的アプローチ」としているが、前章で示した用語法に従うと、「政府の権威の問題」というのは、権威である政府の正統性の問題と理解することができる。

19　クリスティアーノはラズ（の通常正当化テーゼ）について以下のように述べている。「通常正当化テーゼは哲学者の間で最もよく知られたアプローチである。このテーゼは、普通、政治的権威に対する一種の道具主義者的アプローチと関係付けられている」(Christiano 2004 : 277)。

20　純粋手続き主義には二つの見解があるとされている（Christiano 2004 : 266-267)。一つは、「アメリカの連邦最高裁はアメリカ議会の決定に事実上全て従うべきである」(Christiano 2004 : 266-267) という見解であり、司法府を立法府の制約の下に置く。もう一つは、熟議民主主義の擁護者である。熟議民主主義者は、手続きが熟議的で民主的である場合に、その手続きが結果を正当化する、あるいは、結果が手続きから生じるという事実がその正義を構成すると主張している。

21 クリスティアーノにとって「権威」とは何であるかは明らかではない。ラズの権威論に関して通常正当化テーゼには批判をしているが、しかし、「権威的指令が、先取り的であり、内容自立的である」(Christiano 2004 : 267, n.4) という点では、ラズの主張を受け容れていると考えられる。

22 〈排除理由としての正統性〉にとっての「一定の条件」は手続きだということはできても、民主的手続きでなければならないのかは一つの論点となる。手続きは民主的手続き以外にもありえる。〈排除理由としての正統性〉にとっては何かしらの手続きが踏まえられることが重要であって、必ずしも民主的手続きである必要はないかもしれない。〈サービス構想としての正統性〉の観点からすれば、理由に合致する可能性が最も高い、あるいは一定以上高いような手続きが民主的手続きであるのかどうかが問われることになる。(例えば平等や正義の観点から) 民主的手続きの内在的な望ましさが論証できたとしても、その手続きによって正しさが担保されないのであれば、民主的手続きの正当化としては弱いものとなる。

23 悪法は法ではないとする立場をここでは扱わない。また、法実証主義者の中でも、法の同定に際して、道徳がそれに含まれるのかどうかということが問題となるが、本稿ではそこに立ち入らない。

24 「民主的」手続きは、必ずしも投票だけに還元されない。手続きにおいて熟議が含まれてもよい。むしろ、民主的手続きに熟議の契機が含まれるべきであろう。だが、本稿では、規範的に望ましい民主的手続きとは何かということは扱わない。

25 権威に従うことと自己決定することの両立可能性に関する更なる議論に関しては、(Raz 1995 : chap.16) 参照。ラズはこういった問題を「権威のパラドクス」としており、その解消を試みている。ラズの主張を簡潔にまとめるならば以下となる。哲学的アナーキストは、権威 (の指令) が排除理由として機能すると考えている点で正しい。だが、他者の決定に従うことが直ちに自己決定を放棄したと考えている点で誤っている。もしアナーキストの主張するように権威に従うことが自己決定と両立しないのであれば、商業取引や法廷の場で他者を代理人として権威づける (authorize) ことさえもできなくなってしまう。

26　ただし、ラズ自身は異議申し立ての契機をデモクラシーの中には見出していないようである。彼は「民主的プロセスは、人々の個人の利益のうちにあるものは何であるのかを確立し、また、相互の合意の結果、人々が他者と自分の利益の一部を取引することに参画するのを推奨することが意図されている。その限りにおいて、そのような〔民主的〕プロセスは衝突する利益の政治にとりわけ適している」(Raz 1995 : 57 = 1996 : 64) と述べている。要するに、ラズはデモクラシーを利益調整のための仕組みだとみなしている。だが、このようなラズの見解に従う必要性はない。

27　理由に合致することよりも自己決定することが重要な場合に関するラズの見解は本稿註11参照。だが、そういった場合は、子供の教育や結婚だけではないであろう。

《文献一覧》

◎ジョセフ・ラズ一次文献

＊翻訳は、ラズ（1994）及びラズ（1996）を参考にした。両論集に収められている論文のいくつかは、修正・改訂・加筆が加えられてRaz（1986）の一部となっているものや、Raz（1995）に収録されているものがある。そのため、原則として、訳書と対応している箇所がある場合は、訳書の頁数も記した。しかしながら、訳語の一貫性等の理由で、本稿での翻訳は筆者によるものが大半であり、殆どの場合、これらの訳書とは異なっている。

Raz, Joseph. (1985). "Authority and Justification." *Philosophy & Public Affairs*. vol. 14, pp.3-29.〔ラズ（1996）第五章〕
――――(1986). *Morality of Freedom*. Oxford University Press.
――――(1989). "Facing Up: A Reply." *South California Law Review*. vol.62. pp.995-1235.
――――(1995). *Ethics in the Public Domain Revised Edition*. Oxford University Press.（第一版一九九四年）
――――(2009a). *Between Authority and Interpretation*. Oxford University Press.
――――(2009b). *Authority of Law Second Edition*. Oxford University Press.（第一版一九七九年）

ラズ、ジョセフ(1994)『権威としての法　法理学論集』深田三徳編、岩波書店。
――(1996)『自由と権利　政治哲学論集』森際康友編、岩波書店。

◎その他

Christiano, Thomas. (2004). "The Authority of Democracy." *The Journal of Political Philosophy*. vol.12, no.3. pp.266-290.
Darwall, Stephan. (2013). *Morality, Authority, & Law*. Oxford University Press.
Hershovitz, Scott. (2003). "Legitimacy, Democracy, and Razian Authority." *Legal Theory*, vol. 9, issue. 03. pp.201-220.
Peter, Fabienne. (2014). "Political Legitimacy." Edward, N. Zalta (ed.), *Stanford Encyclopedia of Philosophy (Winter 2014 Edition)*. (二〇一五年八月三〇日アクセスhttp://plato.stanford.edu/archives/win2014/entries/legitimacy/).
Thaler, Richard H. & Sunstein, Cass R. (2008). *Nudge: Improving Decisions about Health, Wealth, and Happiness*. Yale University Press.〔リチャード、T(2009)『実践　行動経済学』遠藤真美訳、日経ＢＰ社〕
Waldron, Jeremy. (1999). *Law and Disagreement*. Oxford University Press.
Wall, Steven. (2006). "Debate: Democracy, Authority and Publicity." *The Journal of Political Philosophy*. vol.14, no.1. pp.85-100.
鈴木 尊紘(2007)「フランスにおける死刑廃止――フランス第5共和国憲法の死刑廃止規定をめぐって」『外国の立法：立法情報・翻訳・解説』二三四巻、二四五～二六〇頁、国立国会図書館。
高橋 秀治(2004)「法・理由・権威――J・ラズの実証主義的法理論に関する一考察――」『三重大学法経論叢』二一巻二九九～一三二頁。
濱 真一郎(1995)「ジョセフ・ラズにおけるリベラリズムの哲学的基礎付け」『同志社法學』47巻２号、一〇一～一六四頁。
――(2008)『バーリンの自由論』勁草書房。
長谷部 恭男(2006)「国家権力の限界と人権」『憲法の理性』第五章、東京大学出版会。

第四章　道具的理性批判の現在——啓蒙のプロジェクトの今日的課題について

堀内　進之介

はじめに

生身の人間は、必ずしも一貫して合理的だというわけではない。すなわち、より多くが手に入るように、あるいはより理に適うように行為し続けているわけではない。

この極めて凡庸で経験的な生身の人間像は誰にとっても自明であるが故に、古代ギリシアの時代より現在に至るまで、長い間、乗り越えられるべき対象であった。道徳的な人格陶冶に関する数々の教説も、互恵的な協力関係の広範なシステムも、生身の人間像を何とか乗り越えようと試行錯誤されてきた歴史的な構築物に他ならない。そして、それらに共通するのは、人間の非合理性を「感情」に起因するものとみなして、それを「理性」によって統御しようとする啓蒙のプロジェクトであったということであろう。

ところが長きに亘り試行錯誤されてきた、人間の「理性」を主とし「感情」を従とする秩序の構築は、教養層のみならず大衆層にも大きな恩恵をもたらしてきた一方で、いまでは二つの壁に直面している。

第一は、合理性をもたらすはずの理性が道具的な性格を強めるにつれ、翻って戦争や環境破壊などの社会的災厄や、人間性の疎外状況を生み出したのではないか、要するに理性それ自体が諸悪の根源なのではないか、という疑いを十分に払拭できないでいるということである。そして第二は、近代以前のキリスト教神学の内で、主知主義派と主意主義派の間での論争として知られていた論点の現代版とでもいうものだ。すなわち、道徳的－社会的行為は、正しさに関する知識に直接起因するのか、それとも知識以上の、あるいは以外のものに起因するのか、という論点である。

主知主義派によれば、生身の人間の非合理性は端的に無知に由来する。それ故、正しさに関する知識に明るい者は必然的に善を為し、そうでない者は悪を為すということになる。しかるに、知的エリートによる善導が社会に秩序をもたらす不可欠の要素であるとみなされる。他方、主意主義派からすれば、人間の知りうる知識などは取るに足らないものであり、むしろ正しい行いを為そうとする感情を生み出す神との関係こそが、社会に秩序をもたらす不可欠の要素なのである。

こうした論争は、無知や迷信を人間の理性の光によって退ける啓蒙運動によって、神の弑逆の内に決着したかに思われた。しかしながら、「理性は思ったよりずっと脆弱で、ずっと無能で、社会的・文化的環境に大きく依存している」(ヒース 2014 : 26) ことが明白になるにつれ、神だけを欠いたまま主意主義派の理解は再び現代で耳目を集めるようになってきた。つまり、社会に秩序をもたらす不可欠の要素は、正しさに関する知識というよりも、正しい行ないを為そうとする感情である、という理解である。投票行動一つをみても、近年の投票率は、投票しないことによる不利益が熱心に説明されているにも拘らず、悪化の一途を辿っている。あるいは、民主政治における熟議の重要性に対しては、その熟議過程に参加する動機の調達がやはり課題とされている。それ故、感情を如何に調達するか、これが焦眉の的になってきているのである。

こうした理性に対する批判や反省に拍車を掛けているのは、近年の心理学や脳科学の研究成果であろう。例えば、心理学者のJ・ハイトは、「プラトンからI・カントを経てR・コールバーグに至るまで」の理性に重きを置く潮流は、単なる理性崇拝であり「合理主義の妄想」に過ぎないと主張している（ハイト 2014 : 63）。ハイトによれば、人間の情報処理過程は「まず直感が生じ、思考は通常、判断が下されたあとで、他者に影響を及ぼすために働く」社会的直感モデルに他ならない（同 : 92）。それ故、ハイトは「理性（思考）」と「感情（直感）」を「乗り手」と「象」に喩えて、「思考システムは役に立つ助言者であっても、先頭に立って引っ張る能力を持つわけではない」（同 : 105）と述べ、理性に対する感情の優位を主張するのである。そして、ハイトは一三万人以上の被験者から得た調査データの分析に基づいて、米国で共和党が民主党よりも有権者を多く獲得してきた理由を次のように説明している。

> 共和党員はこれまで長く、〈乗り手〉ではなく〈象〉が政治的な態度を決定するということを、また、〈象〉がどのように機能するかをよく心得ていた。共和党のスローガン、政治宣伝、スピーチは、単刀直入に直感に訴える。……それに対して民主党は、〈乗り手〉に訴えようとする傾向が強く、特定の政策やその恩恵を強調することが多い。
> （ハイト 2014 : 249）

「理性（思考）」に対する「感情（直感）」の優位を主張するのは、ハイトだけではない。古くはD・

ヒュームが『人間本性論』で「理性は感情の奴隷である」と論じており、最近では心理学者にしてノーベル経済学賞に輝いたダニエル・カーネマンも基本的には同じ考えに立っている。カーネマンは、エイモス・トヴェルスキーと共同で行った「ヒューリスティックとバイアス」に関する研究で、私たち人間は提示された課題に対して、大抵の場合、それを解決する代わりに正解を導くと期待できる巧妙なテクニックを用いて、推測しているだけであることを明らかにしている。

彼らによれば、人間の情報処理過程は、直感的かつ無意識的で自動的に迅速に作動する「システム1」と、言語および反省意識と関連し低速に作動する「システム2」との異なる二つのシステムから成っており、啓蒙のプロジェクトが期待しているほどには、人間の理性、すなわち「システム2」は優れておらず、人間の直感としての「システム1」は侮れないというのである（カーネマン 2014）。

事程左様に、これまでに試みられてきた啓蒙のプロジェクトは、それが拠って立つ理性に対する信頼が揺らぐにつれて、人々の関心の的ではなくなってきているように思われる。それどころか、人々を首尾よく動かすには感情（直感）に棹差すことが重要だというハイトの確信は、いよいよ説得力を増している。しかしながら、こうした論調が啓蒙のプロジェクトが鼓舞してきた「反省性（reflexivility）」や「自律性（autonomy）」までをも御座成りにする可能性があるならば、それについては批判的な検討が不可欠であろう。そして同時に、啓蒙のプロジェクトが直面する諸困難を乗り越える努力もまた為されねばならないはずである。しかるに本稿の目的は、理性と感情（直感）の可能性と限界を見極め、啓蒙のプロジェクトの今日的課題について考察を深めることで、その活路を見出すことにある。

その方途は、およそ次の様に見通しを立てておくことが可能であろう。

そもそも、今日、ますます批判に晒されている理性、および啓蒙のプロジェクトの理路とは如何なるものだったのか。皮肉にも、その理路によって理性が自らの拠って立つ基盤を掘り崩したことこそが、今日に至る理性に対する不信を駆動させ続けている（第1節）。そして、啓蒙のプロジェクトが切り開いた近代の入り口においても、また、そのような理性への懐疑的態度を表明するものは後を絶たなかった。理性不信に感情的な連帯を対置する構図はここに生じる（第2節）。しかし、感情的な連帯を擁護する先駆的な論者がいみじくも認めていたように、近代の入り口においてさえ、感情的連帯は諸条件の下での奇跡的な現象に過ぎなかった。現代に生きる私たちが、そのような社会を再生しようとするなら、そこにはいかなる困難が立ちはだかるのか。ここにおいて、理性不信の端緒とも呼べる道具的理性に対する批判は、その理路が隘路に陥ったのだとしても、省みられるべき意義を有している（第3節）。だとするならば、理性的な意志と感情的な連帯、双方に対する過度な期待と不信を手放した上で、私たちは再度、啓蒙のプロジェクトを推進する希望をもって良い。その微かな希望は、私たちがそのプロジェクトを社会的な事業として編み直すことができるかどうかに掛かっているのである（第4節）。

1　道具的理性批判

人間とそれが作り上げる世界の非合理性を払拭する啓蒙のプロジェクトは、理性に対する信頼を基礎としたものだった。とりわけ近代の黎明期には、理性は科学をもたらし進歩を約束するものだと期待された。しかしながら、二十世紀に起きた二つの大戦と、その後の資本主義対共産主義という冷戦の構図の中で、理性に対する信頼や期待は大きく傷つき、理性こそが諸悪の根源だと批判されるまでになっていく。こうした批判を最も明確に述べたのは、T・アドルノとM・ホルクハイマーであった。

> 実のところ、われわれが胸に抱いていたのは、ほかでもない。何故に人類は、真に人間的な状態に踏み入っていく代わりに、一種の新しい野蛮状態へと落ち込んでいくのか、という認識であった。（ホルクハイマー&アドルノ 1990 : ix）

> 古来、進歩的思想という、もっとも広い意味での思想が追求してきた目標は、人間から恐怖を除き、人間を支配者の地位につけるということであった。しかるに、あます所なく啓蒙された地表は、今、勝ち誇った凶徴に輝いている。（ホルクハイマー&アドルノ 1990 : 3）

彼らによる理性批判の論点は何であり、その現況にとっての意義とは何であるかを確認するために、以下では、近代の黎明期に理性に対する信頼が隆盛した背景と、理性こそが諸悪の根源だと論じられるに至った理路を辿ってみたい。

主観的理性の成立

理性への信頼を語る上で、一七世紀後半からの啓蒙運動をみておくことは有意義であろう。一般に、啓蒙は迷信や信仰の抑圧から人々を解放することを目的としていたといわれる。しかしながら、当初啓蒙は宗教的・神学的なものへの全面的な敵対を意図してはいなかった。というのも、西欧において長きに亘って精神的な支柱であったキリスト教が、次第に政争や腐敗にまみれ権威を失っていく中で、近代科学の有用性や必然性をいち早く自覚した者達は、一方では教会や神学の権威を取り戻すために、そして他方では理性の傲慢な自己主張を抑制するために、啓示宗教としてのキリスト教を理性宗教として救い出そうと試みたのであり、まさにこれこそが啓蒙運動だったからである[1]。

ところが、こうした試みは、教会や神学の権威を取り戻そうとした者達にとっては意図せざる帰結をもたらした。すなわち、キリスト教を理性宗教として救い出す試みは、結果的に理性を梃子《てこ》とした一切の束縛からの精神的な解放という関心を、すなわち「自律」という関心を人々にもたらしたのである。神を究極の根拠とする考えを否定して、代わりに理性を賛美するこの関心は、M・ヴェーバーが「脱魔術化」と呼んだ社会的変革を後押しする動機となったものである。しかし少なくとも、一七世紀後半から一八世紀にかけては、それは「すでに中世末期に始まり、普遍的原理の名の下で、民主主義の実現を目指して、既存の特権に立ち向かい、支配的な世界観の中でこれらの特権が美化されるのに逆らう」ことを目的とした、新興市民階級を担い手とする社会革命の政治的イデオロギーとして機能した（シュナイダース 2009:5)。すなわち、経済的にも政治的にもすでに制度疲労を起こしていた封建主義体制を、市民革命によって打倒することを正当化する役目を果たすものであった。

理性は、市民革命によって封建体制という政治的な束縛から解放されるといよいよ自由になり、その理性に基づく人間の秩序の構築が希求された。人間の秩序の構築は、理性による自由の実現可能性を担保するための制度設計を意味した。それ故、法と道徳が区別され、国家が自由主義的な法治国家の範囲内に制限されるようになったのは、世界の支配者はもはや神ではなく、理性的人間だという意識の現実的な側面であった。

以上をまとめれば次のようになろう。すなわち啓蒙は、精神的支柱としてのキリスト教の健全化を目的としていたのであり、神への反逆として始まったわけではなく、そしてまた啓蒙は、一八世紀の急速な社会発展と市民階級の勃興を背景とした社会革命の動機となったというよりも、むしろそれを正当化する原理として機能したということである。啓蒙はその帰結に対する明確な意図をもってはいなかったという意味で、結果的に超越的な秩序を否定したのであり、そして当時の社会的現実に対する人々の不満が爆発する正にその時に居合わせたために、封建体制を否定する社会革命のイデオロギーとして利用されたのである。しかるに啓蒙は、何れにしても何らかの否定であったわけである。

ところが、このような啓蒙を取り巻く偶発性とその否定性にも拘らず、啓蒙はそれでも考古学的な観点からは、理性の解放がもたらした近代合理主義の決定的な原因であるとみなされる。そしてこの観点からすれば、理性の具現である科学と技術は、近代合理主義を推し進め、人間の手による人間のための世界、すなわち近代社会の創造に貢献するものに他ならない。事実、啓蒙が解放した理性によって、つまり近代合理主義に裏打ちされた科学と技術によって、政治的な側面では、封建的な特権の廃止・政治上の自由や平等・人民主権・基本的人権などが概ね達成され、経済的な側面では、産業技術の向上が人々を土地から解放し、市場経済を大きく発展させて蓄財と幸福を一続きのものにした。また、文化的な側面では、主観と客観の分離を前提とした、命題を矛盾なく整合的に提示する近代科学の認識が重視されるようになり、とりわけ学問においては、この科学的認識が理性的態度の模範となったのである

（シュナイダース 2009：18）。それ故に、近代社会の要件を挙げるとすれば、個々人の自由や平等の獲得と保全に、あるいは個々人の自律能力の成立にあるということができる。

封建的な政治的束縛から解放され、超越的な秩序に関する思考を離れるという近代社会の経験は、政治・経済・文化などの環境面を変化させたのみならず、人間を自己や自身が置かれている状況に対する省察へと向かわせた。そしてこの省察は、「人間にふさわしい探究課題は人間である」としたアレキサンダー・ポープの近代的人間論[2]を更に発展させるものとなった。すなわち、デカルトからカントに至る人間理解は、人間の内なる普遍的理性に従属することによって、ようやく個々人は超越性や封建制から解放されて主体化されると主張したのである。この新しい人間論によれば、近代的な人間の成立は、理性の自立化、つまり主観的理性の成立を意味している[3]。

近代社会特有の両義性

主観的理性を核とする近代社会は、政治・経済・文化の多方面に恩恵をもたらした一方で、その黎明期から多くの批判に晒されてきた。時代の移行期には、伝統的秩序を擁護するために到来する社会に対して常に批判が為されるが、その到来が決定的となった時でさえそうである。例えば、キルケゴールは、長らく依拠してきた伝統的秩序が崩壊し、近代社会を前に人々がニヒリズムに陥っている状況に対して、「人間を、無を前にした絶望から、信仰への絶望的な飛躍を通して『神の前』に立たせることによって、立ちなおらせようとした」。なぜならキルケゴールは、「ただ神のみが無から有をふたたび生ぜしめることができるのであって、有限的な人間にはそれができない」と考えたからである（レーヴィット 2002 : 17-18)。

キルケゴールのこの考えは、ニーチェの考えとは正反対のものであった。というのも、ニヒリズムは「人間が相変わらず神から脱け出ていない」ので、「自己を際立たせようとする意志」[4]が不十分であることに起因する、とニーチェは捉えたからである。

キルケゴールのように伝統的秩序の中から、その信念にしたがって近代社会を批判する者もいたが、近代社会に対する批判のラディカルさは、むしろ近代社会それ自体が内包する特有の両義性を指摘したM・ヴェーバーの議論が優るように思われる。[5]ヴェーバーはキルケゴールとは異なり、むしろニーチェにしたがって「われわれは文化的存在であり、世界に対して意識的に態度を決め、世界に意味を与える能力と意志をもつ」と考えた（ヴェーバー 1998 : 93）。いまや人間は無から有を生み出す能力と意志――個人の自律性――をもっているのであり、それは否定を本質とする啓蒙が、結果的に成立させた主観的理性の賜物である。その意味では近代社会は、この能力と意志にとっての必要条件足りえている。ところが、ヴェーバーによれば、個人の自律性は近代社会にとっての十分条件ではなく、それにもまして近代社会は、個人の自律性が十分に活性化しうるような意味と価値の基盤足りえないのである。『プロテスタンティズムと資本主義の精神』の末尾に付された有名な一節を引いておこう。

今日では、禁欲の精神は――最終的にか否か、誰が知ろう――この鉄の檻から抜け出してしまった。ともかく勝利をとげた資本主義は、機械の基礎の上に立って以来、この支柱をもう必要としない。禁欲をはからずも後継した啓蒙主義の薔薇色の雰囲気でさえ、今日ではまったく失せ果てたらしく、「天職義務」の思想はかつての宗教的信仰の亡霊として、われわれの生活の中を徘徊している。……将来この鉄の檻の中に住むものは誰なのか、そして、この巨大な発展が終わるとき、まったく新しい預言者たちが現われるのか、あるいはかつての思想や理想の力強い復活が起こるのか、それとも――そのどちらでもなくて――一種の異常な尊大さで粉飾された機械的化石と化することになるのか、まだ誰にも分からない。それはそれとして、こうした文化発展の最後に現われる「末人たち」にとっては、次の言葉が真理となるのでなかろうか。「精神のない専門人、心情のない享楽人。この無のものは、人間性のかつて達したことのない段階にまですでに登りつめた、と自惚れるだろう」と。　（ヴェーバー 1989：365-366）

要するにヴェーバーの近代社会批判の中心は、「近代が一方では個人的自律の可能性を増大させながらも、他方では専ら物質的利害関心のみによって規定されるような人間類型を奨励することによって、こうした可能性を掘りくずしてしまうという事態」であった（オーウェン 2002：209）。こうした近代社会特有の両義性に対して、ヴェーバーは、近代社会の中で近代社会に対して個々人が英雄的に立ち向かう、なけなしの可能性[6]を模索している。『職業としての政治』では、ヴェーバーは自律的な個人が近代社会において支配的な人間類型になる可能性に期待して、こう述べるのである。

もしこの世の中で不可能事を目指して粘り強くアタックしないようでは、およそ可能なことの達成も覚束ないというのは、まったく正しく、あらゆる歴史上の経験がこれを証明している。しかし、これをなし得る人は指導者でなければならない。いや指導者であるだけでなく、――はなはだ素朴な意味での――英雄でなければならない。そして指導者や英雄でない場合でも、人はどんな希望の挫折にもめげない堅い意志で、いますぐ武装する必要がある。

（ヴェーバー 1980：185-186）

しかしながら、「科学者の役割」を固持したヴェーバーは、その可能性の条件を整備する政治的な闘いに参加しようとはしなかった。これに対して、批判的社会理論を主導したM・ホルクハイマーは、ヴェーバーの近代社会特有の両義性に対する観察には賛同しつつも、彼の学問的態度は批判されるべきだと考えていた。というのも、ホルクハイマーからすれば、ヴェーバーは近代社会が両義的にならざるをえない根本因を直視しておらず、そしてそれ故に、ヴェーバーの学問的態度は、近代社会特有の両義性の前ではあまりにも無力に思えるからである。ホルクハイマーの結論を先取りすれば、ヴェーバーが直視していないのは、近代社会特有の両義性は、主観的理性そのものに起因するということである。

神話は啓蒙へと移行し、自然はたんなる客体となる。人間は、自己の力の増大をはかるために、彼らが行使するものからの疎外という代価を支払う。啓蒙が事物に対する態度は、独裁者が人間に対するのと変るところはない。独裁者が人間を識るのは、彼が人間を操作することができるかぎりである。科学者が事物を識るのは、彼がそれらを製作することができるかぎりである。それによって即自的な事物は、彼にとって対自的なものとなる。

（ホルクハイマー＆アドルノ 1990：10-11）

啓蒙が成立させた主観的理性は、政治・経済・文化の多方面で近代の科学的認識に基づいて脱魔術化を推し進めた。ホルクハイマーがみるにその過程は、主体と客体という二元論によって、自然の一部であったはずの人間が、その自然から独立した主体であるかのように、自然を「単に分割されるだけの混沌とした素材」（ホルクハイマー&アドルノ 1990：11）として支配する過程である。そして、それはちょうど社会の一部であるはずの科学者が、その社会から独立した主体であるかのように現状を観察し記述する過程でもある。ところが、ホルクハイマーによれば、ヴェーバーはこうした二元論的な支配関係にあまり自覚的ではない。むしろヴェーバーは、『客観的可能性の理論』を展開し、理論の中立性や論理性を強調するのである[7]。ホルクハイマーはこうした理論観を「伝統的理論」と呼び、その有効性を疑問視して次のように述べている。

> 理論概念があたかも例えば、認識の内的本質からとか、あるいはそれ以外の仕方で、非歴史的に基礎づけられるかのように独立される場合、この理論概念は、物化されたイデオロギー的カテゴリーに転化されてしまう。（ホルクハイマー 1974：42）

ホルクハイマーによれば、伝統的理論は、新たな発見やそれに基づく理論がそれ自体として既存の認識を刷新しうると仮定している。しかしながら、既存の認識を刷新する可能性は「純粋に論理的、あるいは方法論的諸要素に還元されない諸規定であって、かえっていつも現実の社会的諸経過との関連においてのみ理解されるべき」ものである（ホルクハイマー 1974：43-44）。要するに、理論構築の内的な努力として方法論を精緻にするだけでは、理論の中立性や論理性を確保できず、むしろ中立性や論理性を推し測る基準自体が社会的諸経過との関連によって決定されている故に、それを考慮に入れていない伝統的理論では、既存の認識を刷新することができないというのが、ホルクハイマーの基本的な考えであった。

そして更に、ホルクハイマーは、伝統的理論の危うさは、既存の認識を刷新する可能性についてだけではなく、この理論観が背景とする二元論的な支配関係が、主体であるはずの人間自身にも逆適用され、人間自身が支配の対象として客体化される可能性を導くことにもあると見ている。アドルノとの共著である『啓蒙の弁証法』では、こうした逆説が生じる原因について、次のように述べられている。

それというのも理性そのものが、すべてを包括する経済機構の単なる補助手段になり下がったからである。理性は、あらゆる他の道具を製作するのに適した普遍的道具として役立つものであり、ひたすら決められた目的のみを思考するようになる。この点で理性は、物質的生産における計算ずくの処理方式が人間にとって計算しきれない成果をもたらすように、逃れえない宿命の下にある。

（ホルクハイマー&アドルノ 1990：38-39）

ホルクハイマーは、近代社会特有の両義性を喝破したヴェーバーの問題意識を共有しつつも、ヴェーバーの「科学者の役割」を固持する学問的態度、つまり伝統的理論の理論観それ自体が、近代社会特有の両義性を生じさせる原因でもあることを指摘しようとしたのである。にもかかわらず、こうしたホルクハイマーの理路が今度は翻って、ホルクハイマー自身がこの両義性を克服し、近代社会の中で近代社会に対して個々人が英雄的に立ち向かう、なけなしの可能性を模索することを困難にしてしまう。というのも、ホルクハイマーがいうように、近代社会特有の両義性は、主観的理性の道具的性格に起因するのだとすれば、既存の認識を刷新し、人間自身が支配関係における客体とならないようにするためには、主観的理性による主体と客体の二元論的な支配関係を徹底して反省することでしか有りえないはずである。[8] ところがホルクハイマーは、主観的理性の道具的性格を理性のメルクマールとして全面化するとともに、それを「逃れられない宿命」とみなすことによって、反省の可能性を過度に縮減し、近代社会特有の両義性を内破する可能性を自ら打ち消してしまうのである。反省の機能を担うのが理性の役割であるとすれば、理性の道具的性格の全面化を認めることは、理性が自己反省する可能性を失うのと同じことである。

もっともホルクハイマー自身が、こうした問題に無自覚だったという訳ではなかろう。事実、「真の理論が、肯定的ではなくして、批判的であるのは、この理論に従う行動が、〝生産的〟でありえないのと同じである」(ホルクハイマー 1974:100)と述べていることに鑑みれば、問題の所在にはむしろ自覚的であったように思われる。アドルノにしても同様で、問題の所在に自覚的であるが故に、反省の可能性の条件を積極的には規定せずに、むしろ否定の否定が肯定へと翻らないように、否定の否定を「限定的な否定」として、つまり否定の徹底として理解する「否定弁証法」へと向かうのである。

しかし、ホルクハイマーがヴェーバーの学問的態度に満足できなかったように、ホルクハイマーとアドルノのこうした学問的態度もまた、私たちを満足させるものではないだろう。その理由はこれまでみてきたように、彼らの主張が、あたかも自分の髪を掴んで自分自身を底なし沼から引き上げようとするミュンヒハウゼン男爵のごとく、無謀な挑戦であるように思えるからに他ならない。というのも、彼らは「無力へ順応することこそ、反人間的で、反理性的」（ホルクハイマー 1974：62）であるとして、批判的な思考の主体であり続けるために、自分自身の認識の制限性に意識的・反省的であることを要求しながら、[9] 他方では「啓蒙的思想は、……ほかならぬその概念のうちに、すでに、今日至るところで生起しているあの退行への芽を含んでいる」のであり、意識的・反省的であろうとする営為もまた「生産の総過程の影響を免れるものでない」と述べているからである（ホルクハイマー&アドルノ 1990：x-xi）。

上述したように、近代社会特有の両義性を喝破したヴェーバーは意図せずしてその両義性を再生産している、と批判したにも拘らず、ホルクハイマーらは、両義性を解きほぐす現実的な活路を自ら閉ざす羽目になっている。その理由については、以上においてすでに明らかであろう。すなわち、それは彼らが自己反省する理性への意志的な力に期待し過ぎた為であり、他方では理性の道具的性格を巨悪視し過ぎたからに他ならない。しかるに、近代社会特有の両義性を解きほぐす活路を見出すには、少なくともこの二つの過剰を同時に避けねばならないはずである。この点については、本稿の四節で論じることにしよう。

むしろここでは、ホルクハイマーらが陥った困難を乗り越えるためにも、彼らの問題提起の意義を改めて汲み取ることが賢明である。その意義とは、主観的理性の一つの側面である自律性や反省性は、もう一つの側面である道具的性格によって、つまりどのような目的にも資する無節操さによって、失効する可能性に常に晒されているということである。

この意義を念頭に置くとき、理性を重視する啓蒙のプロジェクトは「合理主義の妄想」であるとして、むしろ感情（直感）こそが人々をより良き社会へと動機づける掛金であるとの主張は、果たしてどのような意味をもつのだろうか。このことを検討するために、次節では感情（直感）に基づく社会的な連帯が、政治的共同体の基礎を成すとみなす諸議論を取り上げよう。

2　政治的共同体の基礎としての感情的連帯

かつてトマス・アクィナスは、私たちが「普遍的に妥当な正しさ」を知ることができ、かつそれを為そうとするのは、良心の内に「普遍的に妥当な正しさ」の種が自然に植え付けられている部分、すなわち良知（synteresis）があるからだと論じた。トマスにとってみれば、普遍的に妥当な正しさを知ることは、直ちにそれを為そうと動機づけられることと同義であり、しかるに正しく為さない者は、よく知らない者でしかない。しかしながら、ルターやカルヴァンをはじめ多くの論者は、普遍的に妥当な正しさを定めたのが神である以上、それを十分に人間が知りうるというトマスの主張は、人間の神に対する傲慢さの現れであると批判した。こうした理解は主意主義と呼ばれるが、この理解の支持者たちは、人間は普遍的に妥当な正しさを知ることはできず、正しさは人間が創造できる限りのものでしかないと考えた。むしろ彼らの関心の的だったのは、正しい行ないを為そうと動機づけられるのは如何にしてかということであった。

この主意主義の関心は、脱魔術化により神が既に世界の支配者では無くなった現代においても、依然として重要な関心であり続けている。というのも、私たちが擁する民主主義は、人民による自治としての民主政が為されるならば共通善が促進されるという理解の上に立っており、しかるに、人民による自治は如何にして可能なのか、換言すれば、人民が自治へと動機づけられるのは如何にしてかが重要な課題だからである。序論で述べたように、啓蒙のプロジェクトが直面する第二の壁は、まさにこの動機づけに関するものに他ならない。そこで以下では、この課題を検討するために、感情を重視したT・ホッブズとA・トクヴィルの議論を取り上げ、その意義を確認してみたい。

ホッブズ——人間本性に根ざす運動

イギリスで市民革命が起きた動乱期に居合わせたホッブズは、主著である『リヴァイアサン』で、私たちが秩序を構築できるとすれば、それへと私たちを動機づけるのは何であるかについて検討している。その際、ホッブズが人間の社会を考察するために援用したのは、当時の自然科学の知見であった。当時の自然科学では、世界は空間を自由に動き回る原子から構成されると考えられていたが、ホッブズは人間の社会も同様に、個々人という原子から構成されると考えた。そして、社会を自由に動き回る個々人を分析する際に、ホッブズが手掛かりとしたのは、人間本性に根ざす運動、すなわち「欲求」と「嫌悪」であった。ホッブズの理解によれば、私たちが認識対象や想像上の対象に向って動くのは、「欲求する」からであり、距離を取るのは「嫌悪する」からである。それ故、私たちを動かさないようなものは、端的に取るに足らないものである。しかし、私たちを獲得に向けて動かすからといって、その対象物がそれ自体として「善」だという理解をホッブズは拒否している。ホッブズは、私たちが何かを欲求するのは、それを「善」だと思うからではなく、反対に私たちが欲求するものが「善」だと呼ばれるに過ぎないと主張したのである。ホッブズは『リヴァイアサン』で、その理由を次のように明言している。

なぜなら、昔の道徳哲学者たちの書物のなかで語られているような、究極目的（Finis Ultimus）も最高善（Summum Bonum）も、存在しないのだからである。（ホッブズ 1992 : 168）

ホッブズがこのように主張したのは、欲求や嫌悪は生命活動という運動と直接結び付いたものだと考えたからである。もし究極の目的や最高善があり、それを得ることができるとするなら、それを得ることは活動の停止を意味することになる。しかし、生命活動は死を迎えるまで停止することはないのであり、それ故、あるものの獲得は、別のものを獲得する動機になるに過ぎない。

私は、全人類の一般的性向として、次から次へと力をもとめ、死においてのみ消滅する、永久の、休むことのない意欲をあげる。そして、このことの原因は、必ずしも常に、人が、すでに取得したよりも強度の喜びを希望するとか、程よい力に満足できないとかいうことではなくて、彼が現在持っている、よく生きるための力と手段を確保し得るためには、それ以上を獲得しなければならないからなのである。（ホッブズ 1992 : 169）

ホッブズは、私たちが何かに動機づけられる原因を、人間の状態に本来的に備わっている「意欲」に見出しており、意欲のままに自由に動き回る状態を当時の慣習に従い「自然状態」と呼んだ。この自然状態は、「万人の万人による闘争」状態として理解されるのが常だが、ホッブズは、この状態を単に堕落した状態とは考えておらず、当然人間本性の罪深さについても認めていない。ホッブズにいわせれば、「人間の諸意欲およびその他の諸情念は、それら自体では罪ではない。それらの情念からでてくる諸行為も、人々が、それらを禁止する法を知るまでは、おなじく罪ではな」(ホッブズ 1992 : 212) いのである。ここからホッブズは、個々の人間が自分自身のためだけに何かを意欲する「利己心」を批判するのではなく、人間本性それ自体として肯定し、むしろ秩序構築のための掛金として位置づける議論へと進んでいく。

ホッブズ――秩序構築の掛金としての利己心

ホッブズの分析によると、人間は誰も利己的であるのだが、それは利他的に振る舞うことを何ら制限するものではない。人間は自分の利己心を満たすために慈善的に振る舞うこともできるからである。[10]それ故、利己心は必ずしも利他的な振る舞いと相反するわけではなく、ホッブズからみれば、利他的な振る舞いは利己心の一部でもある。しかし、ホッブズによると、利己心が秩序構築の掛金となるのは、利己心による慈善可能性という観点からだけではなく、それは利己心をもつ「人々は生まれながら平等である」[11]ことに起因する。『リヴァイアサン』の第一三章では、利己的な人間の平等性――心身および精神の諸能力の平等性――を端緒として、人間が秩序の構築へと動機づけられる理路が説明されている。それはおよそ次のようなものである。

利己的な人間の平等性から、何らかの目的を達成することについての希望の平等が生じる。そして希望の平等性の故に、誰かに奪われないように先取する必要が生じ、人々は互いを敵とみなすようになる。つまり相互不信が生まれるのである。この相互不信は、先取する必要と相俟って戦いの火種になるが、戦いの可能性は死の恐怖を予感されるものでもある。しかるにホッブズは、まさにこうした推論が為される時、人々は死を恐怖することによって平和へと動機づけられると考えるのである。ホッブズはこういっている。

> 人々を平和に向かわせる諸情念は、死への恐怖であり、快適な生活に必要なものごとに対する意欲であり、それらを彼らの勤労によって獲得する希望である。
> （ホッブズ 1992：214）

自然状態では人々を支配する如何なる強制権力も無いから、どのようなこともでき、かつ不正ではないので、自らの生存が脅かされていることを人間は理解できる。そして、人間は誰もが死を恐れ避けようとするが故に、自己保存のために為さねばならぬことを為そうとする。つまり闘争を嫌悪し、平和を欲求するわけである。それでは、平和のために為せねばならぬこととして、人々が自らできることは何か。それは自然権の放棄、つまり権力の譲渡に他ならない。平等な人々が互いに自由と自己保存を求め合うとき、彼ら／彼女らにできることは無制限の自由に自ら制約を課すこと以外にはないからである。

ホッブズ——動機の源泉としての強制権力

このようにホッブズは、人間本性とその平等性から出発して権利の放棄へと議論を展開するのだが、さらにそこから道徳を導きだし、最後には人々に再び死の恐怖を予感させる支配者の強制権力の必要性を主張するに至る。まずは、道徳を導く部分について『リヴァイアサン』での一節を少し長いが引用しよう。

「人は、平和と自己防衛のために彼が必要だと思う限り、他の人々もまたそうである場合には、すべてのものに対するこの権利を、進んで捨てるべきであり、他の人々に対しては、彼らが彼自身に対して持つことを彼が許すであろうのと同じ大きさの、自由を持つことで満足すべきである。」というのは、各人が、何でも自分の好むことをするというこの権利を保持する限り、その間すべての人々は、戦争状態にあるのだからである。しかし、もし他の人々が彼らの権利を、彼と同じように放棄しようとはしないならば、そのときは誰にとっても、自分の権利を捨てるべき理由がない。なぜなら、それは彼自身を平和に向かわせるよりも、むしろ餌食としてさらすようなもの（誰もそうするように拘束されてはいない）だからである。これは、「他人が自分に対してしてくれるように、あなたが求めるすべてのことを、あなたが他人に対して行なえ」という、あの福音の法である。そして、「あなたに対して為されるのを欲しないことを、他人に対してしてはならない」という、あのすべての人間の法である。

（ホッブズ 1992 : 218）

このようにホッブズは、福音の法や人間の法としての道徳を導くところまで議論を進めるが、しかしそれだけが人々に自らに課した制約を遵守させるとは考えていない。ホッブズはあくまで現実的な強制権力が必要であると主張する。自然権の放棄、つまり権力の譲渡によって「可死の神」である主権者に権力が集中し処罰が可能になることで、無秩序で破滅的な自然状態の悲惨な結果を克服できるというのである。なぜならその強制権力は、人々に罰を与え、時に死の恐怖を予感させるが故に、権利放棄を遵守させる動機の源泉となるからである。

> 正と不正という名辞が場所を持つためには、その前に、ある強制権力が存在して、人々が彼らの信約の破棄によって期待するよりも大きな、何らかの処罰の恐怖によって、かれらが自分たちの信約を履行するように、平等に強制しなければならず、彼らが放棄する普遍的権利の償いとして、人々が相互契約によって獲得する所有権 propriety を確保しなければならないのであり、そしてそういう権力は、コモン－ウェルスの設立の前には、何も無いのである。（ホッブズ 1992 : 237）

ホッブズは要するに、道徳や実定法への服従は、それに従わない者に罰を課す強制権力をもった主権者が発する命令の結果であるとみなすのである。この強制権力の主たる目的は、結果としては個人の財産と利己心を満たす可能性を保全することにあるが、――上述の通り――直接的には、それらの保全に向けて人々が振る舞うように動機づけることにある。

自然状態における死への恐怖と、強制権力による処罰の恐怖を動機とすることによって、人々は自然状態の住人からコモン－ウェルスの住人へと変換されるわけである。ホッブズの想定する主権者は、誰も逆らうことのできない強制権力を保持する故に、ホッブズの主張は、人々に処罰の恐怖に苛まれる不自由な生活を強いるものだとして、当時から辛辣な批判が多く為されてきた。[12] しかしながら、この移行過程は決して人々を一律にするものではない。確かに変換に際しては、権力の譲渡や利己的な判断の破棄が求められるが、それは原子のように自由に動き回る、個別的かつ平等な諸個人を公共の福祉や共通善に関する諸観念に、あるいは主権者の意向に全面的に服さしめるものではないのである。というのも「世界中どこにも、人々のすべての行為や語を規制するに十分な諸規則が規定されているコモン－ウェルスは、(それは不可能なことだから) 存在しないので、必然的に、法が黙過したあらゆる種類の行為について、人々は、最も彼らに有利だと自分たちの理性が示唆することを、行なう自由を持つということになる」(ホッブズ 1964：89) からである。ホッブズによれば、自然状態で得られるものよりもコモン－ウェルスで得られるものの方がより多いという打算的な判断が、人々を服従させ、平和を欲求させ、あるいは節度ある自由な私的領域の開花を予告するのである。

人間本性としての利己心を肯定し、その根源的な平等と自由とを主張する一方で、コモン－ウェルスにおける強制権力の必要性を論じるホッブズの理論が示唆するのは、つまるところ、自分たちの生存を支配するのは、完全に自分たち次第でなければならないということであった。[13]

ホッブズ――小括

これまでみてきたようにホッブズの理論は、人民を秩序の構築へと動機づける源泉を理性ではなく感情（直観）にみるものであった。その際、ホッブズが念頭に置く感情（直観）とは、人間本性に根付く運動としての「欲求」や「嫌悪」であり、そしてその運動が不可避的にもたらす死と処罰の「恐怖」であった。ホッブズのこうした議論は、理性を中心とすることなく、感情（直観）を梃とした動機づけによって秩序をもたらそうとする故に、確かに啓蒙のプロジェクトが直面する二つの壁を乗り越える可能性を秘めている。とはいえ、現実の社会では利己的な人間の平等性――心身および精神の諸能力の平等性――は、ホッブズが想定するほど確かなものでは無い。たとえ諸能力の格差は僅差であったとしても、その現実面での成果は非常に大きな格差をもたらしている。現代社会において、秩序のためにこの格差を踏まえた強制権力を発動するには、もはや不可能なほどの恐怖を必要とするだろう。そしてそれは、好ましい社会に向けての最悪の一手となるに違いない。しかし、こうしたホッブズの世界観を好ましく思わない者は、ホッブズに反論するために新しい世界観を提示する必要に迫られる。

一七世紀に、ピーターバラの司教であったリチャード・カンバーランドも、ホッブズを批判するために新しい世界観を提示する必要に迫られた。そして、彼がそのために依拠したのは自らが所属する社会における「仁愛」であった。

> 万人に対するあらゆる理性的行為者の最大の仁愛は、あらゆる理性的行為者の、そしてあらゆる仁愛ある理性的行為者の最大の幸福の状態を形づくる。彼らの権能の範囲内においてはそうである。この最大の仁愛は、彼らが手にできる最も幸福な状態のために必要な条件である。したがって共通善は至上の法である。[14]（Cumberland 1727 : 41）

ホッブズが依拠する利己的な自己愛ではなく、利他的な仁愛こそがより良い社会を可能にする。カンバーランドのこの反ホッブズ的な世界観は、当時のキリスト教的な世界観の反映ではあったが、同時に経験的なものでもあった。つまり、私たちは見返りを期待したり、自己顕示欲を満たしたりするためだけに他者を助けるのでなく、仁愛の実践それ自体が、私たちを直接幸福にするという経験である。この仁愛を通じた幸福の経験的根拠は、カンバーランド以降も繰り返し論及される主題となるが、中でも、自治の精神との関係において、A・トクヴィルは、反ホッブズ的な世界観の古典的な代表者であるといえよう。しかるに次節では、トクヴィルの民主政論を検討することにしよう。

トクヴィル――アメリカの教訓

民主政論の古典として、いまなお高い評価を得ているトクヴィルの『アメリカのデモクラシー』は、自治の精神を呼び覚ます動機づけという観点から読まれるなら興味深い幾つかの論点を見出せる。中でも、一九世紀初頭にアメリカを訪れたトクヴィルが、祖国フランスとの比較において、驚きを以って発見したアメリカ社会の「境遇の平等」は、中心的な位置を占めるものだといえよう。トクヴィルはこう報告している。

> 合衆国に滞在中、注意を惹かれた新奇な事物の中でも、境遇の平等ほど私の目を驚かせたものはなかった。
>
> （トクヴィル 2005a：9）

この境遇の平等が、どのような経緯でもたらされ、またいかなる作用を及ぼしているのか。以下ではこれらの点を中心に、自治の精神と動機づけの関係をみていこう。

第一節でみたように、一七世紀後半に始まった啓蒙運動は、意図せざる帰結として個々人の自律能力を成立させた。トクヴィルはこの自律能力を、西欧を遥か離れたアメリカの地に生きる人々にも見出している。彼がみたアメリカ人は、「体系の精神、習慣のくびきから脱し、家の教えや階級の意見、いや、ある程度までは、国民の偏見にもとらわれない。伝統は一つの情報に過ぎぬとみなし、今ある事実は他の、やり方をとるための役に立つ研究材料としか考えない。自らの手で、自分自身の中にのみ事物の理由を求め、手段に拘泥せずに結果に向かい、形式を超えて根底に迫る」人々だった（トクヴィル 2008：17-18）。つまり、彼らは自分自身の理性のみを頼りとして、伝統的な権威を問い直す近代的個人であった。彼らは誰もが自律能力を有するが、それは同時に、彼らが互いに優越することの無い、平等な個人であるということでもある。

トクヴィルは、こうした近代的な個人の平等性は、好ましい反面、多数者の専制をもたらす要因であるともみていた。というのも、平等な近代的個人は、具体的な他者からの支配には敏感に反応し抵抗するのに対して、脱人称化された集団的な支配には容易く隷従する傾向があるからである[15]。

> 平等の時代には人々はみな同じだから、お互いに誰かを信用するということが決してない。だが、みな同じだからこそ、人々は公衆の判断にほとんど無限の信用をおくことになる。なぜなら、誰もが似たような知識水準である以上、真理が最大多数の側にないとは思えないからである。（トクヴィル 2008：29-30）

こうした懸念があるにもかかわらず、トクヴィルがみたアメリカ社会では、多数者の専制に陥ることなく、まさに人民の人民による人民のための統治が行なわれていた。トクヴィルは、アメリカ社会を次のように記述している。

神が宇宙を統べられるように、人民がアメリカの政治の世界を支配している。人民こそ万物の原因であり、目的である。すべてはこれに発し、すべてはこれに帰する。（トクヴィル 2005a：93）

こうしたアメリカ社会の特殊な状況を可能にしているものは何か。すなわち、誰もが自己の利益を犠牲にすることを厭わない伝統的な価値観に生きているのではなく、むしろ自律能力を有する利己的な近代的個人でありながら、長期的な展望の下で、自己の利益と公共の利益を一続きのものとして人々に理解させているのは、どのような事情によるのか。こうした問いに対して、トクヴィルがアメリカ社会の特殊な状況を理解するために注目したのは、アメリカ社会における「国家の脆弱性」であった。

トクヴィル――弱い国家と強い社会

トクヴィルによれば、ヨーロッパには「強い国家、弱い社会」があるのに対して、アメリカ合衆国には反対に「弱い国家、強い社会」が存在する。そしてこうした相違は、アメリカ合衆国という国の地政的利点と、アメリカ建国における歴史的経緯に起因するという。トクヴィルの説明を順にみてみよう。

アメリカ合衆国は独立戦争後、第五代アメリカ合衆国大統領ジェームズ・モンローによって提出された、いわゆるモンロー宣言を基本的な外交姿勢とした。モンロー宣言は、一九世紀初頭のナポレオン戦争によって、アメリカ大陸への支配を弱めたスペインの巻き返しや、当時ロシア領だったアラスカからロシアが南下政策を取ろうとしていることに対して、そして自由主義やナショナリズムを敵視する保守反動的なオーストリアが、南米諸国の独立運動に干渉しようとしているのに対して、それらを牽制するという高度な外交上の目的をもつものだった。いわばモンロー宣言は、ヨーロッパ諸国に対して、アメリカ合衆国がアメリカ大陸を支配圏とすることを宣言するものだったのである。こうした外交上の強硬姿勢が維持できたのは、トクヴィルによれば、アメリカ合衆国がヨーロッパから遠く離れ地政的利点を有していたからである。

アメリカ人には隣人がなく、したがって、大戦争も、財政危機も、また戦災も征服も恐れる必要がない。膨大な租税も、多数の軍隊も、偉大な将軍も彼らは必要としない。それら全部を合わせたものより共和国にとって手に負えぬ厄介者である軍事的栄光ですら、彼らにはほとんど恐れるに足らない。

（トクヴィル 2005b : 193-194）

アメリカ合衆国はヨーロッパ諸国とは異なり、隣国からの干渉を懸念せずに国内の統治に専念することが可能だったために、戦争主体としての強い国家よりも、国内政治を安定させる強い社会を育むことができた。そしてさらに、トクヴィルは、アメリカ建国の歴史的経緯もまた、強い社会が生まれる重要な要因であると考えた。

よくいわれるように、アメリカ合衆国はその建国の瞬間を特定できるという点で、特異な国家であるといえる。トクヴィルが注目するのは、イギリスからアメリカへと移住した初期の移民たちが、移住の目的は異なるにしても、その属性においてはほとんど似通っていたという点である。トクヴィルは、移民たちの同質性は、イギリスの植民地であった時代においても、連邦政府となった後にも、アメリカ社会に境遇の平等性や社会の強さが見出せる、その主要な要因の一つであると捉えている。

前世紀の終わりに英国の軛《くびき》を一斉に振り払った一三の植民地は、すでに述べたように、同一の宗教、同一の言語、同一の習俗をもち、またその法制もほとんど同じようであった。しかもそれらは一つの共通の敵と戦ったのである。諸邦は互いに堅く結びつき、同じ一つの国となって然るべき相当の理由があったはずである。

（トクヴィル 2005a：181）

合衆国には、連邦政府の存在を驚くほど容易にする事実がある。さまざまな州がほとんど同じ利害、起源、言語を有するだけでなく、同じ程度の文明の段階にあることである。このことがほとんどいつも州の間の一致を容易にする。

（トクヴィル 2005a：273-274）

移民たちの同質性は、このようにアメリカ社会に多くの利点をもたらしたが、中でもトクヴィルが注目したのは、それによって社会統治が国家にではなく、地方のタウンシップに生きる人民によって担われ、アメリカ社会が共和的かつ地方分権的な社会として成立しているという事実であった。トクヴィルは、アメリカ合衆国には、国益を守るために外交上の高度な判断をする政治権力が存在するにもかかわらず、その政治権力は「ヨーロッパの半分の広さ」を統治する行政上の集権的権力ではないことに驚いている。

合衆国を旅するヨーロッパ人がもっとも驚くのは、われわれが統治あるいは行政と呼ぶものがそこにはないことである。アメリカに成文法はある。毎日法が執行されていることは目に見える。周囲のすべては動いているが、どこに動力があるかが分からない。社会機構を動かす手がすぐに見えなくなるのである。（トクヴィル 2005a：114）

トクヴィルはこの「見えざる手」の正体を特定しようとしたが、その際、彼が前提に置いたのは、アメリカ合衆国の地政的利点に基づく国家の脆弱性が、結果的に人々に自治を可能にする権力の余白を残したということ、そして初期の移民たちの同質性によって自治そのものが他国に比べて容易であったということであった。

トクヴィル――感情的連帯

そしてトクヴィルは、これらのアメリカ合衆国の特殊性は、アメリカ社会に感情的な連帯をもたらす素地になっているとも考えた。

アメリカで私がいちばん感心するのは、分権の行政上の効果ではなく、その政治的効果である。合衆国では祖国の存在が至るところで感じとれる。村のレベルから連邦全体に至るまで、人はこれを思ってやまない。住民は郷土の利害の一つ一つを自分自身の利害としてこれに執着する。国民の栄光を誇りとし、国民の収めた成功を自分自身の成果のように思って、鼻を高くする。全体の繁栄を喜び、自分もこれに便乗ずる。祖国に対するその感情は人が自分の家に対して感ずる感情に似ており、しかも国家に対して関心を寄せるのは、なおある種の利己主義によってなのである。

（トクヴィル 2005a：150）

トクヴィルは、こうした感情的な連帯が成立していなければ、「合衆国の憲法は職人の業の見事な創造物に似て、これを作り出した者に名誉と財産をもたらすが、別の者の手の中ではなんの価値もない」（トクヴィル 2005a：269）と主張している。というのも、実際、当時のメキシコは、アメリカの連邦憲法をモデルとしてほとんど完全に模倣したが、「法律の文言は持ち込んでも、これを生かす精神を同時に持ち込むことはできなかった」ために、「メキシコは無政府状態から軍事的専制へ、そしてまた軍事的専制から無政府状態へと絶えず引きずられ」たからである（同：269-270）。

アメリカの人民が感情的な連帯をもちえたのは、一方では、すでにみたようにアメリカ合衆国の地政的利点や歴史的経緯に因るところが大きいが、他方では、まさにそうした要因によって、アメリカ人がアテネの民主制とある種の共和主義とを、小さなタウンシップにおいて、つまりニュー・イングランドの自治体において体現することができたからである。

ニュー・イングランドの住民がタウンに愛着を感じるのは、それが強力で独立の存在だからである。これに関心をいだくのは、住民がその経営に参加するからである。これを愛するのは、その中で自分の境遇に言うべき不満がないからである。住民はタウンに野心と将来をかけ、自治活動の一つ一つに関わり、手近にあるこの限られた領域で社会を治めようとする。それなくしては革命によってしか自由が発展しないもろもろの手続きに慣れ、その精神を吸収し、秩序を好み、権力の均衡を理解し、そして自らの義務の本質と権利の範囲について明確で実際的な考えをまとめること、これらを住民はタウンの中で行なうのである。（トクヴィル 2005a：111）

人々の強い感情的な連帯感を可能ならしめるニュー・イングランドの小さなタウンシップは、自治の制度化された形態を現し、同時に私的利害と共通善とを奇跡的に統合することに成功した。トクヴィルが大きな印象を受けたのは、感情的連帯を持続させ、自治の精神を人々に吹き込む小さなタウンシップは、これを素地から形成するのはとても困難であるということであった。というのも、小さなタウンシップにおける人々の境遇の平等は「世界にとてもよいことをもたらすが……人々に極めて危険な本能を吹き込む」からである。つまり「それは人間を互いに孤立させ、誰もが自分のことしか考えないようにさせる。それはまた人々の心を度外れなほどに物質的享楽に向かわせる」（トクヴィル 2008：48）。

境遇が平等になるにつれて、……自分はいつも一人だと考えるのに慣れ、自分の運命はまるごと自分の手の中にあるとつい思い込む。……デモクラシーは祖先を忘れさせるだけでなく、子孫の姿を見えなくし、一人一人を同時代の人々から引き離す。それは各人を絶えず自分だけのところに引き戻し、ついには自分ひとりの孤独な心に閉じこもらせてしまう恐れがある。

（トクヴィル 2008：177-178）

それにもかかわらず、トクヴィルのみた「アメリカ人たちは、人々を分裂させる平等の傾向性に対して、自由な諸団体によって対抗し、それに打ち勝っていた」（トクヴィル 2008：183）。利己的かつ平等な近代的個人である人々に国家や社会全体の運命について関心をもたせるのが、トクヴィルの生きた時代のみならず、現在においても難しいのは、国家や社会全体の運命が私たちの身上にどのような影響を及ぼすのかを見通し難いからである。しかしこうした事実は翻せば、人々の私的利害の延長線上に国家や社会全体の利害があることが明白になるなら、人々は自身の運命と全体の運命との重なりを理解できるということでもある。それ故、トクヴィルは「市民の関心を公共の利益に向け、その実現にためには相互の絶えざる協力が必要であることを市民に理解させるには、……小さな事業の管理を委ねる方が、大きな事業の指導を任せるよりもはるかに役に立つ」と論じている（同：184）。トクヴィルにとって、ニュー・イングランドの小さなタウンシップが注目に値するのは、タウンシップの自由かつ独立的な性格と、お互いを十分に知りうる物理的・関係的範囲の狭小さによって、「多数の市民が隣人知己の厚情を高く評価」させ、また「人と人とを隔てる本能に逆らって、人々を絶えず仲間のもとに立ち戻らせ、助け合うことを余儀なくさせる」からである（同：184）。

トクヴィルが既に予見していたように、社会が複雑化するほど生きる上で必要不可欠な物事は人が単独で作り出すことが難しくなり、それ故、政治権力の任務は絶えず増大することになる。そして、政治権力がタウンシップなどの中間集団に代替するほど、個々人の間の連帯は失われ、肥大した政治権力に個人は益々従属するようになるという悪循環が生まれる。しかるにトクヴィルによれば、小さなタウンシップがもたらす良好な作用、つまり人々の利己的な近代的個人としての感情や思想を蔑ろにすることなく、全体の運命と一続きのものにすることは「政府の手に余る仕事」なのである（トクヴィル 2008：193）。

> 大規模な国で国民の感情と思想の流通を単独で維持し、刷新することは、すべての産業計画を指導するのと同様、政府の手に余る仕事であろう。政治の領域から脱して、この新しい道に身を投じた瞬間から、政府は欲せずして耐え難い暴政を行うことになろう。なぜなら、政府は厳格な規則を押しつけることしか知らぬからである。……したがって政府が単独で動かぬことが必要なのである。民主的な国民にあって、境遇の平等によって消え去った有力な個人に代わるべきは中間集団である。
> （トクヴィル 2008：193 傍点引用者）

つまるところ、トクヴィルがようやく見出したアメリカ合衆国の社会機構を動かす「見えざる手」とは「中間集団」であった。こうした観察から、トクヴィルの民主政論の中心的主張が展開される。すなわち、政治権力の肥大化は利己的かつ平等な人々の分散的な傾向を助長する故に、政府の責務は高度な政治的領域に限定されるべきである。そうすることによってこそ、利己的かつ平等な人々を共通善の実現へと動機づける中間集団が、十分に機能する余地が生まれる。民主的国家が健全に機能する可能性は、中間集団の発展にかかっている。というのも、トクヴィルによれば「感情と思想があらたまり、心が広がり、人間精神が発展するのは、すべて人々相互の働きかけによってのみ起こる。……そして、これは中間集団だけがよく為し得ること」だからである（トクヴィル 2008：192-193）。

トクヴィル――小括

トクヴィルがアメリカ合衆国に見出した「見えざる手」としての中間集団は、利己的かつ平等な近代的個人に社会全体の運命を理解させ、共通善の実現に向けた能動的な活動へと人々を動機づける源泉であった。トクヴィルによれば、アメリカ合衆国の中間集団の可能性の条件は、アメリカ合衆国という国の地政的利点とアメリカ建国における歴史的経緯に起因する、アメリカ合衆国の「弱い国家、強い社会」という特殊性に求められる。そこからトクヴィルは、民主的国家が健全に機能するには、政治権力の肥大化を抑制し、中間集団を発展させることが必要であるという、感情的連帯に基礎を置く民主政論を立ち上げるのである。この民主政論は、ホッブズ的世界観への懸命の反論でもあった。トクヴィルはこう述べている。

至るところで信仰が論理に座を譲り、感情に打算が取って代わるのが分からないのか。万物がこのように動揺する中で、人の心の唯一不動の点として残る個人の利益に権利の観念を結びつけることができないとすれば、世の中を治めるのに恐怖以外の何があるだろうか。無力な法律と反抗的な被治者、高まる激情と徳の無力、このような状況の中で民主主義の権利の拡大は考えるべきでないと言われるならば、まさにそうした事態だからこそそれを考えねばならぬと信ずる、と答えよう。

（トクヴィル 2005b：126 傍点引用者）

恐怖に依るのではなく、感情的連帯に依る統治の可能性をアメリカ合衆国にみる点で、トクヴィルの民主政論は、図らずもカンバーランドの仁愛論の後継であるといえる。アメリカ合衆国の「弱い国家、強い社会」という特殊性は、いわばそのための政治的・構造的条件であるといえるが、トクヴィルは文化的・精神的条件についても考察している。その際、トクヴィルは宗教の意義や役割を強調している。

人間精神の自由な羽ばたきをあらゆる面で妨げることがなければ、すべて宗教は知性に健全な枠をはめるものということができる。そうした宗教はたとえ来世において人を救わないとしても、少なくとも現世における人間の幸福と栄光に大いに役立つことは認めねばならない。

（トクヴィル 2008：46）

トクヴィルにとって宗教は、時に生への絶望や嫌悪をもたらし、物質的享楽に向かわせる理性の道具的性格に「健全な枠」をはめ、「各人を自分だけへの思いから時には引き離す」作用をもちえるものである。それ故、トクヴィルは「宗教のこの多大な効用は境遇の平等な国民において他のいかなる国民の場合より明瞭なのではないかと思う」と述べている（トクヴィル 2008：46）。

周知のように、アメリカに入植した初期の移民たちは、イギリス国教会を強制するジェームズ一世の迫害から逃れ、清教徒としての信仰の自由を求めた人々であった。つまり、彼らの同質性には、同一の宗教をもつことも含まれていたわけである。その意味では、トクヴィルがみたアメリカ合衆国は、文化的・精神的条件においても、その初期から「健全な枠」を政策として浸透させるという高度な、そして膨大な努力を免れていたという点で、ある種の幸運に恵まれていたということができよう。

トクヴィルは、アメリカ合衆国がヨーロッパに対して民主政国家を健全化するモデルになると期待したが、一八三〇年当時においても、まさにメキシコがそうであったように、アメリカ合衆国の幸運を他国において再現することは困難だった。一八〇年後の現在――ホルクハイマーらフランクフルト学派の理解に従えば、人々を物質的享楽に駆り立てる理性の道具的性格は今日一層強度を増しているのであり、しかも、もはや人々の同質性を当てにすることもできなくなった現在――は、トクヴィルが理想化したアメリカ合衆国の姿を再現するのは、なお一層の困難を伴うように思われる。

次節ではこの困難について、中でも、利己的かつ平等な近代的個人を共通善の実現へと動機づける、政治的生活に好ましい効果をもたらす感情を、人々を動機づけるための資源として活用しようとすることの内に見出してみたい。

3 「である」と「させる」の落差

利己的な自己愛に基づく恐怖によってであれ、利他的な仁愛に基づく共感によってであれ、あるいは何によってであれ、何れにしても感情が政治的生活にとって非常に重要な要素であることは疑いえない。信仰心を中核とする場合がそうであるように、それがどんなに理性的ではなくとも、感情に基づく連帯は、その連帯に所属する人々に献身を促す動機づけとして作用する。しかるに、理性的な政治を目指すにしても、それへの献身を促す感情面への配慮は必要不可欠であるといえる。

ところが、こうした「配慮」は、ときに決定的に啓蒙のプロジェクトが推進してきた自律性や反省性を人々から奪い去ってしまう。それどころか、ある種の「配慮」は、それらが奪い去られたという自覚すらも奪い去るものである。本節では、この点について検討を深め、感情を梃子とした動機づけの危うさについて検討しよう。

「感情の政治学」再考

第二節の冒頭で述べたように、トマス・アクィナスなどの主知主義派は、私たちが「普遍的に妥当な正しさ」を知ることができ、かつそれを為そうとするのは、良心の内に「普遍的に妥当な正しさ」の種が自然に植え付けられている部分、すなわち良知（synteresis）があるからだと論じていた。こうした主張はつまり、理性には、統一性や秩序、善良さといった神の知の完璧さの直接の痕跡があるという信仰信条を表現したものであった。ところで、目下、社会秩序を理性の力を中心として構想する理論的傾向に対して為される批判は、この理論的傾向が、未だに主知主義派の信仰信条と距離を取れていないというところに向けられている。というのも、ハイトやカーネマンらによる実験心理学の成果に従えば、理性は神の知の痕跡を留めるどころか「感情の奴隷」なのであり、信頼性に乏しい思考システムだからである。それ故、理性に基づく統治には、いまや不信任が突きつけられている。例えば、吉田徹は『感情の政治学』でこう述べている。

現状に目を向ければ、人々は多くの苛立ちやフラストレーションを抱え、それがマグマのように熱を帯びて地下脈に流れているようにみえるし、その一部は（かつてマックス・ウェーバーが忌み嫌った）「街頭の民主主義」となって噴き出ている。それは、おそらく理性の王国でもって統治されてきた政治がもはや統治不可能になっていることの証である。そうであれば、この理性の王国が置き去りにしてきたものをもう一度取り戻さなければならない。（吉田 2014：6）

吉田が「理性の王国が置き去りにしてきたもの」と呼んでいるのは、「共同体に対する愛着」、すなわち「信念、心情、想い、情念といった」感情のことである（吉田 2014：4）。吉田によれば、「公式な政治の枠が揺らぎ、それにともなって非公式的な政治がせり出して来る時、感情こそが人々の駆動力となる」（同：46）。そして、それ故「人々の感情や情念が対象への働きかけの原動力として活用されるためには、政治シンボルを核に、政治的言説やそこで用いられるレトリック、共同体の儀礼を通じて感情が政治的に掘り起こされ、覚醒する必要がある」という（同：52）。
もっとも吉田は、「政治シンボル、レトリックや儀礼は、ファシズムを含め、政治にとっての強力な動員手段になってきた」ことからすれば、「感情をフックにした政治を危険と感じ取るのは十分に正当なことだ」と述べている（吉田 2014：52）。とはいえ、吉田の論点は、こうした感情をフックとした政治や動員を退けることにはなく、むしろその積極的な可能性を見積もることにある。そしてその際、吉田が依拠するのは、動物行動学者のフランス・ドゥ・ヴァールが『共感の時代へ』で展開した次のような理解である。すなわち、「私たちは他者を助けることで喜びを得るが、この喜びは他者を介して得られるもの、他者を介してのみ得られるものだから、正真正銘、他者志向のもの」である（ヴァール 2010：168-169）。吉田はこうした理解を根拠に、「この指摘が正しいのだとすれば、そしてその主張に忠実でありたいと思うならば、私たちは、政治における感情を不必要に恐れる必要もなければ、政治的に正しい感情が何であるのかということに、さほど思い悩む必要もないはずだ」と論じている（吉田 2014：55）。

差し当たり、このドゥ・ヴァールの「共感論」は、ホッブズに対抗するためにカンバーランドが称揚した、経験に基づく「仁愛論」と同型のものだといえるが、吉田が感情をフックとした政治や動員から、危険ではなく積極的な可能性を引き出すのは、こうした共感の次元に訴えることに依ってなのである。

もし共同体に資する政治シンボルというものがあるとして、そしてそのシンボルを作り上げる政治的言説が必要とされているとするならば、それは「共感」という地平を死守することが条件となるだろう。（吉田 2014：55）

確かに吉田がいうように、「感情が政治にとって否定的な作用しか及ぼさないとするのは、明らかに間違っている」(吉田 2014 : 52)。しかしだからといって、共感や仁愛といった感情がもたらす積極的な側面があることを指摘したり、それに期待したりするだけでは否定的な側面を避けることはおろか、軽減することも侭ならない。

前節でみたように、トクヴィルは理想化したアメリカ合衆国の姿をヨーロッパ諸国で再現することを望んだが、他方では、トクヴィルはその姿は、幾つもの条件の希有な重なりが可能にした感情的連帯という「事実」に基づくものであることも知っていた。それ故、私たちの課題は、そうした「事実」を欠いている時に、そうした事実を作り出そうとする際に、感情をフックとした政治や動員に伴う否定的な側面は、一体どのようなものであるのかを、いま一度検討しておくことであろう。以下では、幾つかの事例を取り上げることで、感情をフックとした政治や動員の危うさについて検討してみたい[16]。

望ましい社会に向けての好ましからぬ動員合戦

トクヴィルが理想化した創立期のアメリカ合衆国は、いまでは現代のアメリカ合衆国にとっても再現を望むモデルとなっている。例えば、二〇〇九年にアメリカ合衆国大統領就任したバラク・オバマの就任演説は、そのことをよく物語っている。

いま求められているのは、新たな責任の時代だ。困難を乗り越えるために全力を尽くすことが最も精神を満たし、人格を鍛えるのだと信じるすべての米国人が、不承不承ではなく、むしろ喜びをもって進んで責務を果たすことだ。これが、われわれが市民であることの対価であり、市民が果たすべき約束なのだ。[17]

しかし、かつてのアメリカ合衆国の姿を取り戻すための現実の政治は、感情をフックとした政治的動員の好ましからぬ応酬に陥っている。ここでは、本稿の冒頭部分で引用したJ・ハイトの一説を再び取り上げるべきだろう。

> 共和党員はこれまで長く、〈乗り手〉ではなく〈象〉が政治的な態度を決定するということを、また、〈象〉がどのように機能するかをよく心得ていた。共和党のスローガン、政治宣伝、スピーチは、単刀直入に直感に訴える。……それに対して民主党は、〈乗り手〉に訴えようとする傾向が強く、特定の政策やその恩恵を強調することが多い。（ハイト 2014 : 240）

この一節は、二〇〇五年にハイトがシャーロッツビルの民主党支部で行った講演において述べたものだ。ハイトによれば、共和党に二期続けて敗れていた民主党の聴衆は、その理由を知るために熱心に講演を聞き入っていたという（ハイト 2014 : 251）。民主党は、それまで犯罪者の基本的人権の保護や医療保険改革など、アメリカの市民にとって重要な議題を切々と訴えてきたが、市民の関心を引くことができなかった。それに対して共和党は、議題の重要さよりも議題を重要にみせる表現上のテクニックを重視し、市民の関心を引くのに成功していた。例えば、民主党は医療保険改革法を「患者保護および医療費負担適正化法」と呼んだが、人口に膾炙したのは共和党が嘲りの意義を込めて名付けた「オバマケア」であった。

　こうした民主党の戦略に対して、言語学者のジョージ・レイコフもハイトと同様に、民主党は何を議題とするかということよりも、その広報で用いられる言葉遣い、つまりフレーミングが呼び起こす人々の感情の方に――共感を引き出す作用に――注意を向けるべきだと述べている。[18] というのも、私たちは、内容それ自体の正しさを斟酌する理性的な判断よりも、正しいと感じられるか否かという感情（直観）的な判断を優先しがちだからである。[19] それ故、正しいと感情（直観）的に感じさせるには、適切なフレーミングによって共感を引き出す必要がある。「政治的に有効なフレーミングは、仲間や家族の支援、相互依存、チームワーク、公正な取り引き、敵の処罰といった基本的な社会本能に訴えることで、これと同種の感情の共振を作り出す」（ヒース 2014 : 314）作用があるからだ。

　共感は、親の子孫に対する献身を動機づけるための進化的な理由により、対象と自己とを同一化できる程度によって強度が異なることが知られている。要するに、子供や家族といった親族から、友人、知人、他人へと外縁が広がるにしたがって共感可能性は低下する。しかるに、政策を支持させるには、政策がより自己や近縁に裨益すると感じさせるようにフレーミングすることで、共感を効果的に引き出すことが重要になるというわけである（レイコフ 2008 : 47）。ハイトやレイコフに従えば、いかなる政策も公益性の増進を目的とするので、市民や国民といった抽象的なカテゴリーを名宛人とするが、リベラルな進歩派の政策は、その内容的な正しさを公益性の増進という観点から人々に訴えるために、まさに市民や国民といった抽象的なカテゴリーを直接名宛人とすることによって、共感可能性の調達に失敗しているということになる。

　こうしたフレーミングを重視するレイコフの理解は、吉田が「政治シンボルを核に、政治的言説やそこで用いられるレトリック、共同体の儀礼を通じて感情が政治的に掘り起こされ、覚醒する必要がある」と述べたのと同型である。確かに政治は、人々の関心を引き出すこと無しには成立しえない。そして、合理的な判断を促す理性的なメッセージが必ずしも人々の関心を引くことには成功せず、むしろ感情的なメッセージが成功を収めてきた事例は枚挙に暇がない。しかしながら、この事実から、合理的な判断を促す理性的なメッセージは単に感情的なメッセージに翻訳されるべきだ、という結論を引き出すのは賢明とはいえない。ジョセフ・ヒースは、その理由を説明する事例としてアメリカの銃規制を挙げている。周知のようにアメリカでは銃所持が合法化されているが、暴動や凶悪犯罪が起こる度に、銃規制を求める声が上がる。「銃で撃たれる可能性は、集団のなかで所有されている銃の数と極めて強い相関がある」からである（ヒース 2014 : 316）。

　ホッブズの信念が正しいなら、「人々を平和に向かわせる諸情念は、死への恐怖」であるはずだから、強制権力による処罰の恐怖と相俟って、人々によって権力の譲渡や利己的な判断の破棄が為されるはずなのである。ところが、アメリカの銃所持派は、感情的なメッセージを駆使して共感を引き出すことで、むしろ恐怖という感情に基づく合理的な判断を巧妙に挫きながら、銃所持の合法化を強力に推進してきたのである。銃所持派のスローガン、つまり政治的に有効なフレーミングは、次のようなものである。

もし銃が違法なら、銃を持つのは犯罪者だけ[20]

ヒースによれば、このスローガンは字義どおりに解釈しても内容がほとんどない。なぜなら、もし銃が違法なら、銃を持つ人は法を犯したという意味でみな犯罪者になるというのは当然のことだからである。このスローガンにとって重要なのは、その意味よりも、ある種の感情を引き起こすということにある。つまり、ホッブズが期待した死への恐怖を動機づけとして他者への暴力を放棄する可能性は、皆がまさにそう理解することによって現実味を帯びるが、このスローガンは「たとえ一般市民が銃を捨てるとしても『犯罪者』は捨てないから、相互武装解除はありえない」ことを暗に示唆し、そして「一般市民と犯罪者との区別を『われわれ』対『彼ら』の問題に置き換えて、報復衝動に訴え」ることによって、銃所持に向けた共感を引き起こし、ホッブズの信念や銃規制を根拠づける統計的な事実を無意味なものとみせることに成功しているのである（ヒース 2014 : 318）。これによって銃所持派は広範な人々の支持を取り付け、アメリカでの銃所持の合法化を強力に後押ししているのである。

吉田やレイコフに従うなら、銃規制派も銃所持派と同様に、人々の共感を引き起こすスローガンやフレーミングを駆使して政治的動員を行うべきだということになる。しかし、銃規制をするべき理由となる多くのデータを感情に訴える効果的なフレーミングによって提示し、首尾よく共感を引き起こしえたとしても、無防備な個人が理不尽に殺害される凶悪犯罪が起こるや否や、そうした銃規制を支持する共感は、銃所持を支持する共感によって再び上書きされることになろう。所持されている銃の量と殺人の発生量との相関を示すデータよりも、理不尽に殺害された被害者の方が感情移入し易いために、後者のフレーミングの方がより共感を引き出し易いからである。

こうした事例は、今世紀初頭からの我が国における厳罰化や重罰化を求める動きを検討する際にも、重要な示唆を与えてくれる。一般に厳罰化や重罰化は、地下鉄サリン事件などのオウム真理教事件を一つの契機とした、被害者感情の重視や犯罪報道による体感治安の悪化が背景にあるといわれている。[21]厳罰化や重罰化の妥当性は、社会全体における法的処罰の公正さのあり様にかかわる問題だから、例えば、死刑などの厳罰が犯罪抑止力になるか否かという議論においても、客観的なデータに基づく論証を必要とする。しかし、こうした理性的な判断は、犯罪被害者の方が加害者に対するより遥かに共感し易いために、仮にフレーミングを駆使したとしても、人々に厳罰化や重罰化に関して冷静な判断を促す材料としては機能し難いのである。法的処罰の公正さを懲罰への熱意によって調達しようとする私たちの傾向性の故に、法制度はむしろ、こうした傾向性を抑制するための、加害者や犯罪被告人に法的保護を与える理性的な機構でもある。しかるに、そうした法制度を共感に基づき改変することは、慎重の上にも慎重を期すべき事柄なのである。

このことは要するに、ヘーゲルの『法哲学』の有名な冒頭、「理性的なものは現実的であり、現実的なものは理性的である」という一説を、私たちの生活すべてを表現したものとして理解すべきではない、ということでもある。というのも、私たちの擁する諸制度が理性的であるとすれば、それは偏に私たちの生活が多分に感情的なものだからなのである。私たちの生活の感情的な傾向は、政治的生活よりも経済的生活においてより鮮明になる。実際、労働現場でも消費行動でも、感情に焦点を絞った動員は日常的に行われているのであって、私たちは必ずしも「理性の王国」の住人ではないのである。

例えば社会学者の本田由紀は、労働者の趣味性、ゲーム性、奉仕性、サークル性・カルト性といった側面に定位しながら労働者の感情を巧みに引き出し、労働への過剰な没入を促す仕組みの存在を指摘するとともに、それを「〈やりがい〉の搾取」として批判している。[22] 同様にニコラス・ローズも、こうした仕組みが一九二〇年代末までにはすでに十分に意識されていたことを明らかにしている。ローズによれば、コストを削減し生産効率を向上させる秘訣は、労働者の自己実現を労働の中で達成させることにある、ということが早くから気付かれていたという。[23] 事実、一九二七年には、イギリスの国立産業心理研究所を指揮した心理学者のチャールズ・マイヤーズは、次のように述べている。

> 支払いの方式、労働者の動作、労働時間の長さを調査することだけでなく、労働者の精神構造を改良しようと試みること、労働者の家庭条件を研究すること、そして生来の衝動を満たすことは、それらが現代の産業条件のもとで満足できる限り、産業心理学者の役割になる。（Myers 1927 : 29）

そして、このマイヤーズの予測は、半世紀足らずのうちに産業心理学者の役割から経営者の役割へと移行して結実し、企業の利益の最大化と労働者の自己実現を一続きのものとして理解する経営管理が主流となった。それはあたかも、トクヴィルが理想とした自治体と利己的な個人との関係を、企業と労働者との関係の中に再現しようとするものであった。ピーター・リボーは、一九七〇年代末には経営者の実践をこう記している。

労働における自己実現の可能性は、経営管理がある種の外発的な報酬（例えば、金銭的なものや社会的なもの）を……労働との引き換えに……提供しなければならないという理念からの転換を意味する。報酬は、その代りに労働それ自体の中に見出されるようになる。したがって、経営者は、まず労働をできる限り面白くやりがいのあるものにすること、それを個々の労働者にとって意味あるものにアレンジすることに関わっている。このことは、特定の労働者にとって何に意味があり、やりがいがあるのかを発見する絶え間のない努力、そしてこうした努力を彼の職場に導入しようとする試みを意味するであろう。以前にもまして経営者は、従業員に対して労働を通じた自己達成へと促す人物になっているのである。

(Ribeaux and & Poppleton 1978 : 306)

このような感情をフックとした動員は、労働社会から消費社会を経て情報社会と呼ばれるに至った現在では、その対象が労働者から消費者へと拡張されている。ジョセフ・ヒースによれば、広告の歴史を紐解くと広告の絶対量が増える一九四〇年代以降は、広告文はその商品を買うべき理由を消費者に伝える内容説明的・説得的なものから、より感情（直感）的なものへと移行していることが分かるという。とりわけ「二〇世紀後期のブランド・マーケティングへの移行は、広告を効果的にするには、必ずしも消費者の合理性に訴えるまでもないという発見に基づいたもの」であった（ヒース 2014 : 325）。つまり購買導線は、商品を買う理由を与える理性的なメッセージによってではなく、ブランドの信頼を醸成する感情（直感）的なアピールによって与えられるというわけである。

このような広告手法の進化に対する批判は、社会学者のヴァンス・パッカードが一九五〇年代末に

『かくれた説得者』で行って以来、マーティン・リンストロームの『なぜ、それを買わずにはいられないのか』を経て、ポール・ロバーツの『「衝動」に支配される世界』に至るまで繰り返し登場している。しかしながら、それらは読者に「冷静によく考えよ」という理性的なメッセージを投げ掛けようとするあまり、読者の関心を引くことに失敗するか、さもなければ、読者の関心を引こうと感情（直感）的に訴えることで、遂行的矛盾に陥っているように思われる。

結局のところ、このような共感を引き出し合う動員の応酬は、理性的な討議に人々を参与させるためのものであり、その動機を与えるためのものだというよりも、より直接的に一つの結論に向けて人々を動員するものとして作用する傾向にある。つまり、吉田がいうように「『共感』という地平を死守すること」を条件としてもなお、あるいはそれ故にこそ、感情をフックとした政治や動員は、それがもたらす負の効果を抑制しえないのである。ヒースの的確な表現を借りるなら「共感は人間がもって生まれたものだろうが、残酷さもまたそう」なのである（ヒース 2014：320）。

感情をフックとした政治や動員が、必ずしも理性的な討議に人々を参与させるための動機づけとして期待できない理由は他にもある。それは、理性よりも感情を重視する思潮が依拠する研究成果によって明らかにされている。私たちは、いま一度ハイトが次のように明言していたことを思い出す必要がある。すなわち、人間の情報処理過程は「まず感情（直感）が生じ、思考は通常、判断が下されたあとで、他者に影響を及ぼすために働く」社会的直感モデルに他ならない、ということである。

この結論を導いた研究成果は、人間の情報処理過程が理性を中心にしては行われておらず、また理性の働きは期待されているよりもずっと少ないことを明らかにしたが、他方では、「直観の決定的な限界は、メタ認知〔自己の認知活動の監視考察〕ができない」ことだということも明らかにしている。つまり、「理性には自身の限界を対照実験などによって反省し認識できるが、直感にはでき」ず、「それどころか直感の信頼性の判断に用いているヒューリスティックには明らかに欠陥がある」し、「そのうえ、直感は自己補正できない」のである（ヒース 2014：128-129）。

社会心理学者のダニエル・ギルバートや心理学者のジョージ・エインズリーらの研究は、感情（直感）的な判断には多くのリスクがあることを示唆している（エインズリー 2006；ギルバート 2007）。彼らによれば、感情（直感）的な判断は「朝三暮四」とでもいえる傾向がある。私たちは現時点での関心や欲求に即して幸福量を判断し、また、それらに基づき将来を予測するために、将来得られる大きな利益よりも、現時点での小さな利益を優先しがちであり、将来払うことになる大きなコストも、現時点での小さなコストに比べて軽視しがちとなる。そのため感情（直感）的な判断に従い続けると、利益については延期の重要さを、コストについては延期の危険さをそれぞれ十分に考慮できずに、将来が現在に近づくにつれ、事態は深刻なものになってしまうのである。銃所持の合法化や、厳罰化や重罰化がもたらす将来のリスクも、感情（直感）的な判断の「現在主義」とでも呼べる性質によって、過小に評価される傾向にあるといえよう。

感情（直感）的な判断を重視し、そこに向けて共感を引き出す動員が、理性的な討議に人々を参与させるというよりも、一つの結論に向けて人々を動員する結果となる公算が高いのは、このような感情（直感）の働きのためでもある。理性が感情（直感）的な判断を十分には修正しえないとしても、判断の妥当性を検討するためにそのプロセスを見直すことができるのは、それでも理性だけなのである。

小括——道具的理性による感情的動員

上述したように昨今の心理学の研究成果は、理性の不甲斐なさを明らかにしている。とはいえ、それは理性の無能ぶりを明らかにしたのではなく、まさに不甲斐なさを指摘したのであって、つまりは理性には、十全では無いながらも感情（直感）的な判断の拙速さを吟味し、軌道修正する働きがあるということを明らかにしてもいる。この理性の不甲斐なさは理性の希望でもあるはずなのだが、皮肉にも理性の希望は、理性的な吟味を回避させ、一つの結論に向けて人々を感情的に動員する施策が、理性の働きの賜物であることも同時に示唆している。感情をフックとした政治や動員は、感情それ自体が遂行できるものではなく、フレーミングや政治シンボル、政治的言説、レトリックなどを駆使して共感を引き出すことができるのは、理性の働きをおいて他にはないからである。

問題は、この種の理性の働きをどのように評価するのかということにある。第1節ですでにみたように、ホルクハイマーやアドルノらは、理性にはどのような目的にも資する道具的性格があり、それが社会的な災厄を引き起こす根本悪だと批判したのであった。

ホッブズであれ、トクヴィルであれ、感情が人々に献身を促す動機づけとして作用することに注目した議論には一定の真実がある。感情（直感）的な判断が危険を伴うにせよ、政治的生活は、人々が共通善を実現しようとすること無しには成立しえないからである。しかるに、感情的連帯の「事実」を欠く時に、動機を生み出す努力が求められるのは当然のことであろう。しかしながら、人々を献身させる動機づけとして共感を引き出そうとする戦略は、感情（直感）的な判断の拙速さに危険をみるなら、それを吟味する理性的な契機を多少なりとも必要とするはずであり、また、そのようなものでなければならないはずである。さもなければ、その戦略は感情的動員の不毛な応酬を惹起し、政治的生活そのものをむしろ不可能なものにしてしまう。

それ故、重要なことは、理性に多大な期待をかけることなく、かつまた感情をフックとした政治や動員の危険を避けながら、人々が共通善の実現に向けて献身するようになるにはどのようすれば良いのか、これを考えることである。ヴェーバーのように、「どんな希望の挫折にもめげない堅い意志」に期待するのでもなく、ホルクハイマーやアドルノらのように、理性をすべて道具的理性に還元するのでもなく、そしてハイトや吉田やレイコフのように、反省的理性の脆弱さ故に感情（直観）に期待するのでもない、別様な試みが模索されねばならない。

4　よりましな悪の選択――啓蒙のプロジェクトの根本に立ち返る

感情をフックとした政治や動員が、意図の如何を問わず、ある一つの結論に向けて人々を動員する時、そうした戦略に対抗するにはどのような選択肢があるのだろうか。すでにみたように、この戦略に対して同様の戦略を以て相対するのは、不毛な応酬を惹起するか、さもなければ不利な戦いを強いられるかの何れかであろう。しかしだからといって、パッカードらのように「冷静に考えよ」という理性的なメッセージよって、諸個人の内面を啓蒙しようとする試みは、これまでの歴史を鑑みるに、その有効性は極めて限定的なものにならざるをえないであろう。その理由は、多くの心理学的な研究が示唆するように、理性的なメッセージはそもそも私たちの感情（直観）に反する故に、共感を引き起こし難いからである。そして理由の二つ目は、以下に述べるように理性がまさに理性的であろうとすることの内にある。

啓蒙が近代的な諸価値を準備した時には、「啓蒙主義者はたいてい啓蒙の実現可能性を過大評価してはいたが、彼らの中にも、懐疑主義的な経験主義やカント哲学における理性の自己批判を通じて、悟性と理性に対する信頼を弱め、啓蒙の可能性を疑問視する者もいた」（シュナイダース 2009：194）。なぜなら、啓蒙はその本質としての否定性の故に、そして理性と自由は強制できない以上、まずは自己啓蒙である他ないからである。それ故、「他者が……自ら理性と自由を欲しないなら、他者の啓蒙は自己啓蒙の勧告にとどまり、思考の援助や、間接的には生の援助、つまり可能な『自助努力の援助』を示唆するにすぎない。……さもなければ、それは『啓蒙の強制』や独善的な教条化、強制治療となるか、自分の敵は啓蒙の敵とばかりにすべての他者と闘うことになってしまう」からである（同：212-213）。このように理性と自由とを促す啓蒙の反省的性格は、理性の道具的性格に対する批判的な眼差しを自分自身にも向けることによって、他者啓蒙の実効性を自ら制約せざるをえないのである。しかるに啓蒙は、諸個人の内面に働きかけようとする試みの現実的な効力の限定性と、自らに課す制約の双方によって、いつでも苦戦を強いられる。

しかるに、戦いを有利に進めることなく自ら死地に赴く啓蒙には、そもそも将来に見込みがあるのかという問いが、いつでもついて回ることになる。意図せざる帰結であるにしても、封建体制を打倒する政治的イデオロギーとして理性と自由とを実現する時代の可能性を開きながら、他方で、その実現が不十分なままにならざるをえないのなら、啓蒙とは一体何のために為されるのか。今日の状況に鑑みてなおも啓蒙が必要だとすれば、それは何故なのか。こうした問いを前にして、一九六〇年代後半に新左翼の父と呼ばれたH・マルクーゼは、啓蒙が直面する困難な状況について、こう不満を述べている。

　現在、または、現状に関する限り、われわれは歴史的に見て、ユニークな状況に直面していると言えるだろう。なぜならば、われわれは、今日、豊かで、強力で、機能的欠陥のない社会から解放されねばならないからだ……。われわれの直面する問題とは、人間の物質的欲求、そして、文化的欲求を満たした社会、あるいは、あるスローガンになぞらえれば、富を人口のさらに底辺まで分配することのできた社会から、われわれは解放されなければならないということである。これは、大衆が解放を望んでいない社会からの解放を意味する。（Marcuse 1989 : 277）

マルクーゼは、戦後三十年あまりが過ぎ、西側諸国が経済的安定を達成した時代に、啓蒙がもはや時代遅れの関心になりつつあるのではないかと不満を感じていたのである。しかしながら、啓蒙が果たしてきた歴史的役割をみるなら、そして啓蒙が推進しようとする理性や自由の哲学的含意を重視するなら、マルクーゼの不満はむしろ、啓蒙を現実社会の外に置き、特権化するような伝統的理論の不満であるといわねばならない。

　啓蒙は、誰に対しても理性的に自ら考えることを要求し、社会的な自明性を無反省に受け入れることを批判する。しかし他方で、根本においては自己啓蒙であり、それを強制することは自己矛盾に陥るという認識に立つ故に、論理的必然から諸個人の内面にではなく、諸個人が自ら理性と自由とを欲するように、外的な条件を整備する実践的な側面に照準することを余儀なくされる。しかるに啓蒙は、歴史的状況の下で、その都度の課題を担う実践的な関心である他はなく、その実現のための普遍的な綱領を書き出せるものではないのである。「徹底した啓蒙はいくらでもあるにしても、全面的な啓蒙などはありはしない。完全で（自己自身を）啓蒙し尽くした啓蒙というものも存在しない。すべての啓蒙は常に誤った啓蒙でもあり、すべての真なる啓蒙は、なおも真なる啓蒙を求めているのである」（シュナイダース 2009：214）。

このような留保をつけた上で、なお啓蒙の課題を問うなら、それは今日においては「人間が理性的存在であることを決して放棄しないように支える」ということにあろう（シュナイダース 2009：215 傍点引用者）。マルクーゼが見誤ったのは、外的な条件を整備する啓蒙の実践的側面は、解放への関心を援助し後押しするというよりも、鼓舞し支えるものでなければならないということであったように思われる。

ハイトやレイコフが提案するような「目には目を」という戦略でもなく、諸個人の意志の力に期待するのでもないとすれば、「悪意か善意かはともかく、他人の意見を左右することに意欲を燃やし、今日ますます巧妙な手口を使う人々がもたらす蒙昧化」（シュナイダース 2009：215）に対しては、どのような選択肢が残されているのだろうか。以下では、啓蒙のプロジェクトの根本へと立ち返りながら、残された可能な選択肢について検討することにしよう。

理性と感情を抑制する〈環境〉とその過剰

私たちが「理性の王国」の住人ではなく、多分に感情的な生活を送っていることはすでに述べた。それは遥か昔より知られている経験的な事実である。人間はその非合理的な性向の故に、一方では、自らの利害損得を考えずに近縁に対して、あるいは所属する共同体に対して、時に自己犠牲を伴う献身的な振る舞いをし、他方では、自他の利益を大きく損なう無謀な振る舞いへと歩を進める。この圧倒的な事実の故に、人間の非合理的な性向の長所を伸ばし、短所を克服する努力として、つまり啓蒙のプロジェクトとして、多様な文化や制度が産み出されてきた。啓蒙のプロジェクトは、その初期には精神的支柱としてのキリスト教を理性宗教として立て直す試みだったことに鑑みれば、理性による感情の統御の内には、感情の抑制のみならず理性の自己抑制が含まれていたことは疑いえない。

こうした見方からすれば、例えば、トクヴィルが論じたように「自分だけへの思い」や物質的享楽に向かう傾向を抑制する「健全な枠」となる宗教は、理性の道具的性格を抑制することによって、まさに人間の非合理的な性向の長所を伸ばそうとする努力の所産であるといえる。他方で、過剰な懲罰感情を抑制したり、反感情（直感）的な保護を与えたりするものとしての法体系や、人々が可能な限り自由であることを保証するものとしての『リヴァイアサン』は――いまやホッブズが論じたような強制権力とはなりえないとしても――、宗教とは反対に感情を抑制することで短所を克服せんとする努力の所産であるといえる。

このような人間の非合理的な性向の長所を伸ばし、短所を克服せんとする努力の所産は、理性と感情の各々を抑制するものとして人間社会が長い年月をかけて、一種の社会事業として形作ってきたものである。そうした所産を仮に〈環境〉と呼ぶとすれば、しかしながら、いまやそうした〈環境〉は、そのバランスを崩すにつれて、近代社会特有の両義性をもたらしているかにみえる。

すでにみたように、ヴェーバーによる近代への診断は、個人的自律の可能性の増大が自らを裏切って、その可能性をむしろ掘り崩しているという事態を批判的に捉えたものであったし、ホルクハイマーやアドルノは、これを道具的理性批判として論じたのであった。この批判に現れているのは、理性が社会に通底する感情的・倫理的伝統を抑制したにもかかわらず、理性がそうした伝統に代わる非宗教的な、あるいはポスト形而上学的な正当化を果たさずに、むしろ規範的安定化を脅かしているという疑念である。また、前節では、感情をフックとした政治や動員は、人間の非合理的な性向の長所を伸ばそうとするあまりに、却って短所を助長する不毛な動員合戦へと短絡化する危険を伏在させていることをみたが、ここに現れているのは、規範的安定性を調達し損ねている理性に代わって、感情をフックとした政治や動員により感情的連帯を作り出そうとする戦略が、むしろ道具的理性の弊害を再生産する可能性についての懸念である。

しかるにこういってよければ、ヴェーバーやホルクハイマーらは、感情を抑制する〈環境〉が過剰となる時に現れる弊害を論じたのであり、感情をフックとした政治や動員に伏在する危険が暗示するのは、理性を抑制する〈環境〉が過剰となる時に現れる弊害であった。しかしこれらは、それぞれ異なる〈環境〉の過剰が引き起こす弊害を論じているにもかかわらず、その処方箋については驚くほど似通っている。というのも、前者についてはヴェーバーに典型的にみられるように、「どんな希望の挫折にもめげない堅い意志」をもつことが処方箋なのであり、後者についてはパッカードらの警告にみられる通り、個々人が正気を取り戻して「冷静によく考える」ことがそれに当たるからである。

ところがいまや明らかなように、こうした処方箋が〈環境〉の過剰に対して、諸個人の理性的な意志にのみ期待するものである限り、有効な解決策には成りそうにもない。例えばポール・ロバーツが、「『衝動』に支配される社会」に対する処方箋として力強く推奨するのは、「『個人の自由と力は、それがより大きなもののために使われるときに真に実現される』と認識すること」であり、「近視眼的で、自己陶酔的で破壊的な現状こそが、社会が実現できる最善のものなのだという考え方を否定すること」（ロバーツ 2015：339 傍点引用者）である。けれども問題の核心は、そのような認識や否定をその都度には行い難い環境の中に、まさに「『衝動』に支配される社会」の中に生きているということなのだから、諸個人の反省的理性への意志の力に期待する処方箋は、「自ら助くる者を助く」という原則の範疇を何一つ超え出るものではない。しかるにヒースがいうように、「私たちの目的が本当に『正気を取り戻す』ことであるならば、いっそう高度な戦略を、〔反省的〕理性の声が聞いてもらえる機会を得られるように環境を再構築する戦略を、推し進めていく必要がある」と思われる（ヒース 2014：346〔 〕補足引用者）。

意志するように仕向けられる環境

「〔反省的〕理性の声が聞いてもらえる機会を得られるように環境を再構築する戦略」とは何か。それは少なくとも「巧遅は拙速に如かず」という格言の見直しを迫るものであるはずだ。カーネマンらがいうように、確かに「システム2」としての理性は、「システム1」としての感情（直観）に比べて緩慢であり、自動的には働かず多大な意識を必要とする。そればかりか「システム2」は思考途中で外部からの影響を受け易いために、いつでも無条件に信頼できるという訳ではない。しかしヒースは、理性の不甲斐なさを指摘するこうした論調に対して、改めて次のように提言している。

私たちが常に合理的に考えて行動できない、そのさまざまな形を詳述する心理学研究が山ほどあるのは結構だが、その明らかな実践的意義は、不合理でも問題ないということではない。合理的になるためには多大な努力が求められるし、合理的になれない部分にはその失敗をカバーするシステムと戦略を発達させる必要があるということだ。合理性は上から押しつけられた異質なルールなどではないことを忘れてはならない。それはむしろ人間の自由と自立の基礎である。

（ヒース 2014：409-410 傍点引用者）

このヒースの提言に鑑みれば、改めて、ホッブズやトクヴィルが私たちを取り巻く環境に注意を凝らしたことの意味が分かってくる。ホッブズは利己的かつ平等な他者の存在が恐怖の源泉となって諸個人を秩序の構築へと動機づける仕方について、そしてトクヴィルは小さなタウンシップがもたらす良好な作用について論じたが、これらは何れも私たち諸個人の「意志する仕方」についての考察だというよりも、「意志するように仕向けられる環境」についての考察だということが分かってくる。彼らの議論が示唆するのは、私たちの理性が不甲斐ない故に、個人的な事柄についても共同体の運命についても、朝三暮四的な利害計算をしがちな感情（直観）に対して、長期的で合理的な観点の下でそれらを考察するように意志させるには、自律的で反省的な理性的行為を助ける〈環境〉が必要なのだということである。

こうした理解に立つなら、キルケゴールをはじめ伝統的秩序を擁護する保守派による近代社会批判も、意志するように仕向けられる環境の喪失に対する危惧として受け止め、その意義を汲み出すことが可能になる。近代社会は、善かれ悪しかれ伝統的な社会の自明性を解体してきたのであり、残存する共同性の「事実」もいまや社会の部分でしかない以上、それがより多くの人々を共通善の実現に向けて動機づける源泉となるとは、もはや期待できない。それ故、そうした「事実」や受け継がれてきた制度や文化は、固有な社会的自明性として擁護するよりも、それらが果たしてきた高次の機能に即して——理性的行為を助ける〈環境〉として——理解されるべきであり、保守派の批判はむしろ、そうした機能を果たす新たな〈環境〉の整備を要請するものとして受け止められるべきだろう。そうする限りで、私たちは啓蒙のプロジェクトを再び開始することができるはずだ。つまり、現在の状況に見合った新たな〈環境〉を構想することができるはずである。近代合理主義者の行き過ぎは、諸個人をアトム化された十全な理性的存在者として想定したことにあり、伝統的保守主義者の行き過ぎは、共感的な地平の上で感情〈直観〉に従うことが諸個人を幸福にすると誤解したことにある。しかるに、その両者の行き過ぎを避けることが、現在の状況に見合った新たな〈環境〉にとっての課題であるに違いない。

近代社会を前に人々がニヒリズムに陥っている状況に対して、キルケゴールは人々を再び「神の前」に立たせることで立ち直らせようとしたが、神無き時代にあって、ニーチェのように「自己」を際立たせようとする意志」に期待すべくもない私たちは、「正気を取り戻す」ために、新たな〈環境〉の前に立つべきなのだ。キルケゴールは、超越的な唯一の神に帰依する伝統的な態度においてそう望んだが、私たちは反対に人間の手によって作られた複数の〈環境〉に期待する進歩的な態度において、そうすべきなのである。

新たな〈環境〉の構築に向けて

これまで、私たちが「理性の王国」の住人ではないことを繰り返し述べてきた。とはいえそれは、私たちが理性をもち合わせていないことを意味しない。私たちの理性は不甲斐ないといえども、私たちは決して理性の他者ではないのである。脱魔術化以降の世界にあって、再魔術化の誘惑に駆られがちな私たちの課題は、不甲斐ない理性を鍛え直すこともさることながら、反省的理性を行為へと具現する際の障壁をどうにか下げる工夫を為すことであろう。「この先危険」という看板を掲げるだけでなく、それをみてなおアクセルから直ちに足を離し難い私たちの愚かさを、どうにか緩和する工夫こそ喫緊の課題なのではなかろうか。しかるに以下では、そうした工夫の一端を検討することにしよう。

生産性に関する著作が世界中でベストセラーになったデビッド・アレンは、「たとえやるべきことが山のようにあったとしても、頭をすっきりさせつつ、リラックスしながら高い生産性を発揮していく『やり方』がある」と主張する（アレン 2008：18）。アレンによれば、その「やり方」の柱の一つは、「今やらないといけないこと、あとでやること、いつかやる必要があること……大きなことも小さなことも、すべてを頭の中からいったん吐き出し、信頼できるシステムに預けること」（アレン 2008：19）にあるという。アレンが推奨する実際の「やり方」は多岐に及ぶが、それは何れも実に些細な工夫である。例えば、アレンが「玄関に置いておく小技」（同：85）と呼ぶのは、次の日の朝に絶対にもって行くのを忘れてはいけない書類を、前夜に玄関に置いておくというような、「適切なツールをしかるべき場所に設置することで、自然とそれについて考え、行動を起こし易いように仕向ける」環境を構築することである（同：86）。アレンの推奨するこのような些細な、それでいて確かな「やり方」が示唆深いのは、私たちは、先人たちの試行錯誤を参照することで、そうした環境を自分自身でも作り出すことができる、ということを教えてくれることにある。アレンによれば、自然と行動を促す仕組みさえ作っておけば、私たちは何かしらの判断を必要とする時に、理性への意志の力を当てにすること無しに、そして、必要に迫られてその場で思いつく不確かな選択肢に頼ること無しに、事前によく考慮された選択肢の中から感情（直観）を信じて選ぶことが可能になるという（アレン 2008：279-287）。本稿との関係でいえば、アレンの「やり方」はまさに、理性的行為を助ける〈環境〉を構築する、その仕方についての身近な実践例なのである。この「やり方」――正気である時の自分による、正気を無くしそうな時の自分への気遣い――はもちろん万能ではないが、理性の不甲斐なさと感情（直観）の危うさを回避するための、有効な方法の一つであることは間違いなかろう。

ところで、こうした「やり方」を理解する上で重要なのは、理性的行為を助ける〈環境〉を構築する、そのための努力を諸個人の個別的な取り組みとしてだけ理解しないようにすることだ。それには理由が二つある。一つ目は、理性的行為を助ける〈環境〉を諸個人の意志する力の結果としてだけ理解するなら、〈環境〉を構築する意志を生み出す〈環境〉を……というように理論的には無限後退に陥ることになるからである。しかし私たちは、現実的には特定の社会関係や所与の社会的事実の中で、その影響下において生活を送っているのであり、善かれ悪しかれ、それらは意志と環境の理論的な困難を解消する役に立っている。つまり、アレンの「やり方」も根本においては失敗を咎められたり、成功を褒められたりする社会環境の中にあるということだ。そして、そうした社会環境の中に生きているという紛れもない事実は、以下に述べる通り理由の二つ目を成している。

特定の社会関係や所与の社会的事実は、それ自体、意志するように仕向けられる環境である。しかし、こうした環境は理性的行為を助ける〈環境〉となるものばかりではない。かつてD・リースマンが『孤独な群衆』で論じたのは、現代社会では「社会環境に適応せよ」という同調圧力によって、自律性や反省性は等閑にされる傾向にあるということだった。そして、リチャード・セネットやジェーン・マンスブリッジによれば、そうした現代の傾向の下では、トクヴィルが重要性を強調した感情的連帯も逆機能を示しがちであるという。彼らは特定の社会関係における親密さは、既存の権力構造を維持させる権威主義的な風潮を強化し、不平等を温存するような献身すら引き出す場合があることを明らかにしている（Mansbridge 1983 : 70-71）。つまり、親密な関係は、自律性や反省性を促すよりも、感情的連帯の維持を優先するように仕向ける環境となりがちだということである。

事程左様に、私たちは所与の環境からの影響を常に既に受けているわけだから、理性的行為を助ける〈環境〉を構築し易い環境の中に居る者もいれば、居ない者もいるという事実を軽視すべきではないだろう。啓蒙のプロジェクトが決して諸個人の個別的な努力ではありえず、社会事業であるべきなのは、まさにこの事実の為なのだ。

私たちは、私たちを取り巻く環境に翻弄されるだけでなく、他者という／による環境を有力な資源としてもっと積極的に活用するべきなのである。このように考えるなら、アレンの推奨する「やり方」を参照するのと同様に、広範な社会的な場面においても、理性的行為を助ける〈環境〉を他者による試行錯誤の結果に求めても良いはずである。幸いなことに先行する試行錯誤の結果を参照することが有意義なのは、現代の心理学研究の成果からも明らかである。というのも、これまでに取り上げた心理学研究はどれも、私たちの犯す誤りは決してランダムに発生するのではなく、分析的に把握可能な系統立ったものであることを明らかにしているからである。つまり、私たちの犯す誤りは予測可能であり、それ故、完全ではないにしても対策を講じることが可能なのである。

この発見は、感情（直観）的判断の危うさを回避する役に立つばかりか、理性の不甲斐なさ、就中意志の薄弱さに対処することを可能にする。キャス・サンスティーンとリチャード・セイラーは、まさにこの発見に基づいて、私たちが最も有益な選択を為しうる具体的な仕組み――彼らはその仕組みを「選択アーキテクチャー」と呼ぶ――について提案している（サンスティーン＆セイラー 2009）。

以下にみるように、彼らの提案する仕組みもまた、理性的行為を助ける〈環境〉を構築する試みの一つとして理解できるが、とりわけそれが注目に値するのは、人間の不合理性に対処するために不合理性そのものを資源として活用することにある。例えば、カーネマンも取り上げている事例に、二〇〇三年にセイラーとシュロモ・ベナルチが提案した「明日はもっと貯金しよう（Save More Tomorrow）」プログラムがある。これは企業が社員に提供する財形貯蓄プランで、その内容は、貯蓄のために給料から天引きされる金額に関して、昇給の度に事前に決めておいた拠出率の引き上げを適用するというものだ。将来のためには貯蓄が必要で、いま散財すべきでないことは誰もが理解しているが、日々節約するだけの意志の強さは多くの者がもち合わせていない。このプログラムは、そうした私たちの理性への意志の薄弱さを助けるためのものなのだ。このプログラムが秀逸なのは、自動加入であることと拠出率の引き上げを停止するには申し出が必要だという点である。この方式によって、社員は意志の薄弱さのためにプランに加入するのを先送りせずに済み、そして引き上げ停止の申し出の労を取ることを避けがちな怠慢さの故に、将来受け取る金額を増やすことができるのである。自分自身ではなく「他者という／による環境」を頼りにしたことによって、多くの者が将来の苦境を招かずに済むというわけだ。

サンスティーンとセイラーは、このような人間の不合理性を逆手に取ることで大きな利益をもたらす幾つもの選択アーキテクチャーを提案しており、こうした操作をナッジ・パターナリズムと呼んでいる。そして彼らはそれを次のように定義している。

> われわれの言う「ナッジ」は、選択を禁じることも、経済的なインセンティブを大きく変えることもなく、人々の行動を予測可能な形で変える選択アーキテクチャーのあらゆる要素を意味する。純粋なナッジとみなすには、介入を低コストで容易に避けられなければいけない。ナッジは命令ではない。
>
> （サンスティーン＆セイラー 2009 : 17）

ナッジ・パターナリズムも「本人自身の保護のためにその自由に干渉する」という意味ではパターナリズムであることには変わりはない。それ故、自由を最大限擁護し、その自由の中に間違う権利も含めて間違いから学ぶことを有益だと考える者には、「ナッジは命令ではない」といえども自由の侵害であるとみなされよう。そうした批判に対して、サンスティーンとセイラーは、介入を低コストで容易に避けられること――オプト・アウト（拒絶の選択）――を条件として挙げていることに注意を促している

（サンスティーン&セイラー 2009：351）。彼らによれば、この条件は、先に例示した財形貯蓄プランの場合では、引き上げ停止の申し出さえすればプランを無効にできるということであり、そうすることが客観的にみて愚かな間違いであるとしても、そのようにする権利を剥奪することなく、むしろ保証する役目を果たしているのである。そして彼らは、間違いから学ぶにしても、取り返しのつかない問違いを犯しかねない場合に向けて、間違いを犯すよりも先に警告を与えることに躊躇する理由はないはずだとも述べている（同：351-352）。

彼らがナッジ・パターナリズムを推奨する背景には、「構造のない建物などないのとまったく同じように、文脈のない選択など無い」との理解がある（サンスティーン&セイラー 2009：345）。自由を最大限擁護し、如何なるパターナリズムにも反対するとしても、パターナリズムの全くない状態はそれ自体一つの選択アーキテクチャーに他ならない。そしてそうした状態が、私たちの非合理的な性向の故に、私たちを最も自由にするとも、有益であるとも限らないことはいまや明らかである。してみれば、サンスティーンとセイラーがいうように、文脈のない選択など無く、どんな状態も私たちのあり様に影響するのであれば、私たちが自律的かつ反省的でありうるような、そうした理性的行為を助ける〈環境〉をむしろ積極的に必要とすべきなのではなかろうか。

ナッジ・パターナリズムは、そうした〈環境〉を構築する試みの一つだが、「文脈のない選択など無い」という理解には、良心的な設計者がどれだけ努力しようとも中立性を常に維持できるとは限らない、との理解も含まれていることは特記されるべきだろう。すべての啓蒙は常に誤った啓蒙でもあるように、すべての設計は常に誤った設計でありうる。それ故、サンスティーンとセイラーは、ナッジ・パターナリズムがどれほど効果を挙げようとも、すべての設計者は「手法と動機の両方を進んで明らかにするべきである」と述べるとともに、その設計の受益者である私たちに向けては、「悪いプランをリバタリアン的な視点でチェックするように強く訴えることによって、思慮に欠けるプランや好ましくな言動機に基づくプランがつくられるのを防ぐ強力な安全装置を生みだせればと願っている」(サンスティーン&セイラー 2009:350,358)。しかしながら、ナッジ・パターナリズムが滑り坂を転げ落ちて、あからさまな操作、強制、禁止へと加速度的に進んでいくことへの懸念は、設計者や受益者の自制心のみを頼りにする限りのものだというべきだろう。ナッジ・パターナリズムは、理性的行為を助ける〈環境〉である限りにおいて、それ自身もまた理性的な環境の中に置かれえるからである。しかしそれでも、私たちはナッジ・パターナリズムを理性的行為を助ける〈環境〉を構築するための試みの一つとして理解し、熱を入れすぎないことが重要だ。つまり、この試みが啓蒙のプロジェクトが直面する諸困難を乗り越えて、現代の民主主義の閉塞状況を打開しうるとしても、いまはまだ一つの可能性に過ぎないことを理解しておかねばならない。その上で、この試みの利点を改めて汲み取るなら、私たちは自分自身に対して一体何を負担免除すべきなのかを見誤らずに済むだろう。

現代の心理学研究から私たちが引き出すべき教訓は、私たちの理性は不甲斐ないかもしれないが、決して無能ではないということだ。紙と鉛筆さえあれば高度な計算ができるように、理性は外部の力を借りてこそ、その真価を発揮しうるものなのである。そして、「玄関に置いておく小技」やナッジ・パターナリズムが示唆するのは、理性への意志の力を当てにすることなく、むしろその薄弱さを踏まえ利用することで、私たちはもっと思慮深くありえ、蒙昧化を逃れえるということである。

感情的連帯という「事実」を欠いており、共感を引き出し合う動員合戦が既存の政治システムに深刻な問題を投げ掛けている現在、そして、理性や感情を抑制する〈環境〉がバランスを取り戻せなくなっている現在、理性の負担を免除し感情（直観）に期待するのは明らかに間違っている。そうした期待は、投票率を回復させるかもしれないが、同時に民主主義を根本において破壊することになるだろう。民主主義という政治システムが私たちの感情（直観）に反し、共感を得難いのだとすれば、それ自体、重要な意味があるということだ。ヒースがいうように、「民主主義は民主的でなくてはならないが、責任をしっかり果たす国を生み出すことが求められるという意味で、きちんと機能することも必要」なのである（ヒース 2014：389）。しかしだからといって、政治システムの正常な作動やその健全化を理性への意志の力のみに求めるなら、苦戦を強いられることは目にみえている。しかるに私たちは、前門の虎である感情（直観）の危うさと、後門の狼である理性の不甲斐なさのために進退に窮する前に、理性的行為を助ける〈環境〉の構築へと歩を進めるべきなのだ。「人間の理性の力に幻想を抱いてはならないが、理性に代わるものに対しても、同様に幻想を抱いてはならない」（同：410）という理解とともに。

付記

＊本稿では、「感情（affect）」「情念（emotion）」「情熱（Passion）」「感覚（feeling）」「直観（intuition）」などは厳密に区別することなく、「感情（直観）」として統一表記されている。また、「共感（sympathy）」「関心（concern）」などは、「感情（直観）」に基づく作用として理解されている。

《註》＊本稿での引用箇所は、翻訳書を参照したものについては、訳語や文体の統一の観点から適宜手が加えられている。

1　この点について、ヴェルナー・シュナイダースは『理性への希望』でこう述べている。「啓蒙主義は単なる宗教批判ではなく、俗事や政争・内紛に明け暮れて愛想をつかされたキリスト教を、理性宗教として救い出そうとする最初の試みだったのである」（シュナイダース 2009 : 4）

2　第二書簡冒頭の一節が有名である。「神の謎を解くなどと思い上がるな。／人間にふさわしい探究課題は人間である」（ポウプ 1950 : 37）。

3　シュナイダースは、「思考の脱神学化は、近代的な世界認識・人間認識の起源であり、その限りで、近代的人間学、それどころかその底辺にある人間主義や人間中心主義の起源である」と述べている（シュナイダース 2009 : 19）。

4　ニーチェはこの意志を「距離のパトス」と名付けている。「自己を際立たせようとする意志——私が距離のパトスと名づけるところのもの」（ニーチェ 1994 : 126）。

5　ヴェーバーの与えた影響については、ツィンゲルレ（1995）を参照した。

6　デビット・オーウェンは『成熟と近代』において、ヴェーバーの近代に対する処方箋を「『人格』の政治」として論じている。

7　この点は、エドヴァルト・マイヤーとの論争をまとめたマイヤー&ウェーバー（1965）に詳しい。

8　ホルクハイマーは論文「伝統的理論と批判的理論」（ホルクハイマー 1974 収録）で、「批判的思考の主体は、他の諸個人や諸集団と現実的関係をむすび、特定の階級と対決し、このような媒介を通じて、最終的には社会的全体と自然の両方への葛藤にまきこまれている個人である」と述べている（ホルクハイマー 1974 : 63）。

9　ホルクハイマーは論文「伝統的理論と批判的理論」でこう述べている。「個々の活動および活動部門を、その内容と対象までふくめて、孤立的に考察する作業が、真相をとらえるためには、この作業自身の制限性の具体的意識を必要とする」（ホルクハイマー 1974 : 48）。

10　ホッブズ（2012）では、人間の普遍的な利己性が論じられている。

11　ホッブズ（1933a）の第一三章の冒頭は、「人々は生まれながら平等である」から始まる（ホッブズ 1933a : 207）。

12　J・B・シュナイウィンドによれば、ドイツの法学者サムエル・ラヘルによるホッブズへの辛辣な非難も、一七世紀末には珍しくなかったという（シュナイウィンド 2011 : 120）。

13 （シュナイウィンド 2011 : 144）を参照した。

14 和訳にあたっては、（シュナイウィンド 2011 : 150）を参照した。

15 この点は、宇野（2007）第二章を参照した。

16 取り上げる事例は、ヒース（2014）第二部を参照したものである。

17 この訳文は、以下を参照した。http://www.nikkei.co.jp/senkyo/us2008/news/20090120e3k2001720.html（二〇一五年九月十六日アクセス）

18 この所見を述べたジョージ・レイコフの著書（Lakoff 2004）は、二〇〇四年のベストセラーになった。

19 一例としてレイコフは、「税の軽減」というフレーミングは、たとえそれが公共サーヴィスの質低下や縮小をもたらし、実質的には諸個人の負担増に繋がるとしても、直観的には負担減と感じられる故に、得票においては効果的なものになると述べている（Lakoff 2008 : 236-238）。

20 同様なものに、銃所持派の中でも最大組織である全米ライフル協会（National Rifle Association of America）のスローガンがある。「銃が人を殺すのではない、人が人を殺す（Guns don't kill people; people kill people.）」。https://home.nra.org/（二〇一五年九月十六日アクセス）

21 以下を参照した。「【2009/04/26 付特集】犯罪減っても、進む厳罰化「恐怖」「不安」…世論が背景　注目集めた被害者の声　制度開始は考える契機」（『西日本新聞』二〇〇九年四月二十六日朝刊）http://www.nishinippon.co.jp/feature/saibanin/rensai/rensai6/20090507/20090507_0003.shtml（二〇一五年九月十六日アクセス）

22 この点は、（本田 2011 : 96ff）を参照した。

23 この点は、（Rose 1999 : 61-75）を参照せよ。

《文献一覧》

Cumberland, Richard. (1727). *A Treatise of the Laws of Nature*. (tras.) Maxwell, John. (ed.) Markin, Jon. Liberty Fund.

Jane, Mansbridge. (1983). *Beyond Adversary Democracy*. University of Chicago Press.

Lakoff, George. (2004). *Don't Think of an Elephant: Know Your Values and Frame the Debate*. Chelsea Green Publishing.

――（2008）. *The Political Mind: A Cognitive Scientist's Guide to Your Brain and Its Politics.* Viking Penguin.

Marcuse, Herbert. (1989). "Liberation from the affluent society," (ed.) Bronner, Stephen Eric. & Kellner, Douglas MacKay. *Critical Theory and Society,* Routledge.

Myers, C.S. (1927). *Industrial Psychology in Great Britain.* London: Cape

Peter, Ribeaux, & Poppleton, Stephen. (1978). *Psychology and Work.* Palgrave Macmillan.

Rose, Nikolas. (1999). *Governing the Soul: The Shaping of the Private Self,* 2nd ed. Free Association Books.

ヴァール、フランス・ドゥ（2010）『共感の時代へ――動物行動学が教えてくれること』柴田裕之訳、紀伊國屋書店。

ヴェーバー、マックス（1980）『職業としての政治』脇圭平訳、岩波文庫。

――（1989）『プロテスタンティズムの倫理と資本主義の精神』大塚久雄訳、岩波文庫。

――（1998）『社会科学と社会政策にかかわる認識の「客観性」』富永祐治・折原浩・立野保男訳、岩波文庫。

宇野重規（2007）『トクヴィル平等と不平等の理論家』講談社選書メチエ。

エインズリー、ジョージ（2006）『誘惑される意志 人はなぜ自滅的行動をするのか』山形浩生訳、NTT出版。

オーウェン、デイヴィッド（2002）『成熟と近代――ニーチェ・ウェーバー・フーコーの系譜学』宮原浩二郎・名部圭一訳、新曜社。

カーネマン、ダニエル（2014）『ファスト＆スロー（上）あなたの意思はどのように決まるか？』村井章子訳、ハヤカワ・ノンフィクション文庫。

ギルバート、ダニエル（2007）『幸せはいつもちょっと先にある――期待と妄想の心理学』熊谷淳子訳、早川書房。

サンスティーン、キャス＆セイラー、リチャード（2009）『実践 行動経済学』遠藤真美訳、日経BP社。

シュナイウィンド、J・B（2011）『自律の創成』田中秀夫監訳、法政大学出版局。

シュナイダース、ヴェルナー（2009）『理性への希望――ドイツ啓蒙主義の思想と図像』村井則夫訳、法政大学出版。

ツィンゲルレ、アルノルト（1985）『マックス・ヴェーバー――影響と受容』井上博二・大鐘武・岡澤憲一郎・栗原淑江・野村一夫訳、恒星社厚生閣。

トクヴィル、アレクシス・ド（2005a）『アメリカのデモクラシー 第1巻上』松本礼二訳、岩波文庫。

――（2005b）『アメリカのデモクラシー 第1巻下』松本礼二訳、岩波文庫。

――（2008）『アメリカのデモクラシー 第2巻上』松本礼二訳、岩波文庫。

ニーチェ、フリードリッヒ（1994）『ニーチェ全集〈14〉偶像の黄昏 反キリスト者』原佑訳、ちくま学芸文庫。

ハイト、ジョナサン（2014）『社会はなぜ左と右にわかれるのか――対立を超えるための道徳心理学』高橋洋訳、紀伊國屋書店。

ヒース、ジョセフ（2014）『啓蒙思想2.0――政治・経済・生活を正気に戻すために』栗原百代訳、ＮＴＴ出版。

ポウプ、アレキサンダー（1950）『人間論』上田勤訳、岩波文庫。

ホッブズ、トマス（1992）『リヴァイアサン（１）』水田洋訳、岩波文庫（初版１９５４年、改訳１９９２年）。

――（1964）『リヴァイアサン（２）』水田洋訳、岩波文庫。

――（2012）『人間論』本田裕志訳、京都大学学術出版会。

ホルクハイマー、マックス（1974）『哲学の社会的機能』久野収訳、晶文社。

ホルクハイマー、マックス＆アドルノ、テオドール（1990）『啓蒙の弁証法』徳永恂訳、岩波書店。

本田由紀（2011）『軋む社会』河出文庫。

マイヤー、エドワルト＆ウェーバー、マックス（1965）『歴史は科学か』森岡弘通訳、みすず書房。

吉田徹（2014）『感情の政治学』講談社。

レーヴィット、カール（2002）『キェルケゴールとニーチェ』中川秀恭訳、未来社。

ロバーツ、ポール（2015）『「衝動」に支配される世界』東方雅美訳、ダイヤモンド社。

第Ⅱ部　共生の身悶え

第五章　政治科学の進化論的転回

第五章　政治科学の進化論的転回——保革闘争の遺伝子文化共進化について

山本　宏樹

1　政治闘争のアポリア

政治闘争の日常と「悪の構想」

残虐な殺人を犯すに至った少年に与えられるべきは厳罰と保護のどちらか。靖国神社への首相の参拝についてどのように評価すべきか。生活保護制度の利用は憲法に規定された当然の権利か、それとも社会的紐帯を侵蝕する恥ずべき行為だろうか。

日夜脈動するこの社会において、巷間に諍いの火が絶えることはない。それは、ある人にとって神聖ないとなみが他の人にとっては不快な悪行でしかなく、またある人にとって醜悪な蛮行が他の人にとっては賞賛すべき善行となるからである。人々のあいだに多様な「善の構想」が存在するゆえに、軽蔑や嫌悪を引き起こす「悪の構想」もまた多様とならざるをえないのだ。

近代社会における「善の構想」の乱立と衝突のさなかで、何を社会統治の原理とみなすべきかをめぐって議論を積み重ねてきたのが政治哲学者である。たとえばＪ・ロールズは、第二次世界大戦、公民権運動、ベトナム反戦運動に至る前半生を通じて記念碑的な著作『正義論』を完成させ、リベラリズムの名のもとに至高の正義を打ち立てることで諸善の抗争に最終解決を与えようとした（Rawls 1971）。R・ノージックはロールズの正義論の正当性に疑念を呈し、所有権の歴史的自明性を起点にしたリバタリアニズムの正義論を構想し、合意のもとに住み分けられた複数の「ユートピア」の番竜として国家を位置づけることによって闘争に終止符を打つという最小国家論のアイデアを提出した（Nozick 1974）。その他、討議／闘技民主主義論、フェミニズム、ネオ・プラグマティズム、ネオ・マルクス主義など、多様な論者が舌戦を繰り広げてきたことは周知のとおりであろう。

しかし「共通善から独立した正義の構想など存在しえない」というM・サンデル（Sandel 1982）らコミュニタリアンの批判を受けてロールズが合意志向の「政治的リベラリズム」（Rawls 1985）に転じて以降は、普遍的な正義の構想によって世界を整序しようとすることの独善性が強く意識されているというのが実情であろう。爾来、既成の「悪」に対する再考がうながされているわけだが、賢者が独善を内省し傾聴と対話とを模索すればするほど、詭弁暴論の跳梁する余地もまた拡大せざるをえない。我々は何に拠って善悪を語ればよいのだろうか。

分析枠組みとしての進化政治学

拙稿ではそうした現況を踏まえ、「何が善か／悪か」を問う政治哲学ではなく「誰が何を善／悪とみなすのか」を問う政治科学を志向して論を進めていく。政治哲学界の闘争に直接的に参入するかわりに、議論の構図を分析の素材に据えることによって現況から示唆を得たいのである。

ひとくちに政治科学といっても多様であるが、本稿において素材として取り上げるのは、一九八〇年代以降に進化生物学や脳科学の知見を貪欲に吸収して誕生した新しい政治学領域、すなわち進化政治学である。進化政治学の扱う内容は多岐にわたるが、本章の内容に関していえば、ミクロには脳や遺伝子のレベルでの進化論的傾性を踏まえ、マクロには生物学的進化と社会文化的変動の相互作用によって政治現象を説明しようとするものである（森川 2008、長谷川・長谷川 2009、伊藤 2010）。

読者諸氏のなかには突如表れた脳や遺伝、進化といった語に当惑を覚えられる向きもあるだろう。その響きにはどこかしら「優生学」という強い「不道徳」の倍音が纏わりついている。とはいえ「悪」に正対しそこから学ぼうとする本書において、我々はまず熟慮の美徳にのっとり脳科学や遺伝学が社会学的言説と如何なる関係となるのかを過不足なく理解することにしたい。

2　政治闘争の脳器質的基底

争点としての「保守／革新」

「誰が何を善／悪とみなすか」について考える際に有益であるのが「保守／革新（Conservative／Liberal）」の二項対立である。生活保護受給者や加害少年、社会的マイノリティなどに対しては保守派の批判・追及に対して革新派が擁護の論陣を張り、改憲論や首相の靖国神社参拝、性別役割分業論においては、革新派の批判・追及に対して保守派が推進の立場を墨守する――こうした描写は比較的一般的であろう。二大政党制を採用するアメリカにおいて「保守／革新」は「共和党／民主党」の対立におおよそ重なり、日本においても長らく続いた五五年体制のなかで一定の説得力のある記述様式として用いられてきた。また学術界においても、この二項区分は政治社会学、政治心理学系の実証研究において、データ分析の簡便さもあって多用されている。そのため、本稿で「保守／革新」を争点として各々がいかなる存在論的負荷をもつのかを観察していくことには一定の妥当性が存在するだろう。[1]

政治性向と認知情動特性

はじめに「保守／革新」の政治性向が人々のいかなる心理と関連しているかについて紹介したい。政治心理学の大家J・ヨストらが九〇年代までの八八の調査研究を総括した結果によれば、政治的な「保守」性向と正の関連性をもつ心理的傾向として挙げられるのは「死に対する不安」(weighted mean r = .50)、「社会システムの不安定性の認識」(.47)、「曖昧さへの不寛容（教条主義）」(.34)、「秩序・構造・閉鎖性の希求」(.26)、そして「脅威と損失への恐怖」(.18)の五要素であった。逆に「保守」性向と負の関連性、つまり「革新」性向と正の関連をもつのは「経験に対する開放性」(.32)、「不確定要素に対する寛容さ」(.27)、「認識的統合の複雑性」(.20)、「自尊心の高さ」(.09)の四要素である。

不確定性や脅威に曝されるとき、人々は実存的次元においては「恐怖感を慰撫したい」「損失を予防したい」「自信を回復したい」という衝動に駆られ、認知的次元においては曖昧さや不確実要素をなくし、秩序立った世界を見出そうとし、思想的次元では自己の利害関心や既存の社会秩序を合理化し、自分の属する集団の支配力を強化しようとする。その結果、「変化への抵抗」や「不平等の肯定」などを特徴とする政治的保守主義が誕生するのである（Jost et al. 2003)。

近年では、そうしたヨストの説明が心理学実験によっても裏付けられている。[2] 保守派と革新派は単に異なる意見をもつだけでなく、認知や情動の働き自体に差異があるというのである。たとえば、著名な進化心理学者であるJ・ヒビングやP・ハテミらのグループは、被験者の政治性向と「血まみれの顔で放心している人」や「蛆の湧いた傷口」のような恐怖を喚起する写真をみせたり突発的なノイズを聴かせたりした際の皮膚の電位反応との関連を調べた。その結果、そうした不快な刺激に対する耐性を有する者は他国支援、リベラルな移民政策、平和主義、銃規制を支持する傾向にあり、同様の刺激に対して強い身体的反応を起こす者ほど国防費支出、死刑、愛国心、イラク戦争などを支持する傾向にあった。つまり既存の社会構造に対する脅威や集団内部の規範的逸脱者に対する心理的反応は、身体的な脅威に対する反応に対応していると考えられるのである[3]（Oxley et al. 2008）。

イタリアのL・カラロらも、ストループ・タスクと呼ばれる実験を用いて興味深い実験を行っている。被験者に対して青字で「あお」と書かれた文字と赤字で「あお」と書かれた文字をランダムに提示して文字色を答えてもらうと、文字色と文字の意味内容が不一致である場合に回答時間に僅かな遅延が生まれるストループ効果という現象が認知心理学で知られている。それは色の情報のみに集中しようとしても、脳が無意識に文字情報を認識して文字の意味と色の不一致に混乱を起こすからであるが、かれらはこれを応用し、保守派と革新派のあいだに、「愛」や「友情」といったポジティブ・ワードと「怒り」や「苦痛」といったネガティブ・ワードのあいだでの反応速度差がみられるか検証したのである。その結果、革新派がどちらの場合にもおおよそ等速で回答したのに対し、保守派はポジティブ情報に素早く回答する一方、ネガティブな情報に対しては遅れて回答する傾向がみられた[4]（Carraro et al. 2011）。

さらに、ニューヨーク州立大学のE・ヤングはその博士論文で「バイソンやラマは牧場の動物か動物園の動物か、あるいはその両方か」『トランポリンや水風船、強力な水鉄砲は玩具か玩具でないか、あるいは両方でありえるか」といった物事の分類方法の「硬直性／柔軟性」が「保守／革新」の自己認識と関連性をもつことを指摘している。保守派は物事に白黒を付ける傾向があるのに対し、革新派はグレーゾーンを広めに取る傾向にあるというのである[5]（Young 2009）。

N・シュックとR・ファジオの研究も興味深い。かれらは簡単な得点ゲームを用いて、未知の世界に置かれた保守派と革新派の情報探索行動の差異を検証した。その結果、革新性向が強い者ほど失敗するリスクをとって探索的学習行動を多く行ったのに対し、保守性向の強い者ほどリスクのある探索的学習行動を控える戦略をとる場合が多かった。また、保守派は「悪人」を見抜くのが得意である一方、本当は「善人」である未知の他者を「悪人」と判定することも多いのに対し、革新派は「善人」を正しく判定することは得意だが「悪人」を誤って「善人」として判定することも多いと考えられる結果が表れた。そして総体としてみた場合には、保守と革新のどちらか一方がより世界を正確に認識する傾向にあるわけではないという結果であった[6]（Shook & Fazio 2009）。

脳の器質と政治傾向

さらに、前述の心理学的実験研究の結果との関連で押さえておきたいのが脳科学領域の知見である。一九九〇年代にｆＭＲＩ（機能的磁気共鳴画像診断法）をはじめとする脳イメージング法が確立して以降の脳科学分野の進歩は凄まじいものがある。

二〇一一年、ロンドン大学の金井良太らは保革性向が脳の情動系の器質構造の影響を受けるとみて、イギリスの学生男女九〇名の保革性向の自己認知と脳の対応関係を検証した。その結果、脳の五二部位のうち三箇所の容積が保革性向に関連していることが判明した。革新派は保守派に比べて計画立案や誤り検知、不確実性・葛藤の処理機能を果たす前部帯状皮質（Anterior cingulate cortex）の容積が多い傾向があるのに対し、保守派は革新派よりも外界の危険を察知して恐怖信号を発する扁桃体（Amygdala）、自身の生理状態を観察して汚いものに接したときなどに嫌悪感を催させる島皮質（Insular cortex）の容積が多い傾向にあった[7]（Kanai et al. 2011）。この結果は「保守派は革新派と比べて危険情報に敏感であり、ジレンマを嫌う」という前述の心理学研究の結果を裏付けるものである。

ただし厳密にいえば脳の容積と脳機能の活発さは必ずしも一致しない。そのため二〇一三年には金井らの研究結果を踏まえるかたちでエクスター大学とカリフォルニア大学の共同研究グループが簡単な賭けゲームを用いてリスク判断時の脳機能と支持政党との対応関係を検証した。その結果、リスク判断の結果自体には差がないにもかかわらず、判断時の脳の働きに有意な差異がみられた。民主党支持者は左後部島皮質が活性化する傾向にあるのに対し、共和党支持者は右扁桃体が活性化する傾向にあった。前部帯状皮質については差異がみられなかった[8]（Schreiber et al. 2013）。

さらに二〇一四年には、前項でも紹介したヒビングらの研究グループが写真閲覧中の脳の活性状況のデータを検証して、やはり革新派は島皮質、保守派は扁桃体が活性化する傾向にあり、さらに保守と革新のあいだで脳の一〇箇所以上に活性状況の差異が表れたことを報告している[9]（Ahn et al. 2014）。

興味深いのは次の試みである。金井は前部帯状皮質と右扁桃体の容積を脳のＭＲＩ画像から抽出することによって、「非常に革新的」な者のなかに紛れ込んだ保守主義者を七〇％程度の確率で検出することに成功している。エクスター・カリフォルニア大学グループの場合には、賭けゲーム時の左後部島皮質と右扁桃体の活性化情報を用いることで八二・九％の確率で支持政党を的中させており、ヒビングらに至っては一〇箇所以上の脳部位の活性状況データを用いて九五～九八％の確率で「保守／革新」の判別を成功させている[10]。

これらの結果は、保守派と革新派が不確実な状況下での決断や不快な事物への応答をめぐって異なる思考回路を採用している可能性を示唆するものである。

脳の可塑性

人の善悪判断のバリエーションが脳の器質構造と連動していることはまず間違いないだろう。だが、これらの結果をもって「人間の道徳的・政治的性向の大部分は先天的に決定されている」と結論することはできない。我々は脳が後天的に変化しにくいという事実認識をもつことが多い。しかし実際のところ、脳科学領域においては、近年、脳の可塑性が従来考えられていたよりよほど高いという研究結果が蓄積されているからである。

理解しやすいのは加齢にともなう保守化現象であろう。金井も指摘するとおり、脳の諸領域のなかで加齢によって一番痩せていくのは皮質部分であり、扁桃体などの占める割合が増大して脳が「保守脳」へと近づいていくことで加齢にともなう保守化は説明できる（金井 2013 : 41）。

だが、近年はそれだけでなく人為的選択の結果として脳が変容する可能性がある点に注目が集まっている。たとえばロンドンの名物タクシー「ブラック・キャブ」のドライバーは、膨大な地理情報を記憶して認定試験に合格する必要があるのだが、ロンドン大学のE・マグワイアらが一六人の運転手の脳をfMRIでスキャンしたところ、記憶や学習能力を司る海馬の後方部が一般人に比べて著しく肥大しており、さらにその大きさは経験年数に比例していた。また、運転手見習いの脳を追跡的に調査した結果、海馬の肥大化が著しいほど試験合格率が高かった。つまり、成人後も訓練によって脳が成長する可能性があるのだ（Woollett et al. 2011）。

脳機能の面で可塑性が認められるという研究もある。ハーバード大学のA・パスクアル＝レオーネらの研究グループの実験によれば、月曜から金曜まで五日間目隠しをして点字による生活を行った被験者の脳では、使われなくなった脳の視覚野が触覚や聴覚の機能を高めるように転用されていた（Kauffman et al. 2002）。

もっとも、これらの実験で主たる対象となっているのは脳の記憶野や知覚野であり、政治に関係の深い大脳辺縁系や前頭前野でも同様の可塑性が存在するかどうかは厳密には不明である。だが児童虐待などのストレスが扁桃体を含む大脳辺縁系や前頭前野の容積を一〇％以上も変質させて悲観的心性や攻撃性を生み出すことが近年明らかにされている（友田 2012）。保革性向が脳器質レベルで可塑性をもつことも十分に考えられるだろう。

ここで思い起こされるのは新保守主義の教祖アーヴィン・クリストルが、みずから「新保守主義者とは現実によって身ぐるみを剥がされた革新派である」と述べていたという点である。かつてユダヤ人トロツキストとして公民権運動を闘ったかれらネオコン第一世代は、一九六〇年代半ば以降のアメリカの浮ついた空気や政府によるデタント政策に深く失望し、世界をアメリカ的自由民主主義で染め上げることを夢見るタカ派的な愛国的新保守へと「転向」した。かれらの政治的「転向」は、大戦期の悲劇的経験や政治活動の挫折を経るなかで、ある意味での思想的一貫性を維持するかたちで政治的現実主義やねじれた「革新」性へと帰結したものである。先天的な傾向性や単純な加齢効果などにすべてを還元して意志の力を矮小化してはなるまい。

実験を行った金井ら自身も指摘するとおり、現状は脳の器質構造と政治性向のあいだの因果関係を解明するところにまでは至っていない。ある種の出来事に接して革新派や保守派に開眼することで事後的に脳の器質構造が変化する可能性も残されているのである。これは政治的立場によって脳の構造が変容する可能性、経験や教育によって政治性向を塗り替えることの可能性を示唆するものである。

3 政治闘争の遺伝的基底

ここまで心理学・脳科学領域の研究を概覧してきたが、本章の関心である政治性向の生得的規定性を知るにあたっては決定打に欠ける。そのため、脳よりも可塑性が低いと考えられる遺伝子をめぐる研究をも併せて参照しよう[11]。

分子生物学における革新遺伝子の発見

人間の遺伝子情報を直接的に参照するタイプの遺伝研究はＭＲＩと同様、近年の科学技術的進歩によってはじめて可能になったものであり、人間についての本格的な分析はヒトゲノムの解読がある程度進んだ九〇年代半ば以降に始められたが、それ以降の二〇年足らずのあいだにこの分野では急速な進歩がみられる。

人間の性格特性を規定する遺伝子に関しては、一九九六年、好奇心に影響するドーパミンD４受容体遺伝子（ＤＲＤ４）が発見されたのを端緒として、神経質性に影響するセロトニン・トランスポーター遺伝子（５－ＨＴＴ）、精神的回復力に影響するモノアミン酸化酵素Ａ遺伝子（ＭＡＯＡ）、信頼や共感性に影響するオキシトシン受容体遺伝子（ＯＸＴＲ）などが陸続と発見されており、近年、それらの遺伝子と人間の態度や行動の結びつきが検証されている。

そうしたなか、「保守／革新」性向に影響する遺伝子が発見されたのは二〇一〇年である。カリフォルニア大学の研究グループの一員として先ほどの脳科学研究にも参加しているＪ・フォーラーらが関連遺伝子の存在を報告し、ニュース等で「リベラル遺伝子発見」と報道されたのだ（Settle et al. 2010）。「リベラル遺伝子」とされたのは、前述した初の性格遺伝子ＤＲＤ４である。ＤＲＤ４は第一一染色体の単腕部にあって、脳の報酬系を統御する事を通じて好奇心（新奇探索形質）を司っているとされている。[12]この遺伝子の中央部、第３エクソンと呼ばれる部位は四八文字の塩基配列を一単位として二回反復、四回反復、七回反復のいずれかをとる場合が多く、人種・性別・年齢に関係なく反復回数が多いほど新奇探索や外向性得点、刺激希求得点が高い傾向にある（Ebstein et al. 1996; Ono et al. 1997）。

当初、フォーラーらはＤＲＤ４第３エクソンのバリエーションが直接的に政治性向を規定するだろうと考えていたが、実験の結果はその仮説を裏切るものであった。ＤＲＤ４第３エクソンの反復が七回の場合とそれ未満の場合で保革性向に直接的な関係性はみられず、七回反復の者のみ思春期の交友関係が良好であるという付加条件が追加されることによって「革新」化しやすい傾向がみられたのだ。

つまり、長型のＤＲＤ４が直接的に政治的革新派を生むのではなく、長型のＤＲＤ４によってもたらされる好奇心や外向性に導かれて多様な友人と交友するなかで、異なる価値観に寛容な「革新」性向が獲得されるというのである。逆にいえば、ＤＲＤ４の第３エクソンの反復部分が短型である場合は、生まれ落ちた家庭の文化など所与の環境の影響を受けやすいため「革新」的気風のもとで育てば革新派となり、「保守」的気風のもとで育てば保守派となりやすいのかもしれない。また、ＤＲＤ４第３エクソンが長型であったとしてもその影響が衝動性の高さの形で表れるなどして友人関係に悪影響が及ぶ場合は、ヨストらの総括研究で指摘されていたとおり脅威や不安、自尊感情の欠如などによって「保守」的心性へと駆動されることになるだろう。

この結果は遺伝と環境の相互作用の存在を示唆するものであり、社会学研究者としては理解しやすいが、以下の実験結果と合わせて考えた場合、政治哲学的にみて重大な示唆を孕むといえる。オランダのＨ・ラーセンが学生一〇〇名以上を個別にバーに連れて行き、ＤＲＤ４の長さと同席者の飲酒ペースにどの程度影響されるかの関連性を調査したところ、ＤＲＤ４が七回反復の学生はそれ未満の学生と比べて明らかに同席者のペースに影響されやすく、同席者が三杯（男性の場合四杯）を飲み干した場合、それにつられて他の学生の二倍以上の量となるアルコール（ビールに換算して三杯近く）を平均して消費したというのである（Larsen et al. 2010）。

他にも注意欠陥・多動性障害（ＡＤＨＤ）と診断された者に長型ＤＲＤ４所有者が多いといった知見

もあり、長型のＤＲＤ４をもつ者に革新派が多くなるとしても、それは必ずしも確固とした革新的思想に則っているのではなく、場の「空気」に同調したり保身の観点による場合もあると考えられるのだ。そうした者たちは保守的な空気の漂う環境では持ち前の外向性の高さによって保守派としてそれなりにうまく振る舞えるだろうし、社会が全体主義化した場合には、多少の葛藤を抱えつつも、それをうまく処理しながら全体主義の旗を振る可能性がある。この点については後にあらためて検討しよう。

前述の研究は、遺伝子情報を解読し、関連する遺伝子を一つひとつ数え上げていくタイプの研究であるが、理解にあたっては注意すべき点がある。前述の研究結果を受けて「リベラル遺伝子発見」なるニュースが大きく取り上げられたことにも象徴されるように、我々はともすれば単一の遺伝子が性向や行為を決定的に支配すると想定しがちである。しかし、実際には、第３エクソンの反復回数についてはその後の他の研究者の追試においては有意差がみられない場合もあるなどその影響力はいまだ確定的ではなく、ＤＲＤ４の他の箇所については確かに新奇性探索に影響を与えるものの、その説明力は全体の二％程度に過ぎない[13]（Munafò et al. 2009）。瞳の虹彩や体毛の色素、血液型、血友病などの身体にまつわる質的形質については単一ないしごく少数の遺伝子によってほぼ説明できるが、パーソナリティ傾向のような複雑な心理作用については、「楽観／悲観」に関与するセロトニンのような神経伝達物質、闘争・逃走反応に関与するテストステロンのようなホルモンの作用に影響を与える遺伝子が複合的に関与しており、さらにそれらが学歴や所得、社会的地位などの社会学的変数との相互作用のなかで保革性向に影響を与えているのであって、現時点においてはそうした連関の大部分が未知のまま残されているというのが実状である。

行動遺伝学における遺伝率の推定

前述のとおり政治性向に関与する遺伝子の特定は研究途上にあるが、実は保革性向に関する遺伝要因の影響力の総枠自体は、すでにある程度見当がついている。その根拠となっているのが行動遺伝学における双生児家族研究である。

双生児家族研究では、遺伝子情報を解読するのではなく、親の遺伝子を一〇〇％共有する一卵性双生児と、親の遺伝子を確率的に五〇％共有することになる二卵性双生児を中心として、その親や親族、配偶者などとの統計的比較を行うことで、個人間にみられる差異を①「遺伝」要因、②共に生きることによってもたらされる後天的影響の総体である「共有環境」要因、そして③独自の人生を歩むことによって生まれる後天的影響や測定誤差などそれ以外の要因の複合体である「非共有環境」要因の三種に統計学的に分解して説明する。

この研究領域では前述の分子生物学的遺伝子研究と比べて昔から調査研究が行われており、近年に至って調査対象者の追跡データの蓄積も進んでいるが、そのなかでも最大規模の調査がアメリカ・ヴァージニア州の双生児とその家族三万人を対象としたL・イーヴスらの大規模調査研究「ヴァージニア30K」である。イーヴスらのデータをヒビングらが分析したところ、個人間の政治性向の差異のばらつきの全体を一〇〇％とした場合に五三％は遺伝要因によって説明でき、残り四七％の内訳は共有環境要因一一％、非共有環境要因三六％となった[14]（Eaves et al. 1997,1999; Alford et al. 2005）。

この結果だけでは、うまくイメージができないので、学業成績の結果と比較しよう。日本の安藤寿康らの研究（2004：2011：58）によれば、日本の子ども間の学業成績のばらつきは五五％が遺伝要因、一七％が共有環境、残りの二九％が非共有環境で説明できる。やや厳密性を欠いた言い方になるが、子どもたちのあいだの学業成績のばらつきの半分以上は遺伝要因によって説明され、二割弱が親の教育熱心さや家庭環境の如何によって左右され、それ以外の約三割が友人の影響や本人の努力、出題傾向とのマッチングといった運その他の測定誤差等によって説明できるということである。つまり、保革性向は学業成績と同程度に遺伝的に規定されており、「保守」にせよ「革新」にせよ政治性向を人為的に変化させるためには努力が必要となる。親の側が学業成績に介入するほどの熱意をもって子どもの保革性向に介入することが多くない現状もあって、共有環境の影響力は学業成績より少なく、個別の出来事から与えられる影響が強いのであろう。

ただし、この結果はあくまでも全年齢をまとめた場合である。学業成績は学齢段階に重要となって人為的な操作の対象となるのに対し、保革性向はむしろ選挙権取得後に重要になるといった違いもあり、年齢別のデータを参照する必要がある。イーヴスらは保革性向に対する遺伝要因の説明力が加齢にともなって変化することを突き止めている。加齢による出会いや経験の累積にともなって多様な政治性向にたどり着くと考えるのが普通だろうが、事実はまったく逆である。二〇代未満においては家庭や学校などの環境要因の影響を強く受けるのに対し、二〇代以降で急速にかれら自身の生得的な「地」、すなわち遺伝要因が保革性向を強く捕捉していくのである（Eaves et al. 1997）。

イーヴスらのデータの厳密な年齢別分析はハテミらによって行われている。それによれば未成年時の政治性向には「遺伝」の影響がみられず、九歳半時点で五％に過ぎない「共有環境」の影響は一七歳時点で六割まで累積していく。しかし成人して親元を離れると「共有環境」の効果は三割まで急速に低下し、以降は年齢を重ねるほど「遺伝」要因が強まっていく。六〇歳時点で「遺伝」の影響力は六割に達し、「共有環境」効果はほとんど消失する[15]（Hatemi et al. 2009）。

多様な解釈が可能だが、未成年期には真の政治的判断を迫られることもなく、家族の意見にも感化されやすいのに対し、成人後は政治的判断が試され、独自経験も強まるという点が理由の一つに挙げられるだろう。また加齢にともなう前頭前野のやせ細りと社会的自由度の高まりによって、耳当たりのよい情報を選択的に摂取しやすいといった理由も考えられる。いずれにせよ、皮肉なことだが人は他者の道徳から自律するのにしたがって個別の経験に根ざした思想形成を行っていくというより遺伝的性向へと近づいていくというのが現状である。この結果は、前述の心理学実験における政治性向と生理的・感情的な身体反応と対応した結果だといえる。近年隆盛している「感情の政治学」はこうした遺伝的性向の強い説明力を背景に生起したものであろう。

政治闘争をめぐる生物学的基底論の射程

ここまで近年の進化政治学領域の実証的知見を概覧してきたが、その議論をまとめつつ、そこから示唆をえていきたい。まず、政治的保革性向は、おおよそパーソナリティ特性における不確定性への許容度や経験への開放性、リスク判断、生理的嫌悪や身体的刺激に対する反応と密接に関連している。保守派は不快な刺激やネガティブな情報を避け、リスク回避的で明確な区別を好む認知的傾向があるのに対し、革新派は不快な刺激やネガティブな情報に対して不感応であり、リスクや曖昧さを許容する認知的傾向がある。そして「保守／革新」の二択であれば、脳の器質構造によって七割程度、脳の機能をモニターすれば九割以上の確率で予測することが可能である。さらに、政治性向に対する遺伝の平均的な影響力は成人で五割程度と推定され、未成年時代の家庭の養育環境が遺伝要因と独立したかたちで成人後の政治性向に与える影響力はおおよそ一割程度であることも判明した。これらの結果は、現実政治が身体性と強く連関している現状、そして現実政治が単に身体的であるだけでなく、生得的傾向性によって強く規定されている場合が多いことを示唆するものである。

とはいえ、これらの結果の解釈には注意が必要である。第一に、いうまでもないことだが、本章の結果をもって政治性向を先天性に還元すべきではない。先にみたように、現代では刺激に対する脳の反応をモニターすることで八〜九割以上の確率で「保守／革新」のいずれの側に与する者かを判別することが可能であるわけだが、実験が示唆するのは政治性向と脳容積・脳機能のあいだの相関関係の指摘にとどまっており、脳器質構造や脳機能が後天的経験にともなって変化する可能性は十分に考えられる。むしろ本章で紹介した実験群が明らかにしたのは「人を革新派／保守派に振り分ける単一の遺伝子などは存在せず、政治性向は先天的に与えられた遺伝的形質と出生後の環境や経験の相互作用によって成立している」という点であり、人の自由意志や人格の可塑性を否定するものではない。

第二に、本章で紹介した脳や遺伝に関する研究結果は、いずれも統計的に有意ではあるものの、人々の政治性向の決定因と呼ぶには弱い。たとえばヨストの結果を参考にして市民に対し「死の危険」や「社会システムの不安定性」を強烈に訴求すれば、人々の判断をある程度保守化させることが可能であろうし、苦みの強い薬草液を飲んだ直後に一〇〇点満点の道徳厳格性テストを行うと、水やフルーツジュースを飲んだ場合と比べて平均で二〇点近く得点が上昇するといった実験結果もある[16]（Eskine 2011）。我々は遺伝子や脳器質構造の影響を受けるのと同時に、その場の環境や状況からも影響を受ける。脳器質や遺伝子あるいは生育歴などがいくら「革新」向きであったとしても、状況次第で「保守」的判断を下すこともありえる。現実に行われる個別の政治的判断は完全情報下での決定ではありえず、伝達される情報内容によって決定が大幅に左右されることもまた容易に理解されよう。こういってよければ、我々の理性は遺伝の重力と環境の磁場の両者の影響を受けているのだ。

第三に、そもそもの話だが、拙稿で取り上げた研究結果は政治性向の規定因を探るうえでの決定的なエビデンスにはいまだなりえていない。科学は事実誤認に対する懸念をランダム化比較試験や膨大な再現実験のメタ・アナリシスといった圧倒的なエビデンスによって退けていくのであるが、本章で挙げた実験群は事象の普遍性を証明するのに十分な検証に曝されたわけではない。さらにいえば、成人の政治性向の個人間分散の五割程度が遺伝要因によって説明されるというのが現時点での最新の知見であるとしても、それは厳密にはあくまでも調査対象時点・調査対象者のみに当てはまる結果である。現代の西欧自由主義諸国については結果を敷衍することが可能であるようにも思われるが、やはりそれ以上のものではないというべきであろう。たとえば現代社会の広範な政治的無関心の現実を変化させ、知識にもとづく政治的判断をうながすような公教育プログラムが発明されれば、遺伝要因の説明率は当然に抑制されるだろう[17]。

とはいえ、これらの限界性の指摘もまた本章で取り上げた知見を棄却するに足るものではない。知見の全否定によって別の臆見を呼び込むよりは、拡大解釈や曲解を封じ、限界性を見極めたうえで慎重に役立てるべきであろう。

4　進化生物学的成果をめぐる政治闘争

規範的基礎づけに召喚される進化論

ここまで、政治性向の身体的基底について検討してきたが、それを踏まえた場合にいっそう切実な論点となるのが「結局のところ保守と革新のいずれが道徳的に優れているのか」であろう。政治科学を志向する本章は、例によってその問いに対して直接的に答えるのではなく、身体的基底をめぐって行われる言説闘争の構図を明らかにすることとしたい。

「保守」と「革新」のいずれの道徳規範が善いかに対する回答は、各々の立場に内属した場合には当然、循環論法に陥らざるをえない。この種の対立はその都度形を変えながら社会変動の要因となってきたのであり、超越的審級が簡単に姿をみせることはない。そのため一九世紀半ば以降、「保守／革新」をめぐる「神々の闘争」に終止符を打つための絶対的審級として度々召喚されてきたのが身体的基底性の説明理論としての進化論であった。

たとえば、社会学の始祖の一人に数えられるH・スペンサーは、C・ダーウィンの『種の起原』(1859)に先駆けるかたちで進化論の人類の歴史を未開から西洋文明への競争と進歩の歴史とみなすリバタリアニズム的な社会進化論[18](Spencer 1857)を唱えており、ダーウィンの進化論はその議論に科学的基礎を提供するものとして迎え入れられた。またダーウィンの『種の起原』を熱心に読んだのが、後に主要な革新派理論の一つを生んだマルクスとエンゲルスである。ダーウィンの進化論はかれらの史的唯物論に自然史的基礎を与えるものとみなされていた（Marx1 860 : Engels 1883）。

さらに、ダーウィンの進化論はアメリカにわたって今日のリベラリズムの基礎の一つプラグマティズムとしても開花した。とりわけデューイはダーウィンの影響を隠さない（Dewey 1909）。デューイのプラグマティズムの核心である「終わりなき探求」はヘーゲル的弁証法から超越的テロスを捨て去ったものであるとしてデューイを「ダーウィン化されたヘーゲル」とみるR・ローティのような者もいる[19]（大賀2009 : 210）。

さらにロールズのリベラリズムを発達科学的に基礎づけようとしたL・コールバーグのリベラル道徳発達論をさらに進化論によって基礎付けようとする試みもなされてきた。そこでは権威主義や応報性といった低次の道徳は原始的な部族組織への適応の遺物であり、契約や人権といった高次の道徳こそが農村や都市での生活のために急速にもたらされた新しい適応として理解されるのである[20]（E. O. Wilson 1975 : 563）。

現代のダーウィン進化論の内部対立

前述のゴルトンやスペンサーは進化という科学的事実を優生学や自文化中心主義的な優勝劣敗思想の基礎付けに用いる点で、リバタリアニズムやネオリベラリズムと親和的なダーウィン主義右派と呼べる。他方、進化論をリベラル道徳の正当性の基礎に据えようとしたウィルソンはダーウィン主義左派として位置づけることができるだろう。

しかし、二〇世紀後半の「自然主義的誤謬」をめぐる激烈な論争[21]を経て、今日的なダーウィン主義者のほとんどは進化論からの規範的示唆の導出に対して以前より遥かに慎重になっている。たとえば「ダーウィニアン・レフト」を自称する倫理学者のP・シンガーは、木工職人が与えられた木材に応じて自身の理想的なデザインを修正するように、「社会を改革しようとするなら、人間に元々備わっている傾向について理解し、自分たちの観念論的な理想をそれに合わせるべきなのだ」という（Singer 1999＝2003：68）。進化論は左右の思想的根拠となるものではなく、むしろ思想的な左右の如何にかかわらず社会構想の際にきちんと押さえておくべき基礎的事実として位置づけられているのである。

もっとも、人間の傾向性をどの程度不変のものとみなすかについてはダーウィン主義左派の内部だけを見ても相当の懸隔がある。R・ドーキンス、S・ピンカー、P・シンガーらは、心を「空白の石版」とみる知見を拒否し、性役割にせよ政治行動にせよ、生物学的に変更困難であり環境適応的でもある「人間本性」の存在をある程度前提にしたうえで平等・公正な社会への「進化」を模索する（Dawkins 1976, 2003；Singer 1999；Pinker 2002）。他方、S・グールドらは「人間社会は生物学的変化の結果としてではなく、文化的進化によって変化する」として不変の「人間本性」論や、環境適応論に強く反対し、社会変革の希望を高らかに謳う（Gould 1981→1996＝2008：下236）。グールドの目には、進化論を根拠にしてラディカル・ユートピアに難癖をつけるドーキンスやウィルソンが「保守反動」であるように映るし、ドーキンスやウィルソンからはグールドらが非科学的で教条主義的にみえる。宗教についても、ウィルソンのように宗教感情を生物学的本性のあらわれとみる者、ドーキンスのように科学的探究を阻む妄念として拒絶する者、グールドのように科学と宗教の棲み分けを主張して宗教に規範的教導権を与えようとする者など様々である（E. O. Wilson 1978; Gould 1999; Dawkins 2009）。

ダーウィニアン・レフト内部の対立はフェミニズム内部の「リベラル／ラディカル」間のそれとも重なるものであり、その闘争は熾烈を極めているが、それらのあいだには共通点も多い。ダーウィニアン・レフトは優生思想や優勝劣敗思想に対しては共闘できるし、実際に公教育教科書での進化論の否定等に対しては共同戦線を張ってきたのである（Dawkins 2003 : Chap. 5）。

進化論という「闘技場」

進化論は科学であり、科学としての「進化」概念は「進歩」や「前進」といったポジティブな言葉とは独立しているのだが、我々は進化論のなかにみずからの道徳的信念に沿う様々な断片を見出し、社会の進むべき道を描こうとする。進化論を「淘汰＝優勝劣敗」の理論と読むことも「互恵的共進化」の歴史と読んで相互扶助を訴えることも、あるいは「単一起原説＝地球内全生命体の家族性」と読んで環境倫理のための言説資源とすることもできるのである。

とはいえ、思想史的にいえば、進化論は創世記的世界観に対する挑戦として位置づけられるものであり、進化論から利益をえたのはリバタリアンを最右翼、マルクス主義を最左翼とする革新派であったといえよう。保守派はせいぜい「同性愛を擁護する革新派道徳は、みずからの遺伝子を後世に残そうとする自然の摂理に反している」といった示唆を進化論から引き出す程度であり、むしろ進化論自体を否定する宗教原理主義論や、進化論を創造説によって基礎付ける「インテリジェント・デザイン」論が保守の議論の特徴となっている。進化論は、このように革新派内部の平等主義的左派と自由主義的右派の対立の場となっており、そこに対し進化論の事実性をめぐって保守派が攻勢をかけるという構図がみられる。巷では「ダーウィニズム」が全般的に右派的に色づけされることも多いが、実際のところはそれ自体がイデオロギーの闘技場なのである。

進化論による道徳の基礎付けは強力であり、以降の世界観を塗り替えてきたが、よく知られているとおり、それは危害防止原理に抵触する政策の正当化にも使用されてきた。たとえば自文化中心主義的かつ自由放任的な「社会進化論」は一九世紀において帝国主義的植民地化の正当化に用いられたのであり、ダーウィンの従弟のゴルトンが創始した人種差別的な優生学は、アメリカの精神障害者断種法やナチス・ドイツの大量殺戮、日本のハンセン病患者隔離政策などを帰結した。このように、進化論にはすでに「前科」が付いているのである[22]。

そのため我々は進化論が侵略や人種差別に至る「すべりやすい坂道」の上にあることを認識すべきであろう。進化論が誤解や牽強付会をされた際の帰結が重大であることを鑑みるならば、その取り扱いに慎重さが求められることは当然といえる。だが、「すべりやすい」からといって事実性の追究自体を断念することもまた自然主義的誤謬にあたる[23]。事実から価値は導けないが、価値から事実も導けない。むしろ価値的言説と事実的言説が互いに互いを言説の環境としながら各々の「問い」を深化させるのがよいだろうと思われる。

5　政治闘争の遺伝子文化共進化

「保守／革新」の社会的機能

ここまでみてきた政治性向をめぐる身体的基底やその進化論的意味付けについて、我々はどのように理解すべきだろうか。第二節の冒頭で紹介されたヨストらの指摘、すなわち保守性向が秩序や安定性の希求と結びつき、革新性向が未知との交流と結びつくという結果は、社会学的には次のように理解できる。

本稿で紹介したすべての実験の行われた自由主義諸国が採用しているのは、社会学者のN・ルーマンが指摘するように、国家が憲法のもとに人々の自由と尊厳を保障するなかで人々が活発にコミュニケーションを執り行い、そのことによって経済や法、科学といった諸システムもまた活性化していくという相乗的な社会モデルである（Luhmann 1965）。

こうした社会は前述のような革新性向を有する者に適合的であるし、それどころか革新性向保持者にとって現代社会の現状はいまだ個人の自由や尊厳を阻害する封建的遺物に満ちているのであって、それらを除去して個人の自由と自発的な連帯を拡大することが革新派の目標となる。脳科学、遺伝科学、進化論などの自然科学もまた社会にイノベーションを導く点において、どちらかといえば革新派にとって実り多い存在である。

他方、こうした社会は保守的性向を有する者にとってはよそよそしいものである。保守的性向に親和的であるのは、共同体への忠誠が人々の尊厳の中核をなし、人々が国家の名のもとに家族となるような社会である。保守派からすれば現代の社会状況はすでに過剰に流動的・不安定であって、早急に集団的秩序や位階の復権が望まれる。神にせよ国家元首にせよ絶対的権威のもとに集おうとする者にとってダーウィン進化論の寄る辺無さや人間中心主義を脅かしかねないドーキンスの利己的遺伝子説は受け入れがたい。このように保守と革新は望ましい社会状態をめぐる対立に引き裂かれているのである。

そしてルーマンが示唆するのは、政治性向が心的システムによる社会的複雑性の縮減方法と連動しており、心的システムと社会システムの両者のコンディションによって説明されるべきものだという点である（Luhmann 1973 : 5,132）。前述の心理学的知見からすると、心的システムの政治的な「革新／保守」の差異は、世界に対する「信頼／不信」をめぐる構えの差異と連動している。人間の情報処理能力は有限であるため、未知の状況下において人は他者やシステムへの「信頼／不信」によってみずからの行為判断に「当たり」をつけることを通して複雑な社会を理解可能なものとする。「信頼／不信」は世界の複雑性を縮減するという機能をもつのである（Luhmann 1973:2008 : 308）。

人が他者や社会システムをどの程度信頼するかは、社会状況とそれを評価する人間の両方の関数である。たとえ他者や社会システムが実際には安定的で安全なものであったとしても、それを判断する人の眼に不安定で危険だと映っていれば信頼は不可能であるし、どれだけ楽観的な者であっても社会が実際に不安定で危険に満ちていれば無闇に他者やシステムを信頼することはできない。

信頼ベースで生きる者は慣れ親しみのない不確実な社会的活動へと広く乗り出していくことができるが、それだけ不確定な状況下で多くの見込み違いや失望に曝されることとなる。不信ベースで生きる者は見込み違いや失望に襲われることは少ないが、未知の状況では他者を警戒し、情緒的緊張や様々な欲求の断念を迫られ、慣れ親しんだ場所や関係性に留まらざるをえない。こうした「信頼／不信」の戦略は、人生観として身体化される場合も稀ではない（Luhmann 1973 : 131-135）。

人が信頼ベースとなるか不信ベースとなるかは、前述の革新派と保守派の器質に直接的に起因している部分もあるが、それだけではない。前述のとおり自由主義社会が革新性向に親和的な社会であるため、革新派のほうが信頼ベースのコミュニケーションを行いやすく、保守派のほうが不信ベースのコミュニケーションになりやすいとも考えられるのである。逆に保守的社会においては保守派が水をえた魚のように活き活きと信頼ベースのコミュニケーションをとる一方で、革新派は気詰まりを覚えたり、集団の集合的アイデンティティと葛藤を起こすことで、不信ベースのコミュニケーションへと陥ることになりやすいだろう。

第2節の冒頭、ヨストの総括論文で革新派の側に「自尊心の高さ」がみられたが、ルーマンはそれと似た概念として、期待と事実のあいだに齟齬が発生した際にうまく調停を行えるだろうという自信を社会や他者への信頼を可能にする内的条件として挙げている。自信は期待外れの状況が生起した際に投入する資源になるが、期待外れが重なるにつれて自信は失われ、やがて人は不信ベースのコミュニケーションに転換を迫られることになる（Luhmann 1973 : 147-148）。先ほどの話に戻れば、保守性向保持者は自由主義社会ではみずからの世界観に自信をもてず、信頼ベースのコミュニケーションを行うことが難しいだろうし、保守主義社会では尊厳を満たし自信をもって生活することが容易となるのである。

人々の「信頼／不信」の程度は、社会それ自体の複雑性とも連動する。たとえば経済に対する信頼によって市場に潤沢な資金が流入している状態で何かの拍子に人々の経済不安が高まれば、バブル崩壊によって急激な信用収縮が起こり、失業者が巷に溢れて税収の絶たれた国家は破綻する。電力供給などの社会的インフラの停止や治安の悪化のなかで人々の社会的交流は萎え、社会的複雑性は大幅に縮退することになる。そうした場合には秩序の動揺や治安の低下を体感するなかで民意も保守化するだろう。あるいは、社会的自由の増大を人々の心的システムが吸収できなくなると、その負荷に耐えきれなくなった保守派から順に「自由からの逃走」を起こして極端な全体主義の旗を振ることになる（Fromm 1941）。その結果としてクーデターや戦争が起これば、社会的複雑性はやはり大幅に縮退するだろう。

不信ベースのコミュニケーションが社会的基調となると相互不信が悪循環的に増大して遂には社会システムの崩壊がもたらされるため、社会システムの側には人々の不信を慰撫する「サーモスタット」が搭載されている。一例を挙げれば、それは社会的不信を煽る逸脱者に対する国家的なサンクションである。サンクションが適切に行使されたと人々に理解されることによって、他者一般やシステムの正常性に対する信頼が取り戻される（Luhmann1973 : 141-142）。保守派が切望することの多い少年凶悪犯に対する厳罰化や生活保護受給者に対する監視強化は、社会に蔓延した不信を慰撫する役割を果たしているのである。[24]

このように、社会は人々の「信頼／不信」をめぐって複雑性を増減させながら存立しており、保守と革新の政治闘争は、そうした社会の揺らぎのなかで、社会の行方をめぐって争われているのである。

政治性向の遺伝子文化共進化

こうした社会変動は、進化論的知見を踏まえることで、もう少し深く記述できるだろう。そこで重要となるのはミームという概念、そして遺伝子と文化の共進化理論である。提唱者であるR・ドーキンスによれば、ミームとは「文化の伝達や複製の単位」であり、生物学的な自己複製メカニズムである遺伝子に対し、文化的な自己複製メカニズムとして対置されるものである。ミームは脳にシナプス結合などの形で物理的に定住し、その複製が他者の脳にも作られるように様々な形で影響を及ぼす（Dawkins 1976＝2006：1982＝1987：213）。ドーキンスのいうように「遺伝子が遺伝子プール内で繁殖するにさいして、精子や卵子を担体として体から体へと飛びまわるのと同様に、ミームがミームプール内で繁殖するさいには、広い意味で模倣と呼びうる過程を媒介として、脳から脳へと渡り歩くのである」（Dawkins 1976＝2006：291）。具体例を挙げれば、カルト宗教の教義やチェーンメール、旋律、物語、ファッション、科学や道徳などの知識や観念に至るまでがミーム（ないしミーム複合体）として一括されるのであり、もちろん今まさに語られている拙論もまた一つのミーム複合体である。[25]

ミーム概念を取り込んだ進化論は、二重相続理論と呼ばれる。その基本的なアイデアは遺伝子とミームの相互適応的な共進化によって社会や人の挙動を説明しようとするものである（Gintis 2009：Chap.12）。ひとたび特定の遺伝子に適合的なミームが伝播すると、そのミームが環境淘汰圧を加えることによって、それに適合するように遺伝子が進化を果たし、ミームの支配をより強固なものとする。ミームが独りでに人々の頭に感染していくのではなく、ミームを取捨選択する人々の認知機能が介在しながら、遺伝子と文化とが相互作用しながら経路依存的にヘゲモニーを拡張していくのであり、ミームの勢力変化と共にその変化の善悪を評価する審級もまた変化する。

もっともミームの進化速度と比較すれば遺伝子の進化速度は遥かに遅く、数世代で遺伝子に人口学的な大規模変動が起こるわけではないし、前述したとおり革新の政治的・文化的覇権は不安定であり、ひとたびテロや不況、あるいは凶悪犯罪による体感治安の悪化などが起これば、容易に保守の台頭が起こる。短期的にみれば、政治的趨勢変化のほとんどはミームの変動によって説明されるのであり、遺伝子はあくまでも、闘争の場の構成にたずさわる。

だが、人類が人種によって異なる風貌を獲得したのはここ三万年、ヨーロッパで白人が乳糖耐性を獲得したのは酪農が発明された一万年以内とされており、人々の「善悪の構想」を規定する遺伝子のありようもまた淘汰圧のなかで進化し続けるだろう。たとえばイーヴスらの研究データによれば、夫婦間の政治性向の相関係数は〇・六程度と統計的に高い相関を有しており、似たもの同士が結婚して子孫を設ける同類交配（assortative mating）が明らかに生起している。また、道徳教育や科学教育など公教育の内容が革新派や保守派のいずれに有利となるかによってそれぞれの人の社会的地位達成は左右されるだろうし、人が社会的承認をどれだけ得られるかもまた社会の保革性向と個人のそれとの一致率によって異なる。これらは社会に保革性向をめぐる淘汰圧がかかっており、自然選択（natural selection）が生起していることを意味する。こうした条件が重なると、ハーディー・ワインベルク平衡と呼ばれる遺伝的分布の均衡状態が崩れ、世代交代とともに政治性向の分布が自由主義諸国では革新側に、保守主義諸国では保守側に移動することになる。

超長期的にみれば、革新ミームが勢力を拡大していくだけでなく、共進化的に革新性向の要因となる遺伝子や脳器質もまた勢力を拡大していくことになるだろう。このようにして地球は保革性向をめぐる遺伝子とミームの闘争場として存在しているのである。[26]

6 おわりに

政治哲学においては、遺伝にせよ文化にせよ「負荷なき自己」の想定がありえないこと自体はすでに自明であるし、道徳的性向を身体化された文化とみなす社会学者も決してその可塑性について楽観的な者ばかりではなかった（Bourdieu 1979:1982）。その意味では、これまで文化として説明されてきた人々の道徳的性向が実は脳の器質構造や遺伝によって強く規定された生物学的形質だったとしても、学術的論争の大枠は変わらないかもしれない。

だが、少なくとも政治的な言説空間においては道徳の生得性に論及することはやはり衝撃を有するように思われる。文化的融和や文化多元主義を掲げた共生社会の夢は遠退いたように感じられるだろうし、道徳的人格の陶冶という栄誉ある役割を自認してきた教育界もまた無傷ではいられまい。

ロールズにせよサンデルにせよ、あるいは本書で扱われる他の論者にせよ、遺伝子文化共進化の観点からすればそれぞれに保革性向を背負って道徳ミームを生成転承させるエージェントの一人であって、道徳をめぐるミーム・プールのなかでどの程度のヘゲモニーを獲得できるかが問われる。そして、その際に鍵を握るのは人々の脳の受容可能性である。たとえある道徳原理が理論的にみて普遍化可能性や無矛盾性に関する好ましい性質を備えていたとしても、道徳ミームとしてみた場合そうした性質はミームの感染力を構成する要素の一つにすぎない。いかに高尚な道徳原理も直感的・感情的な訴求力をもたなければ学術界の限定的なサークルの外部に浸透することはないだろうし、逆に宗教的規範が数千年にわたって存在感を発揮し続けているのは、単なる経路依存的な偶発性によるものではなく、言説に人間の認知機制に対する適応的な性質が備わっているからだろう。

　道徳的闘争はいかなる遺伝子や脳を所有する者にとっても首肯せざるをえない完全な訴求力をもつ道徳ミームが世界を満たすその日まで続く。そして人々が根源的に複数的である以上、その日が来ることはない。我々はその認識から出発する他あるまい。[27]

《註》

1　心理学分野で「保守／革新」の判定基準として長らく採用されてきたのは、ウィルソン&パターソンの保守主義尺度である（G. D. Wilson & Patterson, 1968; G. D. Wilson 1973）。この尺度はたとえば愛国心、死刑、宗教教育といった保守の徴表とされる語彙、あるいは軍縮、社会主義、いとこ婚といった革新の徴表とされる語彙五〇項目について、直感的に好ましいと感じる場合は「YES」、そうでない場合は「NO」、決めかねる場合は「?」を選択するかたちで、完全な保守派の場合に一〇〇、完全な革新派の場合〇点となるスコアを算出する心理尺度である。この尺度は、前述の項目例をみればわかるとおり、社会制度の選好や宗教的戒律、軍事など多様な領域にまたがる総合的な保革指標であり、それ以前の主要な指標であったアドルノらのファシズム尺度をはじめとする複数の指標をもとに改良が加えられたものであって、一九六八年に発表されて以来、主要な保守主義尺度として採用されてきた。以下では、基本的にこの区別を念頭に置いて議論を進めることとする。もっとも、「保守／革新」の二項対立図式は現実の道徳的・政治的立場の複雑性を簡略化しすぎているきらいもある。この点は註17を参照のこと。

2　近年、脳科学や遺伝科学の進展にともなって概説書が多数出版されており、拙稿もそこから研究の広がりを学び、原著・後続研究の蒐集を行った。本書の執筆過程で参考にした著作としては以下が挙げられる（安藤2011; Fox 2012; 金井 2013; Hibbing et al. 2014）。

3　Oxley et al.（2008）で使用された保革尺度はウィルソン・パターソン保守主義尺度（ＷＰＣ）の二八項目版であり、被験者は四六名の成人である。ＷＰＣの各項目のなかで、とりわけ身体的な不快耐性のなさとの相関が高かったのは同性結婚（年齢、性別、被教育歴を統制した状態で .44）、婚前性交渉（同 .28）であった（Smith et al. 2011）。

4　Carraro et al.（2011）では、保革尺度としてオリジナルの六つの質問項目（各七件法、α = .70）が用いられている。当該保守尺度の得点とネガティブワードの回答速度の遅延の相関は r(45)=.38（p = .009）であり、ポジティブワードとネガティブワードのあいだの回答時間の差異は、保守派の場合 t(22) = 2.36, p <.05、革新派の場合 p = .25 で統計的に有意ではなかった。

5　ヤングの議論は前述のアイゼンクの「強硬な心／柔和な心」の議論を承けたものであり（Young 2009 : 3）、Ｂ・バーンスティンの社会理論における「分類と枠付け」の議論とも親和的であるように思われる（Bernstein 1996 = 2000）。

6　シュックとファジオの実験（2009）は、丸い豆と楕円形の豆、斑点の多い豆と少ない豆というように二種類の特徴の合わさった豆が次々に提示され、それを入手するか拒絶するかの判断をしていくビーンフェスタというゲームを作成して行ったものである。それぞれの豆には「良い豆」（プラス一〇点）「悪い豆」（マイナス一〇点）の点数が付けられており、入手することでその点数が分かるとともに持ち点が変動し、拒絶すると未知のままである。持ち点は五〇点から開始され、一〇〇点を取るとゲームクリア、〇点になるとゲームオーバーとなって、いずれの場合でも再度五〇点からゲームが再開される。豆は三六種類各三個ずつ計一〇八個ある。保革性向は一三のオリジナルの質問項目と保革自己認知の二種類によって判定されている（Shook & Fazio 2009）。

7　金井らの研究の対象者の平均年齢二三・五歳であった。保革性向は「very liberal」から「very conservative」までの五段階自己評定であるが、対象者が若い大学生ということもあるのか「very liberal」「very conservative」と自認した者はいなかった。

8　シュリーバーらの実験では、保守革新尺度と入手回数の間に r=-.25、保革自己認識（七件法）との間に r=-.30 の相関が存在した。保守と革新の賞金獲得額の差については検定がなされていない。シュリーバーによると母親と父親の党派心を説明変数とする社会化モデルの予測精度は六九・五％であった（ただし社会学的調査における基本的な属性変数である学歴、性別、経済状態などは含まれていない）。

9　ヒビングらの実験では保革性向の判定に保革自己認知や大統領選での支持候補など一〇問のオリジナル項目が用いられている。金井やシュリーバー、ヒビングらの研究結果は必ずしも整合的ではないが、それは研究コンディションの差異にもよるだろう。金井らの研究では回答者自身の判定による政治性向、シュリーバーらの研究では政党支持である。シュリーバーらは賭けゲームを対象としたものであり、たとえばモラル・ジレンマについて考察している最中の脳の働きを検証した場合などには、保守と革新のあいだで前部帯状皮質の活性化状況に差が表れるかもしれない。

10　ヒビングらの判別法は機械学習によるもので、保守から一人、革新から一人をランダムに選んで比較した場合に、保守のほうが検査値が高くなる確率に関するAUC=.981である。予測精度九五～九八％という評価については以下の記事を参照した（http://www.eurekalert.org/pub_releases/2014-10/vt-brt102914.php）。

11　ただし遺伝子をめぐっても近年ではエピジェネティクスと呼ばれる可塑性の議論が存在する。たとえば、母親ネズミからの愛情を受けずに育った子ネズミは、ストレス対処に影響するグルココルチロイド遺伝子のプロモーター部分のＤＮＡがメチル化して機能しなくなる傾向にあり、人間においても妊娠後期三カ月のあいだ母親が抑うつや不安に悩まされていると、子どものグルココルチロイド遺伝子のメチル化が進み、子どもの出生後のストレス度が母親のスキンシップの多寡の影響を除いた場合でも高くなる。こうした遺伝子のメチル化傾向は数世代にわたって遺伝する可能性があるという（Fox, 2012 = 2014:184-195; 仲野 2014 ほか）。

12　ＤＲＤ４はその他、衝動性をめぐってＡＤＨＤ（注意欠陥多動性症候群）、チョコレート・アルコール等の嗜癖、寿命などにも関与する。さらにドーパミン過多は統合失調症、過少は運動障害をもたらすパーキンソン病を帰結するともいわれており、ＤＲＤ４はそれらに対しても影響を及ぼすと考えられる。ＤＲＤ４第３エクソンの反復回数が多いほど好奇心が強く活動的になるのは、反復回数が短いほど報酬物質であるドーパミンに対し敏感となって、みずからの探索行動に満足しやすいからだとされる。

13　ムナフォウら（2008）によれば、新奇性探索に対するＤＲＤ４第３エクソン反復部の影響力を扱った三六の研究のメタアナリシスの結果は五％水準で有意でなかった（d=.04, Z=1.46, p=.143）。他方でC-521Tと呼ばれる別の箇所については一一の研究のメタ分析で〇・一％水準で有意であった（d=.25, Z=4.05, p < .001）。ただし、ＤＲＤ４第３エクソンの反復回数については人種による差異が存在することが知られており人種横断的な比較は難しい。たとえばイスラエルで平均三〇歳のユダヤ人ら（男性六九名、女性五五名）に対して行われたエブ

スタインの実験では対象者の七割程度が四回反復で三割程度が七回反復であったのに対し、看護短大に通う日本人女子学生一五三名を対象とした追試実験（Ono et al. 1997）では四回反復が七九・七％、二回反復が一五・九％、六回反復が一・三％であり、七回反復以上の者はみられなかった。有意性の有無に関する論争の決着は人種や性別ごとに十分な数の研究結果が集まるのを待つほかない。なお、こうした人種による遺伝子の差異が社会的様態とも連動している可能性も考えられる。

14　ただし、この結果はWPC28の一部を削除改変したものであり、WPC28をそのまま使用した場合は遺伝率五六％、環境要因四四％となる（調査対象三〇四組、同種交配の影響はコントロール済み）。イーヴスらの場合は、男性の場合、遺伝率六四・五％、共有環境（親・兄弟姉妹・双生児からの影響）一・六％、非共有環境四〇・一％であるのに対し、女性の場合は遺伝率四四・七％、共有環境一〇・六％、非共有環境三六・六％というように遺伝率に性差が存在し、共有環境要因の多くは親では無く兄弟姉妹の影響だと推定されている。養子として異環境で育った双子一〇〇組とその家族を長期に追跡調査するという強力な調査設計を行っているブシャードらのコロラド双生児養子研究（Bouchard et al. 2003, 2004）によれば、養子として離れて暮らした場合でも、双子の類似性があまり変わらず、成人後において六〇％が遺伝要因、残りの四〇％が非共有環境によって説明され、共有環境要因の影響は検出されなかった。日本では慶應義塾大学の研究グループが双生児研究を行っているが、WPCを用いた研究は行われていない。比較的に近い社会的態度を扱っているのは敷島千鶴ら（2008）であり、そこではパーソナリティにおける「強硬な心／柔和な心」、イデオロギーにおける「保守／急進」の二つの下位尺度からなるローエル＝アイゼンクの権威主義的伝統主義が検討されている。結果は遺伝率三三％、非共有環境六七％で、やはり共有環境の効果は検出されていない。ただし、敷島らは凝集性の高い家族においては共有環境の寄与がより高まるという知見も示している（敷島・安藤 2004）。そもそも閉鎖的な共同体のなかで育った者などは調査対象としてアクセス困難であり、特殊な生育環境の与える影響については不明である。

15　ただし、一八歳以上のデータが追跡的に収集されたものでない点には注意が必要である。なお、ブシャードらの研究で、遺伝率が高く共有環境の影響がみられなかったのは、分析対象者が平均年齢四六歳（一八〜七九歳）の男女であり、イーヴスらの対象者の高年齢層部分に集中しているからであろう。そもそも一〇代半ばまでの子どもに保革性向を尋ねても、十分に合理的な回答を引き出すことは難しく、一〇代で非共有環境が高いのは、言葉の意味を理解しているかどうかといった測定誤差を多分に含んでいるものと思われる。

16　エスケインらの実験においては、五四人（男女比三：七）に対し「はとこ同士の合意による性行為」「ペットの犬の死骸を食べる男性」「犠牲者を求めて病院を徘徊する弁護士」などのストーリー六種類について道徳的問題性の程度を評価させたものを一〇〇点満点に換算している。その結果、苦い薬草液群（M = 78.34, SD = 10.83）水群（M = 61.58, SD = 16.88）、甘いミックスジュース群(M = 59.58, SD = 16.70)であり、薬草液群対水群のｔ検定の結果はt(51) = 3.117, p = .003, d = 1.09, 薬草液群対ミックスジュース群の場合はt(51) = 3.609, p = .001, d = 1.22でともに統計的に有意であった。この実験においても革新的な政治性向を有する者の実験群と統制群の点数差は一〇点程度で被験者数が少ないこともあって統計的に有意ではなかったのに対し、保守的な政治性向を有する者の点数差は三〇点近く、保守派の政治判断が身体性に強く規定されていることが示唆されている。

17　その他に方法論的な限界性もある。本章で紹介した実験群はいずれも多様な政治性向を一方の極に保守、他方の極に革新を置く直線的な二項対立図式に落とし込んでいるため、そこには解釈のしやすさとひきかえに限界性がともなう。繰り返し述べているとおり、この結果をもって「保守と革新の二種類の人種がいる」などと理解するべきではないし、実際には「革新」にも「保守」にもその内部に平等主義をめぐる左右の対立がある。「保守／革新」図式は政治的多様性の一面を切り取ったものに過ぎず、二項対立はあくまでも情報縮約による整理のための操作的定義として理解されるべきである。また「保守／革新」性向の計測方法をめぐっても限界が無いとはいえない。前述のとおり、その判定方法として一般的なのは死刑制度や人工中絶、軍縮への賛否など複数の質問の合算によって保守度を測るというやりかたである。しかしたとえば国家の軍拡に保守派と革新派のどちらが反対するかは、身体的傾向性のみならず、「軍隊」という語に含まれる歴史やイメージ、文脈などのミームの働きによって左右される。たとえば、ナチス・ドイツへのレジスタンスのために暫定政府が市民軍を組織するのであれば賛意を示す革新派も多いだろうし、自主自立をモットーとする筋金入りの米国旧保守は自衛のための軍備拡張には賛成するだろうが連邦政府による他国への積極的介入のための軍備拡張には反対するかもしれない。人工中絶の是非についても革新派内部でも妊婦の人権と胎児の人権の比較衡量をめぐって一大争点が形成されており、人工中絶に批判的だからといって一概に「保守」とはいえない。このように本章で取り上げた実験群が暗黙の内に特定の文脈を自明の前提としている点には注意が必要であろう。現実社会で「保守」と括られる政治勢力のなかには伝統や自然の人間理性に対する優越性を主張するエドマンド・バーク流の保守主義者もいれば、神意に従う宗教原理主義者、あるいは既得権益を固守したい利己主義者なども含まれる。「革新」と括られる政治勢力の支持母体も、ロールズ的な自由主義者やマルクス主義者、再分配を要求する運動当事者など様々である。個人的自由の尊重という点では自由主義的でありつつ市場の自生的秩序を擁護する点においては保守派と意見を共にする自由至上主義者（リバタリアン）、平等主義という点では「革新」的でありつつ伝統主義という点においては「保守」的な共同体主義者のように「保守／革新」の二項対立に位置づけにくい政治思想も存在する。その意味で「保守／革新」の二値区別は明らかに厳密性を欠いているといえよう。保革性向の代替案として政治心理学ではアイゼンクが因子分析を元に「保守／急進」と「強硬な心（独裁主義）／柔和な心（民主主義）」からなる四象限図式を提案してファシスト（独裁的保守）、共産党員（独裁的急進）、保守党員（中庸的保守）、自由党員（民主的中道）、社会党員（中庸的急進）などを位置づけている（Eysenck 1978=1980）。J・ハイトのように、道徳性六因子モデルを採用し、そのバランスの差異を類型化しようとする者もいる（Haidt 2012）。政治哲学でよく用いられるノーランチャートのように、リベラリズム（経済的平等・個人主義）、リバタリアニズム（経済的自由・個人主義）、保守主義（経済的自由・集団主義）、社会主義（経済的平等・集団主義）の政治的四類型を用いることも考えられる。しかし、いずれにせよ複雑性が増すほどに説明力が上がる一方で調査項目の増加や分析の複雑化が否めず研究の蓄積も少なくなる。本稿で採用する「保守／革新」についてはあくまでも多様な政治思想的バリエーションを縮約する主要な因子を扱ったものとして、限界性を踏まえつつ検討を加えていくべきであろう。

18　スペンサーの政治思想的位置付けについては、たとえばM・ロスバード（1982=2003: ii, 258）を参照のこと。

19　デューイの進化論受容にあたって師であるS・ホール（1844-1924）の与えた影響は少なくないだろう。ホールはW・ジェームスに師事して児童心理学・青年心理学を開拓した発達心理学者だが、彼は熱心な進化論者であり、「個体発生は系統発生を反復する」とするヘッケルの反復説に示唆をえて、スペンサーの社会進化論を個人の発達段階論へと移し入れている（ホール訳編 1968: 198）。

20　ダーウィンの影響範囲は広大である。社会学関連領域の著名な研究者でいえば、H・ギンタス（2009）、Y・エンゲストローム（1987=2009: 21）やR・ローティ（1982）もまた自身に対するダーウィンからの影響について言及している。ルーマン（1997）もヘーゲル的な本質主義的進歩観を破棄し、オートポイエティックなシステム論の基礎を築いた者としてダーウィンを評価し、晩年、ダーウィン進化論とシステム理論を接合する作業を自覚的に行っているが、それは生物学由来のシステム論の出自からいって当然のことだったのかもしれない。さらに、ダーウィニストを自称する科学哲学者であり倫理学者であるD・デネットにいわせれば反超越主義者F・ニーチェの『道徳の系譜学』こそが「倫理の進化についてのダーウィン主義的研究の最初にしていまなお最も精緻なものの一つ」である（Dennett 1996：247-248）。ニーチェの『道徳の系譜学』は、道徳がその時々の支配的な政治権力によって規定されるその系譜を描いたものであり、道徳観の栄枯盛衰とともに、それを規定する政治権力の淘汰を扱っている。奇しくもニーチェ自身は「ダーウィニズム」を罵倒語として用いることによってスペンサーを否定し、ダーウィンに接近していくのである。

21　ダーウィニアン・レフト内部の闘争の典型例として、一九七五年に出版されたE・O・ウィルソンの『社会生物学』を発端とする「社会生物学論争」が挙げられる。論争が激化した一九七八年には、社会の自由主義化を進歩とみなし、コールバーグのリベラルな道徳的発達段階論を近代社会の複雑性に対する環境適応の観点から正当化しようとしていたE・O・ウィルソンが、シンポジウムの席上、ラディカル左派の運動家たちから「人種差別主義者」として烈しく糾弾され壇上で冷水を浴びせかけられたという事件さえ起こっている（Segerstråle 2000：137）。

22　ダーウィン自身の政治的スタンスはといえば、西洋文明の善性を疑わず、現代からみれば明らかに自文化中心主義的ではあったが、他方においてはヴィクトリア時代の紳士の矜持をもって異文化に対して寛容であろうとした。障害者の積極的保護や社会的階層性に対する人為的是正については自然選択の観点から乗り気ではなかったが、従弟であるゴルトンの唱えたような「人種改良」のための婚姻や産児制限などには否定的で、「下層民」や「未開人」に対してはむしろ教育を好んだ（Darwin 1871：Chap4-5）。奴隷制については、南北戦争以前の時代にあってダーウィン家は祖父の代から続く熱心な奴隷制反対論者であり、人類の単一起源説を立証することをもって、白人と黒人が進化上で別の起原をもつことを否定し、黒人奴隷制の妥当性論拠を反駁することがダーウィンの研究目的の一つにあったともいわれる（Darwin1871：179; Desmond & Moore, 2014）。ダーウィンは現代の水準からはともかく当時の水準でいえば革新派の先頭で闘っていたということになるだろう。

23　「自然主義的誤謬」をめぐっては、前述のとおり一方に科学的事実から道徳的価値を導こうとする社会進化論があり、他方には、進化論が差別の正当化に用いられてきたという過去ゆえに、道徳的判断にもとづいて遺伝的事実性の追究自体を阻止しようとするプロテストがあるという錯綜した言説空間が存在する。自然科学者はその両者に対して自然主義的誤謬を訴えるだろうが、純粋な科学的コミュニケーションを他者に対して普遍的に要請することは不可能であり、政治的・道徳的な倍音の付随からは逃れようもない。この点をめぐっては教育による階層再生産のメカニズムを扱った著作『再生産』をめぐって革新陣営から保守派扱いを受けるも、口を噤むかわりに発言を通じて牽強付会に抗し、再生産的事実を前提とする「革新」的処方箋の刷新（すなわち「形式的平等／実質的平等」の区別）をうながすという責務を引き受ける道を選んだブルデューの姿勢に学ぶべき点があるように思われる（Bourdieu et al. 1990; 山本 2012）。

24　ただ、厳密にいえばこの記述は十分ではないだろう。たとえば二〇一五年現在の日本社会ではリベラルやマルクス主義者ら革新派が生活保護受給者や非行少年に対して単に法に従ってその人権を擁護するだけでなく人格的信頼や道徳的な尊敬をもって接し、市場経済・官僚機構などの社会システムやその構成員に対して不信と道徳的軽蔑を割り当てる傾向がみられる。少年法厳罰化や生活保護制度の緊縮などは、保守派に対しては「ガス抜き」として機能する一方、革新派のシステム不信を増大させることになるだろうし、市場経済を信頼しつつ、官僚機構に不信を抱く傾向にあるリバタリアンのような例もある。保守派のなかにも非行少年を我が子同様に扱って更生させる者がおり、革新派のなかにも消極的自由を擁護して他者との関係性を拒む者がいる。このあたりはより詳細な道徳性向のモデリングと「人格的信頼／システム信頼」の区別や道徳的コミュニケーションの内実等を踏まえた精密な記述が必要であろう。

25　ドーキンスはミーム論のアイデアをK・ポパーらに求めており、彼自身が社会学的蓄積にどこまで通暁していたか不明であるが、文化的遺伝子に「模倣」に相当するギリシャ語の語根 mimeme を語源とする「ミーム」なる名を与えたことは極めて示唆的であった（1976=2006 : 254, 296）。その後ミーム論と社会学理論のあいだには没交渉的時期が長らく続いていたようにみられるが、近年は後述する遺伝子文化共進化理論の研究者たちによって、進化生物学とルーマンの社会システム理論やA・ギデンズの構造化理論の接合が進められている（三原 2013）。フーコーのエピステーメー論やブルデューの象徴闘争論についても今後、生物学的進化の枠組みとの綜合が試みられるかもしれない。ブルデューについていえば、政治性向の個人差に対する遺伝の影響力が成人で六割程度と推定される一方で、家庭の養育環境が遺伝要因と独立して成人後にまで持続的に強く影響するという事実が統計的事実として確認されなかったことは、家庭における第一次社会化の影響が遺伝要因と独立して成人後にまで持続的に影響するという社会学のスタンダードな見解（Adorno et al. 1950; Bourdieu 1970 :

66）を揺るがせる結果である。内面化された社会構造であるハビトゥスを有する人々が、各界で諸資本をめぐって闘争／競争することで社会構造が変容ないし再生産されるというブルデューの社会理論の構図それ自体は今もって妥当性を失ってはいないと思われるが、界の生成が純粋に経路依存的な自律的展開のなかにあり、ハビトゥス・界・資本の三者が連関的に基礎を提供しているとするよりも、それらが人間の認知情動機制と相互作用的に生成している点が考慮されるべきなのであろう。ブルデューは界の歴史性に妥当性根拠を見出そうとするが、そこにも当然生物学的規定が関与しているだろう。もっともブルデューが批判していたのはあくまでも機能主義的な社会進化論であり、社会の生物学的規定性ないし社会と身体との相互作用を積極的に否定していたわけではなく、生物的リビドーがいかなる社会的リビドーに転換されるかが社会学の使命だと指摘していた点は看過されるべきでなかろう（Bourdieu 1994：187）。

26　遺伝子とミームをめぐる覇権闘争の一例となるのがアメリカの対中東戦争である。当該地域を武力制圧し、新政権に「支援」を行って自由民主主義を根づかせることは、単なる経済・安全保障上の利益を超えてB・オバマのようなリベラル、あるいはJ・ブッシュ・Jrを担いだネオコン勢力によるイスラム系保守文化に対する遺伝子・文化的な散種戦略としての側面をもつだろう。アメリカ国内において道徳的に対立するかれらは、しかし国外勢力との対決において伏在する共通性を浮き彫りにさせる。なお、遺伝子とミームは常に相互補完的に機能するわけではない。たとえば革新派は高学歴な者に多く、高い社会的地位を獲得することでミーム間の覇権闘争を有利に進められるが、一方で革新的ミームの作用によって産児制限がかかり、遺伝子の量的覇権闘争において不利となる。教会に通う宗教保守の家庭の生涯出生数はそうでない家庭の二倍ともいわれており（帯刀 2014：190）、遺伝子とミームをめぐって複雑なせめぎあいが生起していることが分かる。

27　最後となったがこの場を借りて本書で編集の労をとられた堀内、神代両氏の論考について一言しておきたい。人心の空隙に跳梁する「理性による感情の動員」への対抗のために「理性による理性の動員」を召喚する堀内論文（本書第四章）は、理性的判断と人々の判断の「革新」性が連関するという本章の知見を踏まえた場合、一見すると民衆の保守化・右傾化に対する革新・左派の側の奥妙な指し手にもみえる。しかし実際のところ堀内論文が教えるのは、文明としての「進歩／退歩」と、文化としての「革新／保守」が区別可能であり、「感情的な噴き上がり」や「自文化中心主義的啓蒙」などの文明的退歩と絶縁したうえで文化的「保守／革新」の是非について語るべきという点であるように思われる。文明と文化を独立に考えることは究極的には不可能にしても、保守派と革新派とが互いを悪魔化して非理性的な罵倒の応酬を繰り広げている一部の現状を鑑みるとき、「理性による理性の動員」は実践的にみて重要な提案であるように思われた。また、本書で神代論文（第八章）が浮き彫りにした全生研実践の妙味は、それが革新派の遺伝子・文化的覇権闘争を超克した民主主義の教育実践として存立するために、逃れがたい学級制環境のもとにおいて、他者への compassion に関して困難な性向を抱える子ども、他者からの compassion を必要とする子どもの両者に対して、互いに「共和国」の一級市民にも二級市民にもならずに、みずから〈法〉の吟味に参画していくように要求する点にある。これらの点において、堀内・神代両論文は本章で提出された事実認識を出発点とする実践的応答に数えられるべきものであり、「保守／革新」の対立に還元されない公共性の階梯の上昇手段が存在することは筆者にとっても福音となった。

《文献一覧》

Adorno, T.W. et al.（1950）. *The Authoritarian Personality*, Harper & Brothers.〔（1980）『権威主義的パーソナリティ（現代社会学大系12）』田中義久、矢沢修次郎、小林修一訳、青木書店〕

Ahn, W.-Y., Kishida, K. T., Gu, X., Lohrenz, T., Harvey, A., Alford, J. R., et al.（2014）.“Nonpolitical Images Evoke Neural Predictors of Political Ideology.” *Current Biology*, 24(22), 2693–2699.

Alford, J. R., Funk, C. L., & Hibbing, J. R.（2005）.“Are Political Orientations Genetically Transmitted?” *American Political Science Review*, 99(02). 153–167.

Ando, J., Suzuki, A., Yamagata, S., et al.（2004）.“Genetic and Environmental Structure of Cloninger's Temperament and Character Dimensions.” Journal of Personality Disorders, Vol. 18, No. 4, pp. 379-393.

安藤寿康（2011）『遺伝マインド――遺伝子が織り成す行動と文化』有斐閣。

Bernstein, B.（1996）. *Pedagogy, Symbolic Control and Identity*, Taylor & Francis: London.〔（2000）『〈教育〉の社会学理論――象徴統制、〈教育〉の言説、アイデンティティ』久冨善之・長谷川裕・山﨑鎮親・小玉重夫・小澤浩明共訳、法政大学出版局〕

Bouchard, T. J., & McGue, M.（2003）.“Genetic and environmental influences on human psychological differences.” *Journal of neurobiology*, 54(1), 4-45.

Bouchard, T. J., Segal, N., Tellegen, A., McGue, M., Keyes, M., & Krueger, R. F. (2004). "Genetic Influence on Social Attitudes: Another Challenge to Psychologists from Behavior Genetics." *Behavior Genetics Principles: Perspectives in Development, Personality, and Psychopathology*, American Psychological Association, 89-104.

Bourdieu. P., et Passeron, J-C. (1970). *La Reproduction. Éléments pour une théorie du système d'enseignement*, Éditions de Minuit.〔(1991)『再生産―教育・社会・文化』藤原書店〕

Bourdieu, P. (1979, 1982). *La distinction: Critique sociale du judgement*, Minuit.〔(1990)『ディスタンクシオン――社会的判断力批判 I、II』石井洋二郎訳、藤原書店〕

ブルデュー・P、堀尾輝久、加藤晴久 (1990)「いま教育に何を求めるか」『世界』五月号、一六四～八五頁、岩波書店。

Bourdieu, P. (1994). *Raisons pratiques. Sur la theorie de l'action*, Paris: Éditions du Seuil.〔(2007)『実践理性――行動の理論について』加藤晴久訳、藤原書店〕

Carraro, L., Castelli, L., & Macchiella, C. (2011). "The Automatic Conservative: Ideology-Based Attentional Asymmetries in the Processing of Valenced Information." *PLoS ONE*, 6(11), e26456-6.

Darwin, C. (1859). *On the Origin of Species*. Murray: London.〔(2009)『種の起源 上・下』渡辺政隆訳、光文社古典新訳文庫〕

Dawkins, R. (1976). *The Selfish Gene* (*30th Anniversary Edition 2006*). Oxford University Press.〔(2006)『利己的な遺伝子〈増補新装版〉』日高敏隆他訳、紀伊國屋書店〕

――― (1982). *The Extended Phenotype: The Gene as the Unit of Selection*. Oxford University Press.〔(1987)『延長された表現型――自然淘汰の単位としての遺伝子』日高敏隆・遠藤彰・遠藤知二訳、紀伊國屋書店〕

――― (2003). *A Devil's Chaplain: Reflections on Hope, Lies, Science, and Love*. Houghton Mifflin Harcourt.〔(2004)『悪魔に仕える牧師――なぜ科学は「神」を必要としないのか』垂水雄二訳、早川書房〕

――― (2009). *The god delusion*. Random House.〔(2007)『神は妄想である――宗教との決別』垂水雄二訳、早川書房〕

Dennett, D. C. (1996). *Darwin's Dangerouse Idea: Evolution and the Meanings of Life*. Touchstone.〔(2001)『ダーウィンの危険な思想――生命の意味と進化』山口泰司監訳、青土社〕

Desmond, A., & Moore, J. (2014). *Darwin's sacred cause: how a hatred of slavery shaped Darwin's views on human evolution*. Houghton Mifflin Harcourt.〔(2009)『ダーウィンが信じた道――進化論に隠されたメッセージ』矢野真千子・野下祥子訳、日本放送出版協会〕

Dewey, J.(1909). "The influence of Darwin on philosophy", *Popular Science Monthly.* 75, 〔(1994)「ダーウィニズムの哲学への影響」『ダーウィニズム論集』八杉龍一編訳、岩波文庫〕

Eaves, L., Heath, A., Martin, N., Maes, H., Neale, M., Kendler, K., et al.(1999). " Comparing the Biological and Cultural Inheritance of Personality and Social Attitudes in the Virginia 30,000 Study of Twins and Their Relatives." *Twin Research,* 2(02), 62–80.

Eaves, L., Martin, N., Heath, A., Schieken, R., & Meyer, J.(1997). "Age Changes in the Causes of Individual Differences in Conservatism." *Behavior Genetics.* Vol. 27, No. 2.

Ebstein R. P., et al.(1996). "Dopamine D4 Receptor (D4DR) Exon III Polymorphism Associated With the Human Personality Trait of Novelty Seeking." *Nature Genetics* 12, 78-80.

Engels, F.(1883). *Marx-Engels-Werke. Bd. 20: Friedrich Engels: Anti-Dühring u. Dialektik der Natur. Hrsg.* vom Institut für Marxismus-Leninismus beim ZK der SED.=1962. 〔(1968)『マルクス＝エンゲルス全集第二〇巻——反デューリング論・自然の弁証法』大内兵衛・細川嘉六監訳、大月書店〕

Engeström, Y.(1987). *Learning by expanding : An Activity-Theoretical Approach to the Developmental Research.* Helsinki : Orienta-Konsultit Oy. 〔(1999)『拡張による学習—活動理論からのアプローチ』山住勝広他訳、新曜社〕

Eskine, K. J., Kacinik, N. A., & Prinz, J. J. (2011). "A Bad Taste in the Mouth : Gustatory Disgust Influences Moral Judgment,", *Psychological Science.* 22(3), 295–299.

Fox, E.(2012). *Rainy Brain, Sunny Brain*, New York, NY : Basic Books. 〔(2014)『脳科学は人格を変えられるか?』森内薫訳、文藝春秋〕

Fromm, E.(1941). *Escape from Freedom,* Reinehart and Winston. 〔(1951)『自由からの逃走』日高六郎訳、東京創元社〕

Gould S. J.(1981). *Mismeasure of Man.* New York : Norton & Company.(second edition, 1996) 〔(2008)『人間の測りまちがい——差別の科学史〈下〉』河出書房新社〕

————(1999). *Rocks of Ages*. Random House. 〔(2007)『神と科学は共存できるか?』狩野秀之、古谷圭一、新妻昭夫訳、日経BP社〕

Haidt, J.(2012). *The righteous mind : Why good people are divided by politics and religion*. Vintage, 2012. 〔(2014)『社会はなぜ左と右にわかれるのか——対立を超えるための道徳心理学』高橋洋訳、紀伊國屋書店〕

長谷川寿一・長谷川眞理子 (2009)「政治の進化生物学的基礎——進化政治学の可能性」『レヴァイアサン』44 (特

集：ニューロポリティックス、ニューロエコノミックス）七一〜九一頁。

Hatemi, P. K., Funk, C. L., Medland, S. E., Maes, H. M., Silberg, J. L., Martin, N. G., & Eaves, L. J. (2009). "Genetic and Environmental Transmission of Political Attitudes Over a Life Time," *The Journal of Politics*, 71(03), 1141–24.

Hibbing J. R., Smith K. B., Alford J. R. (2014). *Predisposed: Liberals, Conservatives, and the Biology of Political Differences*, Routledge: NY.

Horkheimer, M. (1937). "Traditionelle und kritische Theorie" (1988) *Gesammelte Schriften, Bd. 4*, Frankfurt am Main: S. Fischer Verlag, 162-216. 〔(1998)「伝統的理論と批判理論」『批判的理論の論理学——非完結的弁証法の探求』角忍・森田数実訳、恒星社厚生閣〕

伊藤光利（2010）「政治学における進化論的アプローチ」『レヴァイアサン』46、木鐸社、七〜三一頁。

Jost, J. T., Glaser, J., Kruglanski, A. W., & Sulloway, F. J. (2003). "Political Conservatism as Motivated Social Cognition," *Psychological Bulletin*, 129(3), 339–375.

Kanai, R., Feilden, T., Firth, C., & Rees, G. (2011). "Political Orientations Are Correlated with Brain Structure in Young Adults." *Current Biology*, 21(8), 677–680.

金井良太（2013）『脳に刻まれたモラルの起源（岩波科学ライブラリー）』岩波書店。

Kauffman, T., Théoret, H., & Pascual-Leone, A. (2002). "Braille Character Discrimination in Blindfolded Human Subjects." *Neuroreport*, 13(5), 571-574.

Larsen, H., van der Zwaluw, C. S., Overbeek, G., Granic, I., Franke, B., & Engels, R. C. M. E. (2010). "A Variable-Number-of-Tandem-Repeats Polymorphism in the Dopamine D4 Receptor Gene Affects Social Adaptation of Alcohol Use: Investigation of a Gene-Environment Interaction." *Psychological Science* 21(8) (2010): 1064-1068.

Luhmann, N. (1965). *Grundrechte als Institution*, Duncker & Humblot. 〔(1989)『制度としての基本権』今井弘道・大野達司訳、木鐸社〕

——(1973). *Vertrauen: ein Mechanismus der Reduktion sozialer Komplexität*. Ferdinand Enke Verlag. 〔(1990)『信頼——社会的な複雑性の縮減メカニズム』大庭健・正村俊之訳、勁草書房〕

——(1997). *Die Gesellschaft der Gesellschaft*. Suhrkamp, 〔(2009)『社会の社会　上・下』馬場靖雄ほか訳、法政大学出版局〕

――― (hrsg. von Detlf Horster) (2008). *Die Moral der Gesellschaft*, *Suhrkamp*. 〔（2015）『社会の道徳』馬場靖雄訳、勁草書房〕

Marx, C. (1860). *Marx-Engels-Werke*. *Bd. 30*, Hrsg. vom Institut für Marxismus-Leninismus beim ZK der SED. 1964. 〔「一八六〇年一二月一九日付マルクスからエンゲルスへの手紙、一八六一年一月二八日、二〇三頁、マルクスからラサールへの手紙」『マルクス＝エンゲルス全集第三〇巻』大内兵衛・細川嘉六監訳、四六七頁〕

森川友義（2008）「『進化政治学』とは何か」日本政治学会『年報政治学』２００８－Ⅱ、二一七〜二三六頁。

Munafò, M. R., Yalcin, B., Willis-Owen, S. A., & Flint, J. (2008). "Association of the Dopamine D4 Receptor (DRD4) Gene and Approach-Related Personality Traits : Meta-Analysis and New Data", *Biological psychiatry*, 63(2), 197-206.

仲野徹（2014）『エピジェネティクス――新しい生命像をえがく』岩波新書。

Nozick, R. (1974). *Anarchy, State, and Utopia*, Blackwell. 〔＝（1995）『アナーキー・国家・ユートピア――国家の正当性とその限界』嶋津格〔訳〕、木鐸社〕

帯刀益夫（2014）『遺伝子と文化選択――「サル」から「人間」への進化』新曜社。

大賀祐樹（2009）『リチャード・ローティ――リベラル・アイロニストの思想』藤原書店。

Ono Y, Manki H, Yoshimura K, Muramatsu T, et al. (1997). "Association between dopamine D4 receptor (D4DR) exon III polymorphism and novelty seeking in Japanese subjects." *American Journal of Medical Genetics*. 1997 Sep 19;74(5):501-3.

Oxley, D. R., Smith, K. B., Alford, J. R., Hibbing, M. V., Miller, J. L., Scalora, M., Hatemi, P. K., et al. (2008). "Political Attitudes Vary with Physiological Traits." *Science*, 321, 1667-1670.

Pinker, S. (2002). *The Blank Slate : The Modern Denial of Human Nature*, Penguin Books. 〔（2004）『人間の本性を考える――心は「空白の石版」か』山下篤子訳、ＮＨＫ出版、下巻〕

Rawls, J. (1971). *A Theory of Justice*. Harvard university press. 〔（2010）『正義論』川本隆史・福間聡・神島裕子訳、紀伊國屋書店〕

――― (1985). "Justice as Fairness : Political not Metaphysical," *Philosophy and Public Affaires*, 14, 1985.

Rorty, R. (1982). *Consequences of Pragmatism : Essays, 1972-1980*. University of Minnesota Press. 〔（2014）『プラグマティズムの帰結』室井尚・吉岡洋・加藤哲弘・浜日出夫・庁茂訳、ちくま学芸文庫〕

Rothbard, M. N. (1982). *Ethics of Liberty*, Humanities Press. 〔（2003）『自由の倫理学――リバタリアニズムの理論体系』

森村進・鳥沢円・森村たまき訳、勁草書房〕
Sandel, M. J.（1982→1998）. *Liberalism and the Limits of Justice.* Cambridge University Press.〔（2009）『リベラリズムと正義の限界』菊池理夫訳、勁草書房〕
Schreiber, D., Fonzo, G., Simmons, A. N., Dawes, C. T., Flagan, T., Fowler, J. H., & Paulus, M. P.（2013）. "Red Brain, Blue Brain: Evaluative Processes Differ in Democrats and Republicans". *PLoS ONE,* 8（2）, e52970–6.
Segerstrale, U.（2000）. *Defenders of the Truth : The Battle for Science in the Sociobiology Debate and Beyond.* Oxford University Press.〔（2005）『社会生物学論争史——誰もが真理を擁護していたⅠ&Ⅱ』垂水雄二訳、みすず書房〕
Settle, J. E., Dawes, C. T., Christakis, N. A., & Fowler, J. H.（2010）. "Friendships Moderate an Association between a Dopamine Gene Variant and Political Ideology". *The Journal of Politics,* 72（04）, 1189–1198.
敷島千鶴・安藤寿康（2004）「社会的態度の家族内伝達」『家族社会学研究』一六（一）、一二一〜一三〇頁。
敷島千鶴・安藤寿康・山形伸二ほか（2008）「権威主義的伝統主義の家族内伝達——遺伝か文化伝達か」『理論と方法』第四五号、一〇五〜一二六頁。
Shook, N. J., & Fazio, R. H.（2009）. "Political Ideology, Exploration of Novel Stimuli, and Attitude Formation." *Journal of Experimental Social Psychology,* 45（4）, 1–4.
Singer, P.（1999）. *A Darwinian Left: Politics, Evolution and Cooperation,* Yale University Press.〔（2003）『現実的な左翼に進化する——進化論の現在』竹内久美子訳、新潮社〕
Smith, K. B., Oxley, D., Hibbing, M. V., Alford, J. R., & Hibbing, J. R.（2011）. "Disgust Sensitivity and the Neurophysiology of Left-Right Political Orientations." *PLoS One,* 6（10）, e25552.
Spencer, H.（1857）. "Progess: Its Law and Causes," *The Westminster Review,* Vol 67.〔（1970）「進歩について——その法則と原因」『世界の名著36 コント、スペンサー』清水禮子訳、中央公論社〕
Taylor, R.（2002）. *Virtue Ethics; An Introduction.* Prometheus Books.〔（2013）『卓越の倫理——よみがえる徳の理想』古牧徳生・次田憲和訳、晃洋書房〕
友田明美（2012）『［新版］いやされない傷——児童虐待と傷ついていく脳』診断と治療社。
Wilson E. O.（1975）. *Sociobiology : The New Synthesis,* Harvard University Press.
———（1978）. *On Human Nature,* Harvard University Press.〔（1980）『人間の本性について』岸由二訳、筑摩書房〕

Wilson, G. D., and Patterson, J. R. (1968). "A New Measure of Conservatism." *British Journal of Social and Clinical Psychology* 7 (4) (1968) : 264-269.

Woollett, K., & Maguire, E. A. (2011). "Acquiring "the Knowledge" of London's Layout Drives Structural Brain Changes." *Current Biology,* 21 (24), 2109–2114.

Yamagata, S., Suzuki, A., Ando, J., et al. (2006). "Is the Genetic Structure of Human Personality Universal ? A Cross-Cultural Twin Study From North America, Europe, and Asia." *Journal of Personality and Social Psychology,* 90 (6), 987-998.

山本宏樹(2012)「『向かい火』としてのパターナリズム——ピエール・ブルデューと民主主義」『統治・自律・民主主義——パターナリズムの政治社会学』現代位相研究所編、宮台真司監修、ＮＴＴ出版、一七一～二一一頁。

Young, E. (2009). *Why We're Liberal, Why We're Conservative: A Cognitive Theory on the Origins of Ideological Thinking.* Stony Brook University Stony Brook University, 1–418.

第六章　宗教という「排除できない悪」

鈴木　弘輝

はじめに

本稿の主題は、「宗教」である。「宗教」と聞くと、多くの人は急に関心を失ってしまうかもしれない。社会学の基礎用語である「世俗化」をもち出すまでもなく、現代の先進国社会において、「宗教」はもはや重要な地位を占めているとは考えられていないからだ。現代の日本においても、多くの人にとっては「宗教は無意味だ」と意識されているであろう。

いや、もしかすると「無意味」と思われているどころではないのかもしれない。「宗教は社会にとって害悪だ」と考えている人々も、決して少なくないのかもしれない。日本に限ってみても、いわゆる「地下鉄サリン事件」は今も語り継がれる大きな事件である。また他にも、宗教に関連した様々な刑事事件や宗教的対立を背景とした戦闘や戦争は、今も次々と起こっている。それらを見聞きして、「宗教は下手に信じない方がよいのではないか」と考えるようになるのは、仕方のないことかもしれない。

本稿は、このような「宗教」に対するマイナスイメージが定着していることを承知の上で、あえてそれを論じる。なぜかというと、たとえ人々が生活の中で意識していないとしても、宗教的なコミュニケーションは常にすでに展開されていることを示すためである。先にふれた宗教の危険性については、それなりに認識しているつもりだ。それでも、本稿は「人々には宗教は必要だ」という議論を、これから展開する。

宗教は、社会にとって危険だが必要だ。これが本稿のテーマなのであるが、まず論題として取り上げるのは（宗教・スピリチュアリティに関する議論それ自体ではなく）、現代の日本社会で「ひきこもり」を経験している若者たちである。彼ら・彼女らは自分たちの体験を振り返りながら、自分について考えたり、自分をめぐるコミュニケーションに参加したりしている。これからの議論では、その様子が表出している一定のコミュニケーション・パターンを抽出し、さらにそのパターンを「現代社会における宗教のあり方」という観点から分析を加えていく。その際のキーワードは、「人間性」である。本稿が示したいのは、現代には「人間性」を絶対視する価値観が浸透していること、「人間らしさ」の追求それ自体が人々の生きる意味となっていることだ。すなわち、「人間（性）」をめぐる宗教的なコミュニケーションが、現代人の生活に欠かせないものとして位置づけられているのである。

これからの議論を通じて示すように、どれほど「宗教・スピリチュアリティ的な要素」を忌避したり批判したりしようとも、現代の先進国社会におけるコミュニケーションはそれらを排除することはできない。それはいわば、「排除できない悪」なのだ。もちろん、現代における宗教・スピリチュアリティのあり方は、それまでの時代において主流だったものとは異なる。しかし、それ自体から逃れることは、決してできない。科学技術が発達すれば宗教がいらなくなる、ということはない。そのような時代に合わせて、これまでとは別の宗教的コミュニケーションが登場してくるのである。

1　「ひきこもり」経験者の自己意識

「ひきこもり」の悪循環

現代日本で「ひきこもり」を経験している者に、ここでは「常に自分を意識している」傾向があることを確認するために、村澤（2012）を参照する。論文の著者である村澤は、精神科医の斎藤環による「ひきこもり」に関する議論である斎藤（1998）を参照しながら、自らもそのような経験をもつ若者たちと関わっている。この著作では、そのような若者を「どのような思いを抱えて生きているか」という観点から取り上げており、「ひきこもり」を経験をしてきた若者の思いを「スティグマ化」（負の烙印）や「トラウマ化」といった概念で論じている。

村澤によれば、「ひきこもり」経験をもつ若者の多くは、中学時代の「いじめ」をきっかけにした自らの「不登校」経験をもつ。「いじめ」を受けた若者たちにおける自己と他者への信頼は著しく傷つけられ、不登校状態や長期間のひきこもり状態へと追いやられていくという。あるいは、自らの生活においてそのような体験がなくても、中学・高校・大学を通して友人はほとんどなく、孤立した状態で過ごしてきて、就職しないままに卒業を迎え、そのまま徐々に自宅にひきこもるようになる者もいる。しかし、このような若者たちの言動や意識で注目すべきは、彼ら／彼女らが異口同音に自分のことを「ふつうではない」と述べ、過剰に否定的な自己像にとらわれているということである。他の人には自然にできていることが自分にはできないと感じ、自分だけ何かがずれていると考えるようになるにつれて、自分自身への信頼感を失っていく。しかも、一度そのような考えにとらわれてしまうと、その状態から抜け出そうと焦燥感を募らせれば募らせるほど、かえって抜け出せなくなってしまっているのだ（村澤 2012 : 62-68）。

それは、まさしく「悪循環」である。すなわち、「自分はふつうではない」という自己に対する否定的な認識が「孤独や不安」という心理状況へと人を誘い、結果的に「（不登校やひきこもりといった）不安定な社会的地位」への滞留を持続させてしまうということである。そして、この若者における「自己否定」と「不安定な社会的地位」との循環プロセスを、村澤は斎藤（1998 : 106）にある模式図を参照しながら、「スティグマ化」と「トラウマ化」という二つの概念で描いている。

スティグマ化とトラウマ化

まず、スティグマ化とは、自分が他者のまなざしを過剰に意識せざるをえなくなっていくプロセスであり、それを通じて、過剰に内在化された他者のまなざしによって、自分自身を差別や偏見の対象として見出すようになる。村澤によれば、ひきこもりの若者たちは「他の人と比べて欠損しているもの」を自分自身の中に探し出し、その欠損をとりつくろうべく強迫的に努力する。彼ら・彼女たちは、自分を迫害的に監視し続ける「内なる他者」を自分の意識の中に有し、その「内なる他者」のまなざしに耐えうるような自己像を打ち立てようと努力しているということになる。しかし、自分の欠損をモニタリングしようとすればするほど「内なる他者」のまなざしは迫害的なものに強化されていき、欠損に対して過敏になっていくので、彼ら・彼女たちはだんだんと無表情で受動的な生き方へと追い込まれていく（村澤 2012：72-76）。この「内なる他者」は、「過剰に内面化された規範」と言い換えることができる。ひきこもりの若者は規範が過剰に内面化されているがゆえに、自分の意識の中で規範と距離をとることができないままに、その規範を「自分が絶対に従うもの」と意識し続けているのである。

次にトラウマ化とは、過去の特定の体験に自分が固執せざるをえなくなっていくプロセスである。村澤によれば、引きこもりの若者たちは「過去にいじめられた体験」「頭ごなしに自己を否定されたときの体験」などにとらわれ続けている。それはもはや、現実の生活でそのような体験が繰り返されているかどうかとは関係ない。彼ら・彼女らは、現在うまくいっていない自分の状況を過去の具体的な体験に結びつけて解釈してしまう傾向が強い。そして、過去における外傷体験と現在自分が追い込まれている状況とが関連づけられ、「外傷体験のせいで現在の状況に追い込まれた」という語りの枠組にとらわれていくようになる。このようなプロセスの中で、外傷体験は時とともに解消されていくのではなく、修正不能のものとして再構成され続けていく。しかも、彼ら・彼女らが外傷体験の語りに固執してしまうのは、以下のようなプロセスを通じて自尊心が保障されるからだという。まず、「外傷体験さえなければ、本当はうまくいっていたはずである」という考え方によって「異物」としての自己像を払拭し、条件つきではあるが「完全な自己像」を構築する。しかし、彼ら・彼女ら自身も過去に遡ることの非現実性を意識しているので、外傷体験の取り消しを行うのはもっぱら空想の中でということになる。したがって、一方では外傷体験そのものを忘却したいと願っているが、他方では空想の中で外傷体験を克服することに没頭し、結果的に外傷体験を過剰に意識するようになっていくという悪循環へと、彼ら・彼女らははまっていくのである（村澤 2012：76-79）。

この「スティグマ化」と「トラウマ化」のプロセスをより明確に図式化するために、村澤は図1と図2（次頁）を作成・掲載している。

2　スティグマ化とキョウヨウ主義

自己意識の循環的なあり方

この「スティグマ化」と「トラウマ化」という概念とそれを明示するために作成された二つの図式は、本稿のこれからの議論の出発点である。この二図式の優れた点は、若者たちが自分たちの体験してきた様々な事柄を振り返りながら、自分について考えたり、自分をめぐるコミュニケーションに参加したりしている状況を、その「自己意識のあり方」に照準しながら明示しているところにある。さらにいえば、「自己意識の循環的なあり方」を一つにまとめようとするのではなく、微妙ではあるが重大な差異をもった二つの図式に分けているところに、その優れた点がある。

しかし、「スティグマ」と「トラウマ」というもとになっている二つの術語は、それ自体がマイナスイメージをもっており、スティグマ化・トラウマ化が「脱しなければならない状況」であるかのようにみなされる恐れがある。そこで、本稿ではこの二図式がもつ深い意味合いを活かしつつ、現代人の自己意識についてのより広範な議論を展開するために、他の議論との比較・検討を通じながらこれらを改鋳していくこととする。

教養主義からキョウヨウ主義へ

まずはスティグマ化であるが、この図式は竹内（2003）で論じられた「キョウヨウ主義」と比較することによって、より広範な議論を展開できる。結論を先取りすると、このスティグマ化が示す自己意識のあり方は、社会的背景の変化に合わせて「（教養主義ではなく）キョウヨウ主義」が極限まで深化したものであり、「キョウヨウ主義」に関する言説と付き合わせることで、より一般的な「現代人の自己像のあり方」に関する議論へと拡大できると考えられる。

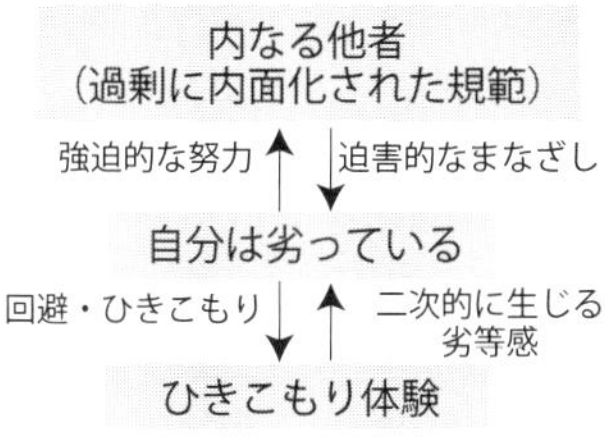

図1 スティグマ化のプロセス（村澤：2012より転載）

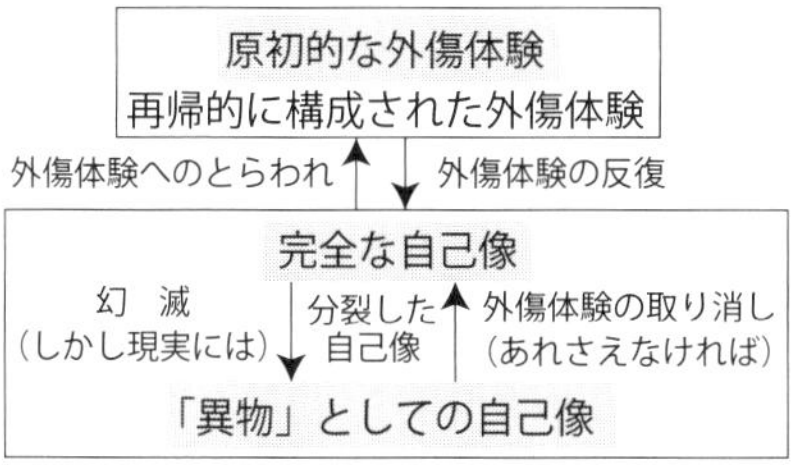

図2 トラウマ化のプロセス（村澤：2012より転載）

竹内によれば、一九七〇年代後半に「教養主義」は没落し、その後は専ら「適応」を志向する「キョウヨウ主義」が主になっている。そもそも「教養主義」とは「読書をつうじた人格形成主義や社会改良主義」を指すものであった。その歴史をさかのぼると、戦前から戦後にかけて文化的背景の均質化が進むことによって、当時の若者は自らの自己把持を、地域特性と関連が強いもの（ハイカラ、修養主義、江戸趣味）に依存することが困難になっていった。だから、教養主義が広範に浸透していったと考えられる。しかし、それも過去のことだと竹内はいう。

私が教養主義の死を身近でつくづく感じさせられたのは、大学の授業で旧制高校の生活について触れ、教養主義についていくらかの説明をしたときのことである。

ある学生が質問をした。「昔の学生はなぜそんなに難しい本を読まなければならないと思ったのか？　それに読書で人格形成をするという考え方がわかりづらい」、という率直な、いや率直すぎるともいえる質問に出会ったときである。（中略）

そうはいってもいまの学生が人間形成になんの関心もないというわけではないだろう。むろんかれらは、人間形成などという言葉をあからさまに使うわけではないが、キャンパス・ライフが生きていく術を学ぶ時間や空間と思っていることは疑いえないところである。しかし、いまや学生にとっては、ビデオも漫画もサークル活動も友人とのつきあいもファッションの知識もギャグのノリさえも重要である。読書はせいぜいそうした道具立てのなかのひとつにすぎないということであろう。（中略）

とすれば、読書を中心に人間形成を考えた昔の学生は、いってみれば漢字の「教養」に生きたが、一般常識や一般経験を人間形成の道筋としているいまの学生は、ライトな教養であるがゆえに片仮名の「キョウヨウ」に生きていることになる。

（竹内 2003 : 237-239）

では、この「キョウヨウ主義」と「スティグマ化」を比較してみよう。竹内によれば、「キョウヨウ」に生きているいまの学生は、「ビデオ・漫画・サークル活動・友人とのつきあい・ファッションの知識・ギャグのノリ（や読書）」といった「自らの日常生活における体験」を、「人間形成の道筋」としている。そして、そのような体験で構成されるキャンパス・ライフを通じて「生きていく術」を学んでいる。このキョウヨウ主義的な自己意識のあり方には、独特のループ構造があると考えられる。そして、それらを明示するために、スティグマ化の図式を参照する。

キョウヨウ主義の自己意識システム

まず、「自らの日常生活における体験」と「人間形成の道筋」の関係をまとめると、「自らの日常生活における体験をもとに、自らが『人間』として形成される」ということになる。この場合の「人間」とは、「理想的「人間」としてのあり方」＝「理想の自己像」を指すと考えられる。このような作法をスティグマ化の図式と比べると、自らの「ひきこもり体験」から「自分は劣っている」という自己像が構築されるというループと重ねることができる。

次に、「自らの日常生活における体験」と「人間形成の道筋」と「生きていく術」との関係をまとめると、「自らの日常生活における体験を通じて、理想的な『人間』になるために、生きていく術を磨いていく」ということになる。この三つのうちで重要なのは各人が自ら「人間形成の道筋」を進んでいくことであり、「生きていく術」は日常生活の中で自らが従う規範と位置づけられる。これらの関係について考える際に参考になるのが、スティグマ化の図式における「内なる他者」の位置づけである。「内なる他

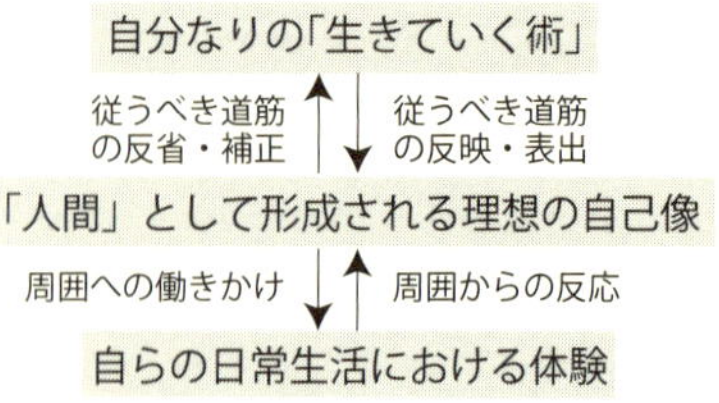

図3 キョウヨウ主義の自己意識システム（ヴァージョン1）

者」は、自ら従う規範でありながら「自分が劣っている」という意識が進めば進むほどその迫害的な性格も増強されていくように、自己像のあり方と連動して変化していくものである。そのことから、キョウヨウ主義における「生きていく術」もまた、「人間」になるために自ら従う規範でありながら、どのような「人間」を目指すかといった「理想の自己像」の変化に応じて自分で変更するものだと考えることができる。あるいは、自らの日常生活における体験を通じて「理想の自己像」が変わっていくにつれて、「生きていく術」も変化していくといったものだと考えることができる。すなわち、「生きていく術」とは日常生活を通じて磨かれるものなのである。このような自己意識のあり方を図式化したのが、スティグマ化の図式をもとにした図3である。

キョウヨウ主義が想定している自己意識のあり方は、二つの異なったループが組み合わさった構造として図式化できる。その「キョウヨウ主義をもとにした自己意識システム」においては、『人間形成の道筋』という場合の『人間（性）』とはどのようなものなのか」と、その目標を達成するために自ら従う「生きていく術」も、周囲とのコミュニケーションを通じて洗練されていくということになる。このシステムの下で生きる者は、自分がかかげる「理想の自己像のあり方」に合わせて、自ら従う「生きていく術」を磨いていくのであるが、その「理想の自己像のあり方」自体が周囲とのコミュニケーションを通じて変化する。そのキョウヨウ主義が日本社会に浸透しているのだから、スティグマ化の図式にとらわれている若者たちだけが特別なのではなく、すでに多くの若者たちが同様のループ構造の下で生活しているということなのだ。

3　トラウマ化と社会人基礎力

社会人基礎力の普及

次はトラウマ化であるが、この図式は「社会人基礎力」という概念が示す人間論を参照することによって、より広範な議論を展開できる。結論を先取りすると、この社会人基礎力という概念が示す人間論は、トラウマ化が示す自己意識のあり方と比較することによって、その社会的意味をより明確に理解することができると考えられる。

現在のビジネスパーソンは自分の全人格をもって日常の業務に当たっており、普段の生活まで巻き込んで自分の仕事力を上げようと努力しているようだ。それに応えるように、「話し方・聞く力・気配り・創造力・アピール力」などをうたったビジネス指南書も数多く出されている。日頃から何事にもポジティブに向き合い、他人にも前向きでいる人が、「望ましいビジネスパーソン像」として、現在のビジネス界では望まれている。しかも、このような一部のビジネス指南書が勝手に喧伝しているのではなく、日本政府も積極的にその普及を推し進めているという。それが、社会人基礎力である。二一世紀初頭に閣議決定された「経済財政運営と構造改革に関する基本方針２００２」では、「我が国においては、経済・社会システムのみならず、その根本をなす国民の基盤的な力である人間力が近年低下しつつある」

との認識の下に、「人間力」戦略の必要性が訴えられた。この人間力が、内閣府・文部科学省・厚生労働省・経済産業省の研究会や審議会などで用いられていく中で、経済産業省による社会人基礎力へと受け継がれていった。経済産業省は二〇〇六年二月に、「学んだ知識を実践に活用するために必要な力」を現在の日本社会が求めているとして、社会人基礎力を打ち出した。そして、「社会人基礎力グランプリ」を開催するなど、大学に社会人基礎力を習得させるような授業・ゼミナールの工夫を呼びかけている。（岸本 2012：21-32）。経済産業省のホームページによれば、それは以下のような「〇〇力」で構成されている（http://www.meti.go.jp/policy/kisoryoku/）。

○前に踏み出す力…一歩前に踏み出し、失敗しても粘り強く取り組む力
　主体性…物事に進んで取り組む力
　働きかけ力…他人に働きかけ巻き込む力
　実行力…目的を設定し確実に行動する力
○考え抜く力…疑問を持ち、考え抜く力
　課題発見力…現状を分析し目的や課題を明らかにする力
　計画力…課題の解決に向けたプロセスを明らかにし準備する力
　想像力…新しい価値を生み出す力
○チームで働く力…多様な人々とともに、目標に向けて協力する力
　発信力…自分の意見を分かりやすく伝える力

傾聴力…相手の意見を丁寧に聴く力
柔軟性…意見の違いや立場の違いを理解する力
情況把握力…自分と周囲の人々や物事との関係性を理解する力
規律性…社会のルールや人との約束を守る力
ストレスコントロール力《りょく》…ストレスの発生源に対応する力

社会人基礎力の自己意識システム

では、この社会人基礎力が積極的に提唱している人間論を、トラウマ化の図式に当てはめてみよう。まず社会人基礎力が掲げる「理想的な社会人像」は、全ての人々（特に社会人として組織で働く人々）が目標とすべき自己像として設定されている。だから、「（完璧な）社会人としての理想的自己像」として、人々に意識されている。これは個々の現場におけるコミュニケーションを通じていちいち変わることはないので、トラウマ化の図式における「完全な自己像」に相当する。そして、実際に自分が有している「（欠陥のある）社会人としての現実的自己像」は、現場におけるコミュニケーションを通じて常に「改善しなければならないもの」と設定されているので、トラウマ化の図式では「『異物』としての自己像」に相当する。つまり、「理想的な自己像」と「現実的な自己像」の関係は、（トラウマ化の図式に沿うように）「分裂した自己像」としてループ状になっていると考えられる。

そして、トラウマ化の図式における「原初的な外傷体験」は、自らの社会人基礎力を高めるというループにおいては、「（完璧な）社会人としての理想的自己像」の純度を高めるきっかけとして位置づけ

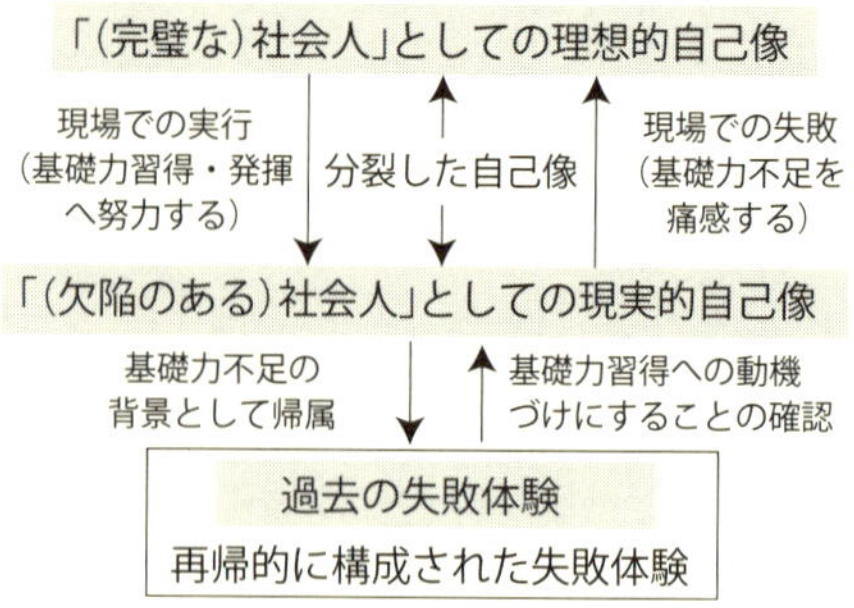

図4 社会人基礎力の自己意識システム

られる。これは、社会人基礎力を若者たちに提唱するという政策の実行が、彼ら・彼女らに自身の過去の行動・態度を振り払って、新しく社会人として基礎力を身につけていってほしいという要望を起源としている点から想像できる。すなわち、政府による社会人基礎力の提唱は、ひたすら「(完璧な)理想的な社会人としての理想的自己像」の純度を高めることを、人々に各々やり続けるように強要することになっているのである。

さらに、これらのループのあり方を図3(キョウヨウ主義の自己意識システム)と比較しやすいように、「過去の失敗体験」の部分を下の方に移動させる。そのようにして作成したのが、図4である。

このように示した「社会人基礎力の自己意識システム」は、〈自らの過去や現在の経験に応じて理想の自己像が構築されるが、その自己像は「自らが従うと決めた『(理想の)人間(性)』」へと常に修正される〉という図式におさめることができる。すなわち、「自らが従うと決めた『(理想の)人間(性)』」が「(完璧な)社会人としての理想的自己像」に重なることによって、その純度は極限まで上がることになる。だから、この社会人基礎力を目標として生活している若者は、まるで何かのトラウマにとらわれているかのように、「完璧な理想的自己像」をひたすら追求するということになる。それは一見、キョウヨウ主義の自己意識システムの下で生活しているものが「生きていく術」を構築していくのと重なっているかのようである。しかし、この二つには重大な違いがある。「生きていく術」には、それを自分なりに考える余地が残っているのに対して、「完璧な理想的自己像」に従う者はひたすら決められた理想に進んでいくしかないのだ。

4　現代社会における「人間性」という宗教

「人格」や「人間」への信仰

スティグマ化・トラウマ化とキョウヨウ主義・社会人基礎力を比較しながら考察することによって、現代の日本社会における二種類の自己意識システムを示すことができた。ここでは、そのようにシステムが二種類になっていることについて、「人間性」をめぐる宗教的なコミュニケーションという観点から検討していく。そのために参照するのは、社会学者のU・ベックの議論である。

ベックによれば、国民国家・政治政党・科学的専門家・労働組合・民主主義・市場経済・福祉国家的保障システム・学校、大学・家族・性別役割といった近代の鍵となる制度および主導的理念が、現代では非常に弱体化している。その変化の中で生きる人々は、確かな役割モデルをもち出すことはできないままに、職業・愛情・ジェンダー・家族といったもので構成される一人一人の生活史を、それぞれの人が「うまく乗り切る」ように強いられていると強く感じるようになっている。だから、現代の人々は（近代人のように与えられた「役割」を全うするのではなく）、それぞれが一人の人間として「自分の人生」を送ることに全力を注ぐようになっている。その過程の中で、人々には「（自分の人生を送る主体としての）人格」に対する尊崇の念が生じるようになる。人々から「神聖なもの」として扱われるようになり、それを支える「人間の生命、自由、名誉」に危害が加えられようとする際には、ある宗教の信者が偶像を冒涜されるのを目の当たりにするときに抱くのと変わらない嫌悪の感情を抱くようになる。すなわち、「人間」という概念それ自体が、宗教性の刻印を帯びたものとして扱われている。(Beck 2011＝2011：19-26)

ここでベックが提示しているのは、①現代に生きる人々の最大の関心事は「自分の人生」を送ることだということ、②各人が「自分の人生」を全うするためには、「人格」や「人間」という表象を、各人が生きるのに必要な信仰の対象のようにみなす宗教的なコミュニケーションが不可欠だということ、以上の二つの論点である。

5　現代社会における「人間性」のあり方（その1）

「人間」と「人間にあらざる者」の区別

ベックは、現代社会における「人間性」という概念の宗教性を論じた上で、さらにそれが二種類に分化していることを指摘する。それらはどちらかが古い（新しい）ということもなく、現代の先進国社会においては並存していると考えるのである。

一つ目は、「人間性」が「宗教的普遍主義」を帯びたものとして、現代に出現している場合である。ベックはそのことについて、特に現代のアメリカ社会を例に出しながら論じている。「宗教的普遍主義」とは、「神の前では全ての人が平等である」という信仰の下で集団間や文化間の境界線を撤廃する考え方を指す。信仰者に対しては同胞としての尊厳や、見知らぬ人々の世界の中での平等を約束する。しかし、非信仰者にはその同じものを一切保障しない。信仰者同士の人道的な「われわれ」意識は神との一体化を基盤にしたものだが、同時に、神に敵対する者の「悪魔化」を基盤にしたものである。だから、非信仰者は「悪」とみなされ、「悪」は犯罪のカテゴリーからさえ切り離される。なぜなら、「悪」という言葉は「人間であること」自体への疑問視を示しているからであり、もはや「人間にあらざる者」とみなしているからである（Beck 2008＝2011：81-86）。

宗教的普遍主義の自己意識システム

この「宗教的普遍主義」と、先に示した二種類の自己意識システムと付き合わせるならば、こちらは（トラウマ化の図式から作成した）社会人基礎力の自己意識システムに相当すると考えられる。なぜなら、それには予め「（完璧な）社会人としての理想的自己像」が設けられており、それ自体は「人間のあり方」や「理想的な人間（性）」として非のうちどころがないゆえに反論しにくいからだ。むしろ、現代においてそのような「普遍的な人間像」が要求されていることを、現代の問題として重視すべきだと考える。

現代に生きる全ての者は、必然的に「（完璧な）社会人として理想的自己像」を極限まで追求するコミュニケーションのループに巻き込まれる。なぜなら、このループの中で「（欠陥のある）社会人としての現実的自己像」は決して陥ってはいけないものであり、それを忌避し続けることがループの中に組み込まれているからだ。このループの中では、「（欠陥のある）社会人としての現実的自己像」のままでよいとは認められない。「理想か現実か」の二者択一の中で、その中間に関する許容範囲が一切ない。それは、宗教的普遍主義が設定する「人間という尺度」にそぐわないものを全く許容せず、端的に「悪」とみなすのに重なる。「人間でないもの」とみなさされればその存在も許さないほどに、その信仰のあり方は排他的なのだ。人間は、同じ人間でありながら、「人間」かどうかを基準として、互いに互いを差別する。

社会人基礎力をめぐるループ構造の下で生活している人々は、「理想的な社会人」という人間像に許容範囲がないという点において、排他的に「人間（性）」を「神聖なもの」とみなす宗教的普遍主義を信仰しているとみなされる。社会人基礎力は、特定の「人間（性）」への信仰を前提とした宗教的なコミュニケーションを、しかも排他的なコミュニケーションを駆動しているといえるのだ。

おそらく、こちらのループそのものを「なきもの」にすることは難しく、人々が感情労働やそれに伴う負担から完全に逃げることも困難であろう。では、現代に「突破口」はないのだろうか。それを探るために、もう一種類の自己意識システムを検討していくこととする。

6　現代社会における「人間性」のあり方（その2）

「自分自身の神」という宗教観

ベックは、「人間性」という概念が普遍性を帯びていることを重視している。しかし、ベックによる「現代における宗教・スピリチュアリティ」に関する議論を参照すると、彼が強調している「人間（の人格）」という表象は、単に「普遍的な人権」といった一般的な内容だけを含んでいるわけではないと解釈する可能性がひらかれる。では、その議論をみてみよう。

エティ・ヒレスムは日記をつける際に「できるだけの簡明さ」と「より深い人間性」とを追い求めた。その過程で彼女が照らし出したものは、確かに彼女の個人的性格や特殊性と関係している。しかし実のところ、エティ・ヒレスムは、すべての人間と共有している、もっと深い源泉から彼女の尊厳を受け取っている。彼女が語り、実行したことの中に示されているのは、人間としてのあり方の一部である。彼女の特殊なあり方と普遍的個人ないし普遍的固有神との結びつき。これこそが、彼女が日記の中で表現しようともがいているものにほかならない。崇拝に値する神聖なものがあるとすれば、それは彼女の声と経験によって言語化された人間としてのあり方だ。この模範的な宗教的個人主義は、自己自身の存在を越えていくがゆえに、いかなる自己崇拝の嫌疑からも免れている。

（Beck 2008＝2011：17）

世俗化は宗教から力を奪うと同時に、宗教に力を与える。玉座を追われ、社会の中心から投げ出されることで、宗教はある（二つの）ことに成功した。（第一は省略）

それは、宗教がこのようにして宗教以外の何ものでもないものになることを強いられたこと。すなわち、人間である以上、捨て去ることのできないスピリチュアリティと、人間存在の超越欲求や超越意識を目覚めさせ、培い、実践し、祝福し、反省し、それによってそれらを「主観的」、かつ

また「公共的」に活かしていくよう強いられたことだ。(中略)
このスピリチュアルな文化は、ネイションと宗教の境界を越えて、東西様々な宗教やスピリチュアルな伝統から好き勝手に宗教的内容と実践を借りてくる。そして時に応じてそれに流行の心理学的実践を付け加え、「自分自身の神」の諸形態を組み立てる。こうした運動が中心に据えるのは「魂を豊かにすること」と一体化した自己完成と人格発展をめざす個人的模索だ。(Beck 2008＝2011：39-41)

まず、ベックがオランダのユダヤ人女性E・ヒレスム〔一九一四年生まれ。アムステルダム大学でスラブ学、法学を学んだ後、ナチ占領下のアムステルダムやヴェスターボルク収容所でユダヤ人のために活動。一九四三年一一月、アウシュビッツで虐殺される。戦後、その手紙と日記が公開され大きな反響を呼んだ〕の経験に見出そうとしているのは、次のようなことだ。人は「より深い人間性」を、しかも「崇拝に値する神聖なものとしての、その人自らの声と経験によって言語化された人間としてのあり方」として、それを考察することによって、その「『人間(性)』に関する自分なりの考察結果」それ自体が、その人にとっての「個人的な模範」となるということ。しかもその模範は、自己自身の存在を越えていくがゆえに、いかなる自己崇拝の嫌疑からも免れるようなものである。

では、次の「現代における宗教・スピリチュアリティ」を論じた文章でベックが述べている、「人間存在」について「主観的」かつ「公共的」に考えるとは、どのような思考をいうのか。しかも、人はそのような思考を通じて、「自己完成と人格発展」を個人的に模索するというのである。ここではそのイメージをふくらませるために、社会学者のA・ギデンズの議論を参照する。

「歴史」は、われわれの味方ではないし、目的論を全く欠いており、何の保証もわれわれにもたらしてはいない。

二〇世紀の今日、結果を保証しない批判理論はどのようなかたちをとるべきであろうか？　そうした批判理論は、《社会学的感性に満ちた》――モダニティが未来に向けて恒常的にひらく、制度に内在する変容に敏感な――ものでなければならない。（中略）

批判理論は、国民国家の領域にもモダニティのどの制度特性にも制約されない《望ましい社会のモデル》を創り出さなければならない。さらに《解放の政治学》が、《生きることの政治学》ないし《自己実現の政治学》と結びつく必要がある点を認識しなければならない。

私の意図する解放の政治学とは、不平等や隷属からの解放に関心を寄せる徹底的な社会参加である。歴史は、奴隷と奴隷主人の弁証法に従わないし、かりにしたがうとしてもある特定の状況においてだけである点を最終的に理解できれば、解放の政治学だけで話が終わらないことを認識できよう。生きるための政治学とは、全ての人のために、つまり「別の人たち」など存在しない全ての人々のために、満ち足りた、また納得のいく生活を送ることができる可能性を促進しようとする、徹底的な社会参加をいう。

（Giddens 1990＝1993：192-217）


「人間存在」について「主観的」に考えるとは、まず自らが一人の人間として「満ち足りた、納得のいく生活」を送ろうと思考をめぐらすことである。また「人間存在」について「公共的」に考えるとは、自らが考えた「満ち足りた、納得のいく生活」が全ての人々に行き渡るように思考をめぐらすことである。それは、自らの生活のことを考えながら、それはあくまでも「全ての人々の中の一員」として社会に参加する際の思考なのだということを、常に意識しながら社会の中で生きていくことを意味する。

キョウヨウ主義のヴァージョンアップ

このヒレスムやギデンスに依拠した議論と、先に示した二種類の自己意識システムと付き合わせるならば、こちらは（スティグマ化の図式から作成した）キョウヨウ主義の自己像システムと重ねることができると考えられる。

先の竹内によれば、「キョウヨウ」に生きているいまの学生は「自らの日常生活における体験」を「人間形成の道筋」としているのであった。このような作法をベックやギデンズの議論に引きつけてとらえ直すと、「『自らの日常生活における体験』を主観的に解釈する」ということになる。もっとも、キョウヨウ主義の自己意識システムにおいて「どのような『人間』を目指すか」が人それぞれであったように、この場合の「主観的な解釈」も、自らが一人の人間として「満ち足りた、納得のいく生活」を送ろうと思考をめぐらす点において、人それぞれである。

しかし、キョウヨウ主義の自己意識システムには、もう一つの尺度が組み込まれている。それが、ベックの議論に登場した「公共的」という尺度である。それは、キョウヨウに生きる人が「『人間形成の道筋』という場合の『人間（性）』とはどのようなものなのか」と主観的に解釈する際に、「公共的」という基準をも参照するということである。そのような人は「理想の『人間（性）』とはどのようなものか」という疑問について、自分なりに「社会の一員としてのあり方」を追求していく。そして、「社会の一員としてのあり方」を自分なりに追求することを通じて、人それぞれの「生きていく術」を身につけていくことになるのである。

現代の先進国社会では、まず「自分がいかに生きるべきか」という基準に即して、人は「自らの日常生活における体験」を独自に解釈する。しかも、その際の基準となる「公共的に生きていくための術」についても、自分なりに「道筋」を探りながら解釈し続ける。この考え方のポイントは、「それぞれの人間が公共的に存在するとはどのようかことか」についての思考であっても、それはあくまでも「自分なりの思考」だとみなすことだ。

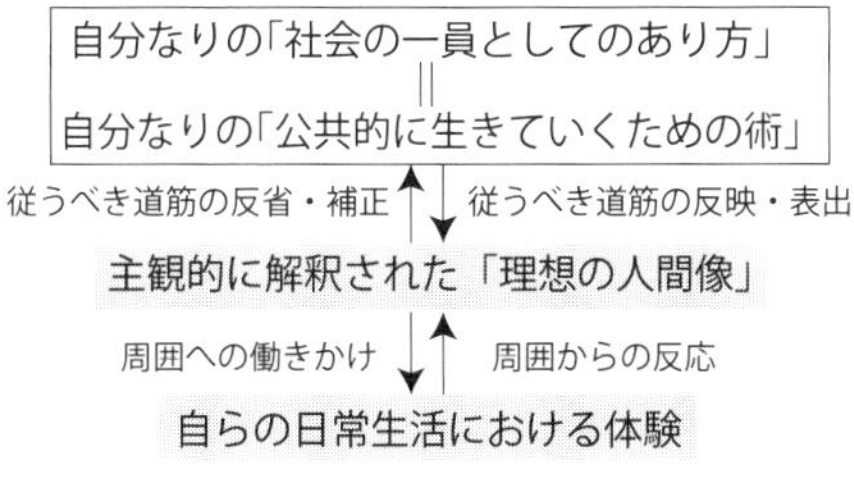

図5 キョウヨウ主義の自己意識システム（ヴァージョン2）

これが、「宗教的普遍主義」とは別の「現代における宗教・スピリチュアリティ」のあり方として、現代の先進国社会に発見できる事例である。キョウヨウ主義は、自己やその周囲の社会に対するとらえ方として、現代における宗教的なコミュニケーションの一つを駆動していると考えられるのである。

そして、ここまでの議論を踏まえてキョウヨウ主義の自己意識システムを書き換えたのが、図5である。同じ図を大幅に書き換えたので、こちらに「ヴァージョン2」とつけてある。先の図3に「ヴァージョン1」とついているのは、この図5と明確に区別するためである。

7　「公共的に生きていくための術」を支える「他者」の存在

新しいコミュニケーションの可能性

ベックやギデンズの議論を参照して分かったのは、キョウヨウ主義の自己意識システムは決して絵空事ではなく、各人の生きる指針として機能する余地があるということである。しかも、ここまでの検討から、現代における宗教・スピリチュアリティは決して個人の意識の中に「閉じこもっている」ばかりでなく、新しいコミュニケーションの可能性へと開かれたものであることが確認された。竹内はキョウヨウ主義を批判的に論じていたが、その宗教的コミュニケーションとしての意義を活用することで、現状からの脱出口を見出すことができる。

もっとも、先に示した社会人基礎力の自己意識システムが優勢となっている現代社会において、キョウヨウ主義の自己意識システムは（どちらのヴァージョンでも）いかにも弱々しい。特にヴァージョン1は「生きていく術」の追求の仕方によっては、容易に社会人基礎力の自己意識システムに取り込まれてしまうだろう。だから、せめてヴァージョン2の方だけでも強力にするべく、キョウヨウ主義を新しいコミュニケーションへと導くように、具体的なコミュニケーション様式を考えていく必要がある。そこで、先に村澤（2012）で参照されていた斎藤による別の議論を参照する。それは、斎藤が精神科医として「ひきこもり」や「うつ病」の臨床に携わり続ける中で、そのような人々が社会生活を過ごせるようになるための方策について考察したものである。

自己愛と他者

斎藤によれば、「ひきこもり」と「うつ病」はその臨床のあり方において、似た点が多い。そして、長年「ひきこもり」の臨床に関わってきた者として、うつ病の回復過程における人間関係のありようが、きわめて大きな意義をもっていることを確信しているという。場合によっては、どの薬を選択するかということ以上に、人とどう関わるかが重要になっているというのである（斎藤2011：16）。

では、斎藤がそのように論ずる「医学的背景」とはどのようなものだろうか。斎藤は「客観的な検証は原理的に困難」と断りながらも、自らが医師として臨床の指針として依拠している「自己愛システム」という枠組を、自らが作成した図とともに論じている。それが、図6である。

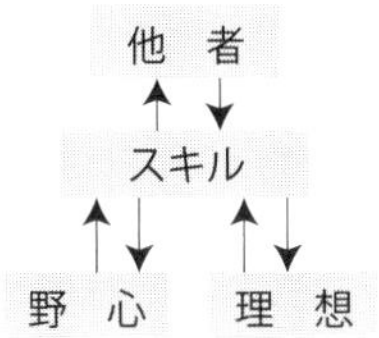

図6自己愛のシステム（斎藤：2011より転載）

斎藤は、「他者への愛の根底には自己愛があり、しかしその自己愛を育むのは他者への愛である」というかたちで、「自己愛」を一つのシステムとして想定している。そのように考えるのは、自己愛の維持において「他者」の存在がいかに重要であるかを強調するためである。この図式では、自分の「野心」と自分の「理想」という二つの極を、自分の「スキル」がつないでいる。「スキル」とは、人を駆り立てる「野心」と人を導く「理想」を上手くつなげる術である。そして、この「スキル」を維持・発展させていくための存在として、「他者」が位置づけられている。「他者」はまず、自分の「野心」にエネルギーを供給する存在である。なぜなら、「他者」との接点がなくなってしまえば、「野心」も次第に衰弱するからだ。次に、「他者」は「理想」のありように対して、常に微妙な軌道修正をかける。例えば、ある「理想」がもはや現実的でないと判明したら、「他者」はより実現可能性が高い努力目標に設定を変更するように、自分へと働きかけてくる。ちなみに、ここでの「他者」は、一期一会的な出会いや、人ではなく〝物〟や〝アイディア〟との出会いなど、多様な人物やものごとが含まれる（斎藤 2011：131-134）。

いくつかの用語の意味を確認しておくと、斎藤によれば「野心」とは「自分を駆り立てるエネルギー」のことであり、「理想」というのは「自分にとってのゴール」である。成長のためにはゴールとエネルギーの双方が欠かせず、この二つの極の間の緊張関係によって発達が起こるという（斎藤 2011：101）。その上で、ここで重要なのは「スキル」と「他者」に関する議論である。まず「スキル」であるが、これは先のキョウヨウ主義の自己意識システムにおける「自分なりの『公共的に生きていくための術』」と重なるだろう。なぜなら、斎藤のいう「スキル」も単に自分のための閉じた「理想」のためでなく、むしろ「他者」との交わりを通じて修正していくことを想定しているからである。

また、斎藤の議論を参照して分かるのは、「自分なりの『公共的に生きていくための術』」を磨いていくには、「他者」とのコミュニケーションが不可欠だということである。「他者」が必ずしも「人」である必要はない。蒐集癖のある人にとっては、自分の集めたコレクションが自己愛の支えになり、作家やアーティストにとっては、自分の作品がその位置に来る。つまり、自分にとって「他者性」を発揮してくれる対象であるなら、何でも構わないという。そして、「他者性」とは「自分にとって重要でありながら意のままにならないこと」を意味しているという（斎藤 2011：139）。

他者から社会へ

斎藤もいうように、「他者」という存在の客観的な検証は原理的に困難である。だから、「他者」が人にとって必要だという議論も、それ自体をそのまま受け入れるしかない。すなわち、この「他者」とのコミュニケーションも、ある特定の存在を信仰する宗教的なコミュニケーションだといえる。では、ここでいう「他者」とは何を指すのか。それは、自分の「理想」(＝主観的に解釈された「理想の自己像」)を「理想」として維持しながら、決して全てを約束してくれているわけではない存在を指す。「他者」は、自分を「理想」へと進むように誘ってくれるが、決して結末が保証されているわけではない「未来」を、自分に与えてくれる存在である。そして、そのような「他者」とのコミュニケーションが、各人の自己愛を支える。その自己愛のあり方は、宗教的コミュニケーションとしての意義が確認されたキョウヨウ主義と、その自己像のあり方に共通点が見出される。

最後に付け加えると、このように考えていくことで、「社会の一員としてのあり方」にある「社会」についても、別様に解釈する可能性が開かれるだろう。この場合の「社会」とは、単なる「道徳的・常識的なルールの集積体」ではなく、ましてや「人々を打ちのめすような現実の集合」でもない。それは、「また生きていこう」という希望や未来を、人々に与える「理想のイメージ」を含むと考えられる。その結果、「社会」は多くの「自己から他者への偏愛」であふれるが、そのことを非難するべきではない。現代は、「普遍的な人間」という観念を信仰し過ぎているのだから。

おわりに

社会学者のピエール・ブルデューは、鈴木（2008）でも論じたように、「ハビトゥス」などの概念とともに「階級格差の再生産」を鋭く論究しながらも、決して「理想の社会のあり方」を人々が自ら構築していくことについてのイメージを手放さなかった。また、社会学者の立岩真也が、近年いわゆる「自閉症」や「発達障害」といったカテゴリーに入っている人々のコミュニケーションについて、立岩（2014）で論じているように、そのような人々は現状の支配的な価値観とは別に、自分たちなりの「理想の社会のあり方」を模索している。

では、なぜそのような「社会」に関する「理想のイメージ」が、そのたびに登場してくるのか。それは、人々を「理想」へ進むように誘っていながら、決して結末を保証するわけではない「未来」が、人々の現に生きている「社会」には含まれているはずだからである。人々は、一見「希望」や「未来」がなさそうな現状においても、必ず「社会」の中にそれらを見出し、それに向かって生活を営んでいく。だから、現代の人々は「宗教・スピリチュアリティ」をどれほど忌避したとしても、それらは人々に新しいコミュニケーションの可能性を開くがゆえに、決してなくなることはないのである。

《文献一覧》

Beck, Ulrich. (2008). *Der eigene Gott von der Friedesfähigkeit und dem Gewaltpotential der Religionen*, Verlag der Weltreligionen.〔ベック、U(2011)『〈私〉だけの神――平和と暴力のはざまにある宗教』鈴木直訳、岩波書店〕

――(2011). "Variationen der Individualisierung: europaische und ostasiatische Perspektiven.〔(2011)「個人化の多様

性――ヨーロッパの視座と東アジアの視座」伊藤美登里訳、『リスク化する日本社会　ウルリッヒ・ベックとの対話』ウルリッヒ・ベック・鈴木宗徳・伊藤美登里編、岩波書店〕

Giddens, Anthony. (1990). *The Consequences of Modernity*, Polity Press.〔ギデンス・A(1993)『近代とはいかなる時代か？――モダニティの帰結』松尾精文・小幡正敏訳、而立書房〕

岸本裕紀子(2012)『感情労働シンドローム――体より、気持ちが疲れていませんか？』PHP研究所。

斉藤環(1998)『社会的ひきこもり――終わらない思春期』PHP研究所。

――(2011)『「社会的うつ病」の治し方――人間関係をどう見直すか』新潮社。

村澤和多里(2012)「スティグマ化とトラウマ化」村澤和多里・山尾貴則・村澤真保呂『ポストモラトリアム時代の若者たち――社会的排除を超えて』世界思想社。

鈴木弘輝(2008)「集合表象から『ハビトゥス』へ　ブルデューの試み」玉野和志編『ブリッジブック社会学』信山社。

竹内洋(2003)『教養主義の没落　変わりゆくエリート学生文化』中央公論新社。

立岩真也(2014)『自閉症連続体の時代』みすず書房。

第七章　教育と責任

濱沖　敢太郎

はじめに

なぜ教師の理不尽な振る舞いを退けることは難しいのか。これが本稿の取り組む課題である。そもそも、このような問いを立てることに違和感をもつ読者もいるかもしれない。なぜなら、われわれは理不尽な言動を目の前にしてその不当さを訴えることができるし、過去にはそのような訴えが教師や学校に対しても行われてきたからだ。ところが、そのような訴えが正当であると認めさせること、あるいは教師の振る舞いを是正することは意外にも難しい。ただし、このような状況に鑑みて教師の言動の正当化可能性について考察することは本稿の目的ではない。むしろ、正当な振る舞いの要求や不当な振る舞いに対する告発が問題を矮小化してしまう危うさを踏まえた上で、教師の不当な振る舞いを擁護することが筆者の目指すところである。

教師の言動が不当であることを認めた上で、その不当さを擁護すること。本稿では責任の問題を中心にこの課題に取り組んでいく。あるいは、この方針もまた違和感を生じさせるものかもしれない。通常、責任を問う営みは不当な振る舞いを追及するものではあっても、不当さを擁護するものではありえないからだ。もちろん、不当であるという訴えに対して弁護を行うことはありえようが、それはあくまで自らの行為が不当ではない、あるいは正当であることを示すための弁護であるはずだ。実際のところ、法的あるいは慣習的な水準における責任のもとで教師の不当さを擁護することはできないだろう。ただし、倫理的な水準において責任を考える限りでその不当さが擁護できるのではないか。このような本稿の結論に見通しを与えておくならば、この倫理的責任とはむしろ非倫理的な行為をなす倫理、M・ヴェーバーがいうところの「責任倫理」である（ヴェーバー訳書 1980：85–106）。

ヴェーバーが「責任倫理」を介して政治家に要求したのは、自らの振る舞いがいかなる帰結をもたらすのかを吟味した上で行動することであった。この意味で、自らの道徳的直観のみに照らして振る舞う「心情倫理」とは異なる行為の準則が政治家には必要だという。ただし、心情倫理家が社会や政治に対する関心を欠いているというわけではない。むしろ、心情倫理家は自らの奉じる目的や価値に忠実であり、その価値を共有しない愚かな人々とその不正に対する怒りに突き動かされている。ところが、まさに人々は愚かであるがゆえに、心情倫理家でさえ時に暴力的な手段――極端には暴力革命――に訴えざるをえなくなる。ここには倫理を掲げるあらゆる者が直面する目的と手段との緊張関係があり、かつ人々がただ一つの倫理のもとに生きることが不可能な社会においては、それが克服不能な問題として人々の前に立ち現れる。ゆえに政治家は目的と手段との倫理的パラドックスを自らとその社会の責任として引き受けなければならないのである。

教師は職業政治家ではない。しかし、ここではそれは何ら問題ではない。異なる倫理を抱き、練り上げ、ゆえに互いに愚かであるような人々が集う場としての教室や学校に留まることを選ぶ者は、誰しもが時に倫理的に危険な手段を取らざるをえない。ヴェーバーの示唆は、教師の非倫理的な振る舞いを擁護する本論に一つの明確な指針をもたらす。同時に、この倫理的に危険な手段は目的と結果に照らして採択されることにも注意すべきであろう。目的と結果にもとづく吟味を欠いた手段はいかなる意味においても許容しえない。この点、ヴェーバーも単純に心情倫理を退けたわけではなかった。このことは、われわれの社会が教師の振る舞いの正当化や不当さに関心をもつがゆえの隘路、言い換えれば法的責任を問うことの陥穽にしばしば嵌っていることに鑑みても重要である。

法廷に立つ者は、自らの振る舞いや主張について弁明しなければならない。このことは、いかに自分のなしたことに過ちがないと確信する者であっても負担の大きいものである。むしろ、責任を問い、それに応えるという営みが当の責任とは関係なく負担の大きいものであるからこそ、応答のための空間を用意することが法の基本的役割であるとも考えられる（瀧川 2003）。このように法的責任を争う過程自体に自己目的的な価値を見出す法解釈からみれば、ヴェーバーにならってあらためて目的と結果の重要性を責任をめぐる実践に据えることは議論を後退させるものにもみえよう。しかし、法廷に立ち、立たせることが他の選択肢よりも場合によってはコストの少ない方法であることは否定できまい。罪を一身に引き受けてくれる生け贄はわれわれにとって都合のよい存在である。責任倫理とはむしろこのような責任転嫁を許さず、あくまでわれわれの愚かさや罪をわれわれの問題として取り組むことに向けた準則であり、応答の空間に立つことを要求するものでもあるのだ。

ゆえに、本稿が教師の倫理的責任を読み解くに当たって最も危惧するのは、それが正当／不当という極めて安易な図式に則って教師を生け贄に捧げる道具として読まれることである。教師の理不尽な言動とその言動を包む理不尽に満ちた空間に目を向け、なおその是正に取り組む職務への忠実さにわれわれ自身が向き合わなければならない。幸いにして（あるいは不幸にして）、われわれの社会は教育における責任の隘路や失敗の先例を語るに事欠かない。その中で本稿が主に取り上げるのは、その典型的な歴史を辿った「管理教育」論争である。この論争は一九八〇年代から九〇年代にかけてあまりに理不尽な教育実践が展開されたことに端を発するが、次第に教育そのものの不当さまでもが議論の俎上に乗るようになっていく。すなわち、抑圧的な教育の駆逐が当初の主題であったにもかかわらず、教育そのものにおいて抑圧性が不可避であるという難問にぶつかったのだ。しかも、抑圧的実態の法的な告発は、期せずして法的解決の難しさを露呈させる。教育的抑圧の焦点化とその法的解体の行き詰まりの中で、教育的抑圧はなおいかに擁護しえたのか。

センセーショナルな事件や裁判が人々の耳目を集める中で高揚したこの教育論争もいつしか忘却されつつある。しかし、この歴史を経て先鋭化していった実践はなお残存しているし、大部分が消え去ったからその歴史を葬ってよいというものでもない。だからこそ再度この論争の一つの到達点を確認することによって、われわれが教育に対峙する倫理的態度を問うこと、これが本稿の目的である。

1　法外な教育

「管理教育」を非難する声が上がり始めたのは、一九八〇年代初頭のことである。それ以前から、生徒個人に対する学級集団や学校の抑圧的実態を訴える声が無かったわけではないが、自殺者を出したことなどによって教師たちの行き過ぎた指導への注目が集まり始める。なかでも厳しい集団訓練が全県的に広まった愛知県の実態はその代表校から取った「東郷方式」の名とともに全国的に知られるようになった。そこでは、分刻みに作業が決められた清掃活動、小学校からの制服導入、男子の丸刈りや女子の長髪の強制、私語を控えさせるための挙手のルール化、外出時も含めたヘルメットの着用義務化などが広く展開されていた（有賀 1983、内藤 2007）。特に中学校や高校ではこれらの校則の遵守や違反が内申書に大きく響いたため、生徒の判断の余地を奪った強制的な指導がまかり通り、同時に告発の声を上げることを難しくもしていた。しかし、同時期に民間の教育機関で起こった子どもの自殺事件などを契機に、子どもの人権を蹂躙する学校の実態に対する批判が高まっていく。その一方では、当時校内暴力に対する危機感が広まりつつあったことも振り返られてよい。実際、理不尽な指導の目的にはしばしば非行の防止が掲げられていた。校内暴力への関心の高まりによって一九八一年には文部省がはじめて校内暴力にかんする調査と通達を実施し、翌一九八二年からは今日まで続く問題行動調査に校内暴力が正式な項目として位置付けられるに至る[1]。抑圧的な教師の振る舞いと生徒の凶暴化は、相俟って殺伐とした学校空間を醸成していった。それに対して、この教育の危機を市民法の適用によって打開しようという動きが生まれる。暴行罪、傷害罪、監禁罪、脅迫罪、強要罪、名誉毀損罪。学校での暴力をこれらの罪に問い法の手綱をかけることは、特に自らの危機においてさえ身動きの取れなくなっていた子どもを守るための活路だった。

しかし、管理教育の典型とも考えられていた丸刈り校則をめぐる裁判は事態を思わぬ方向へと導く。

熊本県玉東町玉東中学校では入学する男子生徒の丸刈りを校則として定めていたが、一九八二年にある男子生徒および保護者らが日本国憲法第一四条に定められた法の下の平等に反するなどの理由で校長および町を相手取って訴訟を起こす。一方で玉東中学校長は丸刈りが非行防止をはじめとした教育活動上、十分な合理性を有するとして反論を繰り広げ、事態は全面的な争いへと発展する（熊本地判昭六〇・一一・一三判時一一七四号）。丸刈りが非行防止などの教育上の効果を有しているかどうかについては裁判所も疑義を呈していたが、結局、当該裁判は一九八五年に男子生徒が高校生になり学校と直接的な利害関係になくなったことを理由に原告不適格として原告の訴えを棄却した。さらに、玉東中裁判の原告不適格を受けて、丸刈り校則を定めた中学校に進学予定であった小学生およびその家族が予防的に起こした裁判では、校則そのものの法的性格が争点となった（最一判平八・二・二二判時一五六〇号）。この裁判も中学校との直接的な利害関係にないことなどを理由に原告不適格、上告棄却となったが、判決では校則が生徒に対して具体的な権利義務などの法律効果を生むものではないため、訴訟対象となる処分に当たらないとした。すなわち、この判決は校則が学校における自主的な管理規則であることを認めた点においては学校の校則制定行為を擁護した一方で、当該校則は「生徒の守るべき一般的な心得」にすぎないとして、生徒の服従義務を否定している。

これらの判決は中学生の校則服従義務を否定する解釈を導き出した一方で、同時に校則とそれに付随する教師の理不尽な振る舞いを市民法に照らして訴えることを限界づけるものでもあった（市川 2007 : 138,163）。このことは懲戒としての停退学処分が認められた高校の校則にかんする裁判においてより明瞭になる。[2] 停退学によって学校に在籍することに伴う地位や権利を喪失するのは明白である以上、それを定める校則が学校生活の基本的な指導基準にとどまるとは到底いえないからだ。[3] 一九八一年、全国高等学校ＰＴＡ連合会はバイク事故の急増に対していわゆる「三ない原則」（免許を取らない・乗らない・買わない）を徹底することを決議しており、多くの学校では校則に基づく許可制を実施していた。その中でバイク校則に違反したことに伴う退学処分をめぐる裁判が全国的に行われたが、ほぼすべての裁判で原告の生徒側が敗訴している。その中では学校および校長に、校則制定権と校則にもとづく懲戒権、それらに関する教育的合理性の判断の裁量が認められている（例えば、高松高判平二・二・一九判時一三六二号）。生徒側の要求が一部認められた数少ない裁判においても、その要求が認められた理由は、学校側がバイク取得以外の校則違反などの素行不良を立証できず、かつ校内で校則違反が認められたのちに教育的配慮にもとづく適切な指導を模索しなかったというものであった（東京高判平四・三・一九判時一四一七号）。

校則をめぐる一連の裁判の中で浮き彫りになってきたのは、学校外なら法的責任を追及しうるような不当なルールや実態が学校においては認められてしまうという事態であった。すなわち、法に訴える一連の運動の当初の意図に反して、教育には法外な措置が認められることがより明確になってしまったのである。ただし、この帰結はある種の希望でもあった。なぜなら、懲戒をはじめとする学校での教師の抑圧的な言動には、必ずしも法的な根拠があるわけではないことも明らかになったからだ。特に、一般的に教科教育の専門性と比較して水準確保の難しい生徒指導の領域については、生徒と保護者の権利保障を前提に指導が行われなければならないことも判例を通じて浮き彫りになりつつある（市川 2007：110-116）。教師の言動の不当性を法的責任に訴えずとも、生徒の権利を中心に生徒と保護者、そして教師が議論を重ねることによって、学校内部で不当な指導を是正していく道筋がつけられたといえよう。その後、男子の丸刈りを定めた校則は全国から消えていった。[4]

しかし、学校が法的責任の追及を逃れることさえ可能な、社会から隔離された空間として認められたことは新たな責任問題を生むことになる。皮肉にも、それは社会から隔離された空間を適切に管理する責任であった。

管理教育への批判が高まったのと同じ時期、いじめが少しずつ重要な問題として認知されはじめていた。実はこれも校則裁判と同じく、生徒が自殺した複数の事件が契機になっている。一九八五年、福島県いわき市の中学生が同級生からのいじめを理由に自殺、家族がいじめ加害者の親と学校に対して自殺についての損害賠償請求を起こした。のちに加害者の親とは和解しているが、一九九〇年に結審したこの裁判は自殺の予見可能性をめぐって注目を集めることになる（福島地いわき支平二・一二・二六判時一三七二号）。この判決では一般論としていじめが自殺につながる可能性を踏まえた上で、当該生徒に自殺の予兆があったという事実は認められないものの、悪質ないじめに対する安全保持義務を学校が有するものとして、学校側の賠償責任を認めた。これは自殺の予見可能性が認められない場合には損害賠償請求そのものの妥当性を否定してきた従来の判例を翻すものであった。すなわち、いじめという生徒同士の暴力的な事態に対して、学校や教師がその管理責任を負う可能性が広げられたのである。[5]

教育空間に対する責任の問題はいじめに止まらない。しかも、その責任要求は学校や教師自身のメンタリティにおいてさえ根深いものとなっている。労働現場としての学校の過酷な実態を示す例は枚挙にいとまがないが、ここでは特に、教育活動としての是非や学校の責任問題が繰り返し問われてきた活動として、運動部活動にかんする知見からそのことを確認しておこう。生徒の自主的・民主的な活動として奨励された戦後の運動部活動は、一九六四年の東京オリンピックを契機に質量ともに過熱していった（中澤 2014）。運動部活動が拡大することによって当然教師の負担が問われるようにもなり、一九八〇年代末からは学校外部の地域スポーツクラブへの移行なども模索されてきたが、競技性の高まりとともに全国的な組織化が図られた地盤はなかなか揺らぐものではない。その到達点ともいえる現在の学校部活動には、たとえ消極的であっても生徒と保護者のニーズを適切に把握し、「子どものため」の部活指導に周囲からも自発的にも駆り立てられる教師の姿があるという。校則にみられる「指導の過剰」といじめに代表される「指導の不在」のいずれをも責任に問えてしまうという系譜は、まさにそれゆえ教育とその隘路を創出し続けてきたといえよう。

このような学校と教師の重責化は子どもや親同士の力学を後景に退けていく。このことを再び校則裁判に即して考えてみよう。バイク規制措置を定めた校則の当否を争った裁判では、実は校則に対する他の生徒の保護者の支持が事実認定され校則の教育的合理性を示す一つの根拠となっている。

> 本件校則は、免許取得を一律全面禁止するのではなく地域指定による許可制であり、しかも、PTA関係団体の決議や生徒指導主事連絡協議会の申し合わせに立脚し高知県下の他校とも歩調を合わせたものであることが明らかである。更に、本件校則のようなバイク規制は、高知県下のみならず、全国的にも行なわれていることが窺われる。そのうえ、本件校則は、保護者に周知徹底してその多くから支持されており、しかも、前記認定の事故件数の推移からして、かなりの成果をあげているものと認められる（高松高判平二・二・一九判時一三六二号、強調は筆者による）。

このことは、すでに確認したように教育判断が生徒や保護者の意向に即して吟味されるべきものであることを示すと同時に、それゆえ生徒や保護者の意見が異なる場合の決断を教育裁量の名の下に学校に迫るものでもあった。このような事態はバイク通学のように学校生活に直接影響を及ぼすものにとどまらない。休業期間中に芸能活動に従事したことによる退学処分の当否を争った裁判では、他の生徒の保護者から芸能活動への従事を批判する声が学校に寄せられたことが明らかにされている。[6]学校は処分との因果性を否定しており、原告の請求を棄却した判決でも、芸能活動禁止の学校方針を無視したことによる処分は「社会通念上」やむをえないこととして、これまでみてきた判決同様の見解が示された。[7]もちろん裁判はあくまで訴訟内容に即して議論が行われるべきであり、この裁判も原告である元生徒と被告である学校の間で処分の是非を争う他に道はないであろう。しかし、それは学校という場に生じる利害関係から目を背けてよいということではない。丸刈り校則の放逐は、法的措置に訴えるまでもなく、校則にかんする生徒と教師の合意が成立しえないことをもって可能なのだった。それゆえ、倫理の相克を法的な解決に求めることが限定的な対処にしかなりえないのは明白である。それにもかかわらず、一部の生徒に対する処分を教師や学校の教育責任によってただ正当化すればよいなどと思う者がいるならば、それは卑怯であるとの誹りを免れえないだろう。[8]

2　平等の欺瞞

教育と責任の隘路を直ちに悲観する必要はない。しつこいようだが、不当な校則をその一部とはいえ、われわれは実際に排除してきたのである。ただし、このような排除への意志は生徒や保護者のみにあったわけではない。なかでも、教育裁量を委ねられた教師たちが生徒らの訴えに同意するからこそ変化が生じた側面は重視されてよい。なぜなら、法や社会的地位にもとづく責任の追及が隘路を免れえない状況において、問題とされる当の実践に即して教師を含めた当事者たちが解決を図ることは、まさに法が期待するところでもあったからだ。そして、市民法の適用によって教育の危機を乗り越えるのではなく、管理教育によって失われてしまった生徒の思考や判断の余地を教育内在的に取り戻そうとする動きは、管理教育への批判が高まるのと同時に展開されてもいた。この動きはいってみれば、法的には平等ではありえないことが露呈した教師と生徒の関係を、実践内在的に個人の平等を追求することで解体していこうとするものだったといっても良い。

そのような実践の目標としてしばしば掲げられたのが、法的には認められていた懲戒処分の駆逐であった。管理教育および教育裁判が誤っていたのは規則を規則であるがゆえに遵守し、適用すればよいという無批判な態度や発想である。ところが校則に違反した児童生徒を規則に従ってただ懲戒に処すだけなら同じ轍を踏むことになってしまう。それよりも遥かに重要なのは、自らや他人の過ちについて考えさせることである。それゆえ、教師は非行に及ぶような児童生徒に対してただ処分を科すのではなく、自らの生き方について問うよう迫らなければならない。そして、処分を放棄した教師と対等な立場で、自らの生き方を吟味し行動する生徒たちの変化こそが、管理と不可分な教育の解体につながる。新たな実践可能性はこのように模索されていった（石井 1981）。

ところが、人間的平等のもとで管理教育を追放しようとする実践に異議を唱える者が現れる。埼玉の一高校教師であった諏訪哲二らを中心に組織された「プロ教師の会」である。この会は元々一九七〇年に埼玉県立大宮工業高校定時制の実習助手が反安保デモに参加、逮捕されたことに抗議の声を上げた高校教師たちの集まりで、のちに中学校や小学校教師も含むメンバーの加入とともに埼玉教育塾、プロ教師の会へと名前を変えている(異議あり！編集部 1973、埼玉教育塾 1983)。ただし、反安保デモの参加者逮捕への抗議を契機に発足した経緯からは一見奇妙だが、彼らが問うてきたのは、国家の権力性ではなくむしろ教師の権力性であった。大宮工業の実習助手は釈放後、管理職と教育委員会による家庭研修命令および減給の懲戒処分を受けている。また、この処分に抗議する人々は教員組合に協力を依頼したが、執行部の判断は実習助手の行動がむしろ組合勢力の分裂をもたらす行動だとして協力を拒否するというものだった。すなわち、助手の行動や周囲の抗議は政治参加を企図したものだったにもかかわらず、保革の対立という政治的構図そのものから排除されてしまったのである。さらに、処分の理由がデモへの参加のみならず学校内で助手が行っていた活動にも及んでいたことが判明するに至って、教師にとっては日常的な空間に過ぎなかった職場が政治的な偏向というレッテルとともに権力に満ちた空間であるという事実を突きつけられるに至る。これに追い打ちをかけたのが、同じく一九七〇年に起きた福岡県立伝習館高校での事件であった。このケースでも教育内容の政治的偏向を理由に三人の教師が処分を受けている。そして、これらの問題と活動を通じて彼らが到達したのは、自らや仲間の政治的排除への非難ではなく、教師がいかに反体制的な思想や実践に与しようともその地位や振る舞いが現状の権力体制内にあるという自省であった。それゆえ反体制という形での権力との差異化のみによって己を正当化しようとすることは欺瞞でしかない。

だからこそ、教師の権力性とその表れである抑圧的な振る舞いが露骨に問われた管理教育論争は諏訪らにとって極めて重い主題だったのであり、それを学校外の政治的枠組みによってではなく実践内在的に解体・再編するという方針そのものは彼らも共有するところであった。しかし、教師と生徒の平等を強調する人々に対して、プロ教師の会のメンバーはこれを「進歩派」と呼んで強く反発している[9]。なぜか。それはまずもって進歩派が考えるのとは全く正反対に、生徒や保護者、そして教師は平等という理念を深くその精神に刻み込んでおり、しかもそれが誤った形で考えられているから、であった。誤解を招かぬよう断っておくが、諏訪も法の理念としての平等を否定したわけではない。問題は人々が本来規範的な要請であるはずの理念の範疇を超えて、あらゆる人間が潜在的には平等な能力を有しているという現実認識へと拡張されてしまっている点である。このような能力への信頼は、出自によって次世代の地位が決まってしまう属性主義的な社会を変革する原動力となる点において極めて重要な意義を有している[10]。さらに、管理教育に照らせば、教師の理不尽な言動は野蛮で前近代的なものにみえるがゆえに、能力主義はそのような現実からの脱却の指針としての重要性をますます帯びていく。

しかし、あらゆる人間が潜在的に平等な能力をもっているという認識は、新たな排除の基準として作動し始める。人間が能力的に平等なのであれば、誰かが何事かをできないとしてもそれは単に努力不足に過ぎず、それゆえ人間としての価値に劣るというまなざしを生み出す[11]。

「平等」思想に基づく「やればできる」という能力観は、必然的に「できないものは人間として駄目だ」という人間観につながっていく。能力が高いことが、人間的な価値の高さにすり替えられ

ていくのである。（諏訪 1990 : 112-113）

さらに、進歩派への非難は続く。進歩派は理念としての平等を掲げ、日本の学校に蔓延した理不尽な言動を戒めようとしている。しかし、その主張が体罰や丸刈りなどの過激な指導を抑えるためだけのものなのだとしたら、本来理念として掲げられるべき平等を単なる手段に貶めることになってしまう。そして、実際に進歩派をはじめとした、管理教育を非難する人々は、過激な事例に対しては反対する姿勢をみせてはいるものの、たとえば制服といった一見穏当な校則についてはさも当然のごとく指導を行っている[12]。しかし、服装は人の美意識や価値観にかかわるものであり、そのことに無批判に制服指導を行えてしまうなら、理念として平等を掲げる進歩派の姿勢に疑問符をつけざるをえない。そのような振舞いこそ、諏訪らが最も恐れる学級や学校への無言の同調圧力であるからだ。この事態を受け入れられない教師にとって、教師自身の教育的な関係からの逃避は同調圧力への抵抗の選択肢かもしれない。教師と生徒の平等という理念を隠れ蓑に一切の指導を放棄するということは、少なくとも倫理的に可能である。しかし、それによって放置される学級集団は逃亡する一教師の存在とはおよそ無関係に能力の潜在的な同質性を信じているのであり、もし社会的な理念としての平等を真に掲げ実践する者ならば逃避は倫理的に許されないであろう。再度確認するなら、進歩派が非対称的な関係としてしかありえない教育を学校の実践に即して再編し、その意味で理念としての平等を掲げる点については諏訪らも賛同する。だからこそ、進歩派の思想と実践の不徹底は糾弾される必要がある。そこに欠けているのは、自らの振る舞いが生徒にとっては根本的に抑圧的なものでしかありえないという自覚と、その抑圧的な関係を再編するという意味で理念としての平等を具現化するための道筋、方法であった。

3　教育的挑発

平等と癒着した能力主義的な排除に抗するためには、実践的に何が可能か。諏訪らは、能力も含めた互いの様々な差異に生徒たちを晒し続けることを目論む。ありうる差異を次々と隠蔽し、成績といった簡素な尺度に差異を落とし込める事が集団の同質化と排除を招いてしまうのなら、むしろ集団内にコンフリクトを生み出してでもあらゆる差異を顕在化させ続けることの方が、差異への耐性を各人に鍛え上げ、差異を理由とした排除を避けうる道である。かつ、そのことは差異に晒される生徒たちが自らの判断や振る舞いを問い直すきっかけを作ることになる。それはまさに管理教育によって失われた生徒の思考の余地を取り戻す営みでもあった。そして、ここで重要なのはありうる差異によって生じるコンフリクトに生徒たち自ら取り組ませること、すなわち生徒自治を確立させることであった。コンフリクトを教師が解決してしまえば、結局のところそれは教師の抑圧的な力をみせつけることで生徒たちを萎縮させ、教師に従順な同質的集団へと回帰してしまう。それゆえ、教師は間接的に生徒間のコンフリクトを引き起こしながらも、その争いからは自らの身を引かねばならない。プロ教師の会はこの具体的な方法として学級や学年会における討議、そしてその基盤となる班活動を据える。[13] いかなる論題においてもまずは班という小集団で意見を練り上げることで生徒各人の意見表明と相対化の契機を多く用意しつつ、それがさらにより大きな集団の中で問い返される。それは生徒集団の方針を決定するためのプロセスでありながら、その過程自体に自己目的的な意味をみいだしうる空間の創出であった（諏訪 1990：233-234）。ただし、自治の基本はあくまで方針の決定と実行にある。生徒の間にコンフリクトを生じさせれば当然ながら集団が崩壊する可能性をも開くことになる。一方で、教師はコンフリクトを生じさせながら無責任にもその対処に手を貸してはならない。それゆえ、教師は生徒が自治に向かうよう適切な動機づけを試みなければならない。

生徒自治の基本は、自分たちで決定して実行することであり、その過程には当然、統制が登場してくる。もちろん教師が提示した生活規範も守らない生徒、守れない生徒がいるが、これは教師が提示したことだから教師が責任をとればいい。しかし「生徒が決めたこと」はいったい誰が守らせるのか、誰が統制をとるのかという問題がでてくる。これは民主主義の基本でもあるのだ。

そういうとき、私は担任として生徒たちにこういう。「教師は君たちの仲間ではない。だから、教師が指示したことを君たちが守れないのは教師の責任である。しかし、生徒が自分たちで決めたことを生徒が守らないのは許さない。」生徒に対する担任としてのこのような発言は、統制ではなく挑発である。おまえたちの自尊心や友情や団結力はどのようなものなのかを問うているのである。

（諏訪 1990：228）

生徒自治という目的に鑑みた挑発。このことは教師の倫理にある示唆をもたらす。挑発とは人格や尊厳に対する侮蔑的な態度であり、そのことによって受け手を奮起させる営みである。つまり、挑発する者は奮起する受け手の尊厳を信頼しつつ、同時に受け手に対しては不信な態度を示すという矛盾した振る舞いを行っているのだ。この意味で、挑発は道徳的な直観に照らして正しい態度とはいえない。さらに、諏訪が要求する挑発とは、あくまで生徒自治という目的に鑑みて許容される。ただし、この目的そのものは生徒各人の善き生き方を定めるものではない。生徒自治の意義とは、生徒が相互の差異と善き生き方について討議する空間を確保することなのであった。同質的な集団からの排除を避けるべく生徒自治に賭ける諏訪にとって、挑発とはその結果生み出される生徒個人の倫理を統制しないことに意味がある。すなわち、この挑発は結果に鑑みて正当化することはできず、むしろ正当化できないとしても、一つの賭けとして、そのように振る舞わなければならない。すなわち、教育的な挑発は直観的にも結果に照らしても倫理的な正当化ができないにもかかわらず、なお教師の倫理的責任として要求されると諏訪は主張するのだ。

かつ、重要なのはこの挑発に実践的な可能性があるということであろう。挑発があくまで態度や責任感の範囲にとどまるのであれば、平等の理念を掲げながらその不徹底ゆえに差別に加担してしまっている進歩派の教師となんら変わらない。しかし、挑発による生徒自治への契機が確かにあったことを彼の実践は示している。諏訪が担当していたあるクラスは「教師にたいする不信感を浅くもっている生徒が比較的多」かった。教師にたいする不信感の欠如は、教師の善意を学級に蔓延させ究極的には生徒を従順にする。それに抗するためには、何としてでも教師と生徒との暴力的な関係を可視化させ、生徒自治への契機を作り出さねばならない。ある日、諏訪はひとりの生徒に注意をした。すると、まったく関係がない生徒が「うるせえ。つべこべいうな」と口走り、これに怒った諏訪は彼を出席簿でひっぱたき、生徒はさらに激怒して二人の間でしばらく乱暴なやり取りが続く。しばらくして、生徒は自らの非を認め、同時に諏訪が叩いたことについての謝罪を要求する。さらに、諏訪がこの要求も突っぱねると生徒は「どうしてもあやまらないいんですか。諏訪さん。」と問いかけた。このとき、諏訪は「諏訪先生」から「諏訪さん」と呼称を変えた彼の振る舞いに、教師と生徒の関係を可視化する絶好の機会を見出す。[14]一通り怒鳴りつけた後、彼は語りかける。

「おまえが卒業するまで、あと一年半あるが、おまえがこのオレを諏訪さんと呼んで、どうしても対等につきあおうとするんだったら、オレもそれにつきあってやるぜ。オレもこれからおまえを生徒としてではなく、対等な人間としてあつかってやるが、それでいいんだろうな」と私は彼にたいして念を押した。

彼は私のことばが理解できず、「それはどういう意味ですか」と問い返した。

「要するになあ・・・」と私はつづけた。

「オレはおまえが生徒だと思っているから、いろいろな意味でおまえを甘やかしているんだよ。たとえば、オレが一所懸命授業やっているときに、おまえがポケッとしていても、少しぐらい机に顔をふせて寝ていても、怒ったりしないだろう。これはなあ、オレが、おまえをオレと対等な人間ではなく、おまえがオレの生徒だと思っているからそうしているんだ。だけど、おまえがオレと対等につきあおうとするんだったら、オレが授業に注いでいるのと同じぐらいの真剣さと情熱を授業にたいして示してくれないと、片手落ちになるよなあ。それに、おまえは時々遅刻をしているらしいが、それもおまえが生徒だから許されているのであって、オレと対等につきあおうということになると、できなくなるよなあ。それでもいいんだな。オレはかまわないよ。おまえがオレと人間として対等にはりあってくれるなんて、うれしくって涙がでそうだぜ。一年半勝負をしてみようじゃないか。」

聞いている生徒たちは、半分ぐらいはわかったような顔をしていた。Oは、どうやらオレの真意の若干を理解しはじめたようで、黙ってしまった。

「どうするんだよ、O。オレは、いつでもこの勝負を受けてやるぜ」と私はさらに挑発した。しばらくして、彼は最後にこういったのだった。

「少し考えてみます。」

私も、それ以上、彼を追いつめずに見逃してしまった。最初から無理だとは思っていたからである。

（諏訪 1989 : 224-225）

Oが勝負に耐えられないことを前提にした恫喝は、ある意味で進歩派を始めとした管理教育批判の陥穽を的確に示しているといえるだろう。管理教育へのアンチテーゼとして掲げられた平等が、実は管理教育と同じかそれ以上にむき出しの権力関係を生じさせることが諏訪の問いかけを通じて露呈する。すなわち、ヴェーバーがいうところの心情倫理に即した行動を取るなら、平等を掲げる教師は自らの振舞いによって生徒を徹底的に抑圧する可能性に直面せざるをえない。少なくとも、Oは諏訪との力関係を前に敗北した。

しかし、ここでの諏訪の恫喝を心情倫理に則したものとして、言い換えるなら、信念に強く従うあまりに、他者の受け止め方や他者の存在そのものを顧みることのない振る舞いとして理解すべきではないだろう。生徒たちの反応を確認していることからも分かるように、諏訪はあくまでこの会話を教師への不信感が欠如したクラスに向けて行っている。そして、諏訪はあえて不信感を生じさせるための契機を待ちながら、Oの反発や彼との駆け引きをまたとない機会として賭けに打って出たのである。Oの敗北を目の当たりにした彼ら彼女らにとっては、この出来事はOと同じく教師に従順な生徒でしかなかった生徒たちの尊厳を挫くものとなるに違いない。教師と生徒が対等だと思い込んでいた学校生活が、実は教師による慰撫でしかなかった可能性に気づくこと。非対称的な関係の顕在化やそれに伴う不信の蔓延は、教師を学級から追放することへの動機になる。同時に、平等が権力関係からの逃避ではありえないことが学級に露呈した以上、たとえ教師を追放したとしても生徒同士における倫理の相克は必至である。そうだとすれば、平等は排除や差別への抵抗の理念として掲げ直さなければならない。Oとクラスの生徒たちに対する挑発は、このような結論を彼ら彼女らが見通す一つの条件となる。このような諏訪自身の吟味に即して考えるなら、Oに対する恫喝は心情倫理ではなく責任倫理のもとでなされた行為として読み解かれるべきだ。

もちろん、一人の生徒からしてみれば、諏訪の挑発が単に理不尽な要求にしか思えないということはありえる。この意味で、いかに諏訪が慎重に振る舞おうとも、彼が心情倫理のもとで行動する苛烈な人間にみえてしまうこともあるだろう。そして、このことは平等という理念に強いこだわりをもつ諏訪の人格や、ヴェーバーが政治家の行動の準則としての心情倫理をあらゆる局面にかんして否定したわけではないことと何ら矛盾しない[15]。それゆえ、諏訪自身の見通しや振る舞いを契機として、いかなる自治と倫理が生徒たちの下に立ち上がっていったのかということは別途検討する必要はあるだろう。ただし、この必要性に読者が同意できるのならば、それは諏訪が掲げた教師の責任倫理をわれわれ自身が共有していることの証左でもある。このことが理解されたならば、教育と責任の考察を通じて教師の不当な言動を擁護するという本稿の目的は達成されたといって良い。

おわりに

責任をめぐる実践には、義務の履行（違反）と損失への償いという二つの側面がある。ただし、われわれの振る舞いが自らの愚かさをはじめとした運に左右されざるをえない以上、義務に対する違反を他人から非難されない余地は常に残されている。人はそれを悲劇と呼ぶであろう。しかし、悲劇の只中にあってもなお、自らの行為がもたらした結果に対する痛みを感じうることもわれわれは知っている（古田 2013：186–208）。この痛みに自覚的な教師の一人であった諏訪哲二は、それゆえ運や一般的な義務に身を委ねることはしなかった。教室の悲劇――すなわち、同質的な集団からの排除と差別――を避けるために可能なことは何か。教師の責任倫理とはこの課題に取り組むことを要求する極めてシンプルなものだったといって良い。挑発という非倫理的な手段は、悲劇を避けるという目的のもとに許容されるものだったである。ただし、それは目的によって手段を一義的に正当化するということではなく、むしろヴェーバーが述べたように目的と手段の緊張関係の自覚と吟味を必要としていたことは繰り返し確認されるべきだろう。

ヴェーバーの思想において、責任倫理には二つの両義性があった。一つは、すでに示してきたように責任倫理を引き受ける者は政治的な目的に対して苛烈な手段を選ばざるをえないということである。近代における政治家が自らの自律とそれを支える究極的な価値選択を可能にするためには、その究極的な価値を官僚制を通じて社会に強制しなければならない。ところが、この強制は他人にとって他律でしかありえない。ただし、ヴェーバーはこの問題について政治家の権威を、政治家が掲げる価値に同意することを通じてその権威を承認する人々の共同体に限界づけることで理論上の対処を図っている。そして、この理論上の対処は、責任倫理あるいは政治と学問との関係に次なる両義性をもたらす。学問は人々が「自身の行為の究極の意味」を明晰にすることを助ける（ヴェーバー訳書 1980 : 63）。それゆえ、政治家が責任倫理を引き受けるのであれば、その倫理や行動は当然学問が明らかにするところに依拠せねばならない。つまり、政治家にとって学問は究極的価値を実現するための手段である一方で、学問が自らの行為を律するという点では目的でもあるのだ。反対に、学者にとって責任倫理の立法は行為の意味を明晰にする知的誠実性という自らの目的に叶った営みである一方で、自らを含めた人々にとっての究極的価値を体現する政治家に対して自らの営みを手段として位置づけることでもある。政治における目的と手段の緊張関係とは、政治と学問とが目的および手段において依存と緊張の相互関係にあることの一つの表れなのだ（オーウェン訳書 2002 : 226–232）。

ここに至って初めて、われわれは教師の不当さに対峙する指針を獲得できるように思われる。責任倫理がその他の者にとっては不当な行為を導きだしながら、同時に責任倫理が学校や教室における不当な実態の駆逐を画したものであること。このように、目的と手段のいずれもが倫理的に非難しうる地平にあることを前提とした上で、そのいずれを排除すべきなのか。あるいは、いかなる別様の手段や帰結がありうるのか。これらの問題に吟味を加えていくことこそ、教師や学校に向き合うわれわれの責任ある態度であるはずだ。そして、この指針に基づき諏訪の思想と実践の限界について考察しておくことは、読者に対する実践的な道標を示すことになろう。

諏訪にとって重要なモチーフの一つとして、平等の欺瞞の延長線上にある「自我の肥大」への危機感を挙げることができる。すなわち、人間が対等であることを所与のものとして受け入れた子どもや若者、保護者は自らの存在価値を疑わず、それゆえ他人との差異のもとで自らの生き方について省察することがない。反省の欠如は進歩派の教師において、無意識的な抑圧である服装指導などに露呈するのだった。再度確認するならば、諏訪が教育的挑発によって期待していたのは、このような生徒たちが学級や学年といった集団のもとで差異に晒され、自らの信念や振る舞いを問い返し、実践の変容が生まれることであった。彼は何よりも、差異に鈍感で耐性が無いがゆえに暴力的になってしまう人々の有り様への危機感に突き動かされていた。教室や学校の悲劇は何としてでも回避されるべきなのである。

ところが、生徒の変容を主張する彼の語り口からは、次第に悲劇の影が消えていく。教師と生徒を対等とみなす考え方の危うさは、本来ならば生徒集団における差異の顕在化と自治に仕向けられなければならない。だからこそ、諏訪はその挑発において彼ら彼女らの自尊心、そして「真の友情」に訴えかけてきた。しかし、平等意識の浸透した生徒たちは、学級集団を成り立たせる前提としてかつては存在した愚かな友情さえもはやもっていない（諏訪 1999：133-137）。友情をめぐる生徒たちとの認識の齟齬は、諏訪の眼前から挑発の対象であったはずの生徒集団を後景化させてしまう。たとえば、「スクールカースト」について。彼は近年様々な場面で注目されるようになったこの概念に乗じる人々を強く非難する。そのような人々は生徒間に生じる上下関係を忌避すべきものとして想定し、しかも生徒たちには罪がないと考えるので、問題を大人の責任において解消しようと主張する。しかし、生徒間での力の差は必然的に発生するのだから、そこでの暴力を生徒たち自身にいかに抑制させるのかという発想の転換が必要だというのだ（諏訪 2014：184-194）。この指摘は批判として妥当であると同時に、これまでの彼の主張に鑑みても一貫している。しかし、「スクールカースト」にかんして問題視された事態の一つとして、上下の地位が固定化することによって一部の生徒に不利益が偏在していたことが想起されるべきであろう（鈴木 2012：189-198）。これに対して諏訪は、極端にいえば生徒個人の「根性」によって地位の入れ替わりが可能であることを強調する（諏訪 2014：171）。ここでは、地位が固定的なのか、あるいは変動的なのかは重要ではない。諏訪自身、社会調査によって一般性の高い知見が得られていることは否定していないし、蓋然性は低くとも変革の可能性があることとも矛盾しない。問題は、これまで生徒たちが差異を差別へと転化させない集団を作り出すことを要求してきた諏訪が、問題解決の道筋を差異ある個人の努力へと矮小化してしまっていること、である。このように事態を読み解くことで、彼が最も危うんでいた同質的集団によって差異ある個人の排除が進むという告発を無化してしまっているのだ。この意味で、諏訪は平等という彼自身がかつて掲げていた価値を裏切っている。あるいは、平等という価値を手放してはいないとしても、問題解決を個人の努力へ矮小化する彼の見立ては、彼が訴えてきた教師の責任倫理に反するであろう。

ただし、このような記述そのものが、挑発としてなされている可能性をわれわれは考えてもよい。時に「露悪趣味」（古茂田 1996 : 214）とも評されてきた諏訪の文章は、その実自らの主張の危うさに対する多くの配慮がなされている。肥大する自我を自治集団の創出に向かわせるという彼の主張は、平等を理念に掲げるという眼目が不鮮明になると同時に「公」や「市民」という概念が個人のもつべき資質として受け取られてしまう危険がある（小玉 2003 : 102-103）。これに対して、諏訪は「市民としての人間形成」と「学力」を区別しながらも、人間形成が単に社会的に要求される道徳を身につけることとは異なるものだと主張する。また、彼は親という存在が進歩派の教師に同じく子どもを自らの意思の管理下におけると誤解しているとの糾弾を繰り返してきた。このため、親の子育てにかんする過ちを正すためにも「親学」が必要だという（諏訪 2007b : 252）。この主張に、子育ての困難を親個人の知識や態度の問題へと矮小化させてしまう危険をみて取ることも容易であろう。しかし、彼は「家庭力」や「親力」といった造語が、ますます親による管理を助長することに警鐘を鳴らしており、親に対する支援を優先すべきとも主張している（諏訪 2007a : 180-198）。このように、諏訪は多くの場合、政治的に両義的な主張を展開してきたのであり、さらにいえば、そのような危うさを抱えた領域として教育を構想、実践してきたところに彼の議論の魅力があると考えられよう。そして、これは安保闘争下における左右両陣営からの排除を契機に運動を続けてきた諏訪やプロ教師の会にとって、必然的な立ち回りでもある。

それゆえ、挑発されているのは読み手であるわれわれ自身である。差異への耐性に欠けた諏訪が差異ある児童や生徒に矛先を向けるとき、その罪禍に声を上げるも看過するもわれわれ次第である。これは、必ずしも子どもの問題を大人の責任において解消せよということではない。差異ある児童生徒への耐性を学級、学校集団としていかに作り出すことが可能なのか。この課題を個別の実践に即して吟味と介入を加える（あるいは加えない）こと。実践家としての責任倫理は、すでに諏訪の手を離れ、後続者としてのわれわれの手中にあり、それはわれわれへの試練でもある。

《註》

1　文部省『児童生徒の問題行動等生徒指導上の諸問題に関する調査』による。ちなみに、調査方法変更の影響などもあるが校内暴力の発生率そのものは特に中学校において近年まで漸増傾向にあった。

2　学校教育法第一一条では懲戒が認められているが、このうち退学処分については公立学校に在籍する学齢児童には下せないことが学校教育法施行規則第二六条で定められており、停学についても実質的には機能していない。

3　そのため、強制的な懲戒処分の実施を回避して、代用的な自主退学勧告をすることも少なくなかった。

4　二〇一五年現在、男子の丸刈りを実施している学校は日本全国で一校も無い。その背景には、すでに本文引用の判例で言及されたように丸刈りの教育的効果が否定されたという指摘もある（朝日新聞二〇一五年三月七日夕刊五面）。しかし、教育的効果の不在を理由に消滅したのであれば、まさにそのことが丸刈りを始めとする教育問題の性格を如実に表しているといえよう。

5　いわき市の事件ではもう一つ、過失相殺をめぐって議論が展開されている。判決では損害賠償責任のうち三割を学校、三割を原告家族、そして四割を自殺した本人に課した。ここで問題になったのは被害者とその家族に損害の責任をより多く負わせたことにある。判決によれば、自殺した生徒はいかに精神的肉体的に苦痛を受けていようとも教師や家族への相談、あるいは登校拒否などによるいじめの回避を期待できる中で、自殺という最悪の解決方法を選択したことの責任が本人にあるとしている。すなわち、自らの命を守る最低限の努力義務をいじめを受けている本人にも要求したのである。自殺の予見可能性と過失相殺の二つの論点はこの判決の両義的な位置を示している。なぜなら、深刻ないじめの立証が自殺という結果によって初めて可能になる点においていじめと自殺の因果性を強く認める一方で、損害賠償責任における自殺の責任にかんしては本人の役割を優先的に位置付けているからだ（山本 1999）。中には過失相殺の論点に着目することで、いじめ事件がしばしば隘路に入る因果性の認定とは別様の対処可能性を探る論者も出てきている（間山 2002、北澤 2012）。しかし、筆者はここで二つの側面いずれを強調すべきかという議論に立ち入るつもりはない。いじめによる自殺の予見可能性を認定するにせよ、生じてしまった結果に対する法的責任の追及可能性を検討するにせよ、そのことと責任を誰が負うべきかという問題は別の位相で議論が可能であり、そこにこそ、教育における責任の問題の困難があると考えるからだ。

6　『朝日新聞』二〇〇七年五月二六日朝刊三三面。

7　『共同通信』二〇〇八年二月二七日付「「在学中の芸能活動ダメ」女性タレントの訴え棄却」

8　ヴェーバーが政治に暴力が不可避であると述べながら、ありうる政治的な罪として「卑俗」を非難したのも、倫理を独善的な手段としてのみ利用する態度ゆえであった（ヴェーバー訳書 1980：85）。

9　諏訪哲二をはじめとするメンバーの著作において、批判対象となる人々が名指しされることはそれほど多くない。それゆえ、彼らの批判がその対象となっている論者の主張に即してどれほど妥当かは別途検討の余地があろう。これは「進歩派」のみならず、特に諏訪が大きな影響を受けた高生研との関係においても同様である。この点については、長谷川（1990）小玉（2003）を参照のこと。本稿ではあくまで、特に諏訪哲二の主張に即した議論を展開することに留意されたい。

10　ただし、属性主義から能力主義へという発展的な歴史理解については注意が必要であろう。特に本稿が主に取り上げている中等教育の場合、ヨーロッパでは職業集団の利害関係を前提に中等教育の拡大が図られたのに対して、日本では明治期に官僚制の整備に合わせた急激な制度構築が産業構造の変化に先行したため、出自に対しては比較的開放的な性格をもっていたという（天野 2006：145–151）。

11　このような潜在的な水準での能力の同質性の信仰（小玉 2013）が、日々の教室や学校での実践のみならず教育政策とも強く結びついていた可能性を教育社会学者の苅谷剛彦は指摘している。日本の義務教育における教員定数は学級数を中心に算出されている。制度のモデルになったアメリカでは学級数ではなく生徒数を基準に予算配分が行われているが、日本の場合は、逼迫していた国家と自治体の財政状況を考慮した結果、苦肉の策として学級数方式が導入された。ところが、この方式は意図せざる帰結をもたらす。多くの人口を抱え財政的にも余裕のあった都市部では定員を超過するすし詰め学級が次善策として用いられる一方で、へき地などの人口が少なく経済的に逼迫した地域でもあくまで学級数に応じて教員が配置されるため、後者の方が教員一人当たりの生徒数が少なくなる。これによって教育における経済的な不平等が、集団間においても個人間においても是正されることになる。学級数方式の採用が学校現場などからも大きな反対を受けなかったのは、戦前から日本の学校において学級集団が教育方法として重用されてきたからでもあった。このような偶然が重なった結果、小中学校では同質性の高い学級集団と経済的に平等な能力開発機会とが結合することになった、というわけである（以上、苅谷 2009）。つまり、能力の潜在的な平等という誤認は、能力の低い人間が劣った存在として扱われる論と同時に、それが学級集団からの排除となりえてしまうという点で生徒の学校生活にとっても極めて重い事態である。そのような状況においては、進歩派の平等に向けた訴えは学級集団からの能力主義的な排除を助長するものとなり、たとえ教師と生徒の関係を是正するという目的であっても許容しえないというのが諏訪らの主張であった。

12 註10に述べた通り、この論難も批判として妥当か否かは別途検討すべきであろう。一九八〇年代前後には制服の廃止に向けた運動が各地で行われており、実際に標準服や私服への切り替えを行った学校もある。ただし、たとえば「進歩派」として非難された石井和彦は内面的な反省によって非行を克服させうると主張していたのに対して、諏訪らは生徒たちには非行を克服しない権利があり、非行を高みから断罪できると思うのはむしろ隠された不平等だと論難している（埼玉教育塾 1987：156–167）。

13 諏訪はこのような思想と実践の多くを全国高校生活指導研究協議会（高生研）の運動に負っていた。この団体は本書所収の神代論文が取り上げる全国生活指導研究協議会とともに、戦後の教育における生活指導運動を牽引してきた教育研究団体である。一方で、彼は高生研に積極的なコミットをしない理由として、その実践の目指す姿における生徒の人格の位置づけにかんする意見の相違を指摘している（諏訪 1989：216）。その批判は、高生研が目指す生徒自治は生徒の人格とその倫理を教師が先取りしており自治に値しないというものだった。ただし、この批判の妥当性については高生研が示してきた実践に即して反論が可能であるようにも思われる。別稿にて詳述したい。

14 生徒を殴打し、さらに議論をすり替えたことはまったく不当であったし、諏訪も自らの過ちを著書において認めている。念のため確認しておくと、教師の不当な振る舞いが一切退けえないなどということはありえない。そのことを前提とした上で、諏訪と当該生徒との会話に即して諏訪の傲慢と実践的な契機を見出されたい。

15 ただし、デイヴィット・オーウェンは、ここにヴェーバーの思想の困難を見出してもいる。ヴェーバーにとって、人々がある価値観を掲げて生きることは、脱呪術化と合理的規律の浸透する近代社会において、人間が社会的な支配に抗する積極的な契機であった。そして、その際には、掲げられる価値そのものとは別に、価値を掲げ遵守する「誠実性」が要求されている。ところが、ヴェーバーはこの誠実性が召命＝天職というそれぞれの生の領域によって異なった形を伴うものと考えた。それゆえ政治家に固有の誠実性を責任倫理に求めるならば、心情倫理は一切否定されねばならない。同時に、近代社会における自律的個人の契機は職業に限界づけられるものとなり、むしろ合理的規律への服従を認めざるをえなくなってしまう。そして、実際にヴェーバーは政治的な闘いから身を引き、職業としての学問に忠実であることを選んでいる。それゆえ、本文にて後述する責任倫理の両義性とはヴェーバー自身の思想の困難なのだと、オーウェンは指摘する（オーウェン訳書2002：232）。

オーウェンの主張をふまえるならば、教師の責任倫理を読み解こうとする本稿の試みが、職業教師の責務に還元されてしまう危うさをやはり強調しておくべきだろう。この意味で本稿は、ヴェーバー本人の思想よりも、彼の困難の中にあえて「人格」の政治を見出したオーウェンの読み方に依拠しているといってもよい。このことは、ヴェーバーが責任倫理を政治家の行動の準則としていたにもかかわらず、あえて筆者が教師の倫理として引き取ったことをもって理解されたい。

《文献一覧》

天野郁夫（2006）『教育と選抜の社会史』ちくま学芸文庫。

有賀幹人（1983）『教育の犯罪――愛知の管理教育』国土社。

異議あり！編集部（1973）『下級教員宣言』現代書館。

石井和彦（1981）『「反省が処分」の教育』一光社。

市川須美子（2007）『学校教育裁判と教育法』三省堂。

ヴェーバー、M（1980）『職業としての政治』脇圭平訳、岩波文庫。〔Max Weber. (1971). "*Politik als Beruf*" *Gesammelte Politische Schriften*, Dritte erneut vermehrte Auflage (hrsg. von Johannes Winckelmann), Tübingen〕

――（1980）『職業としての学問』尾高邦雄訳、岩波文庫。〔Max Weber. (1968). "*Wissenschaft als Beruf*" *Gesammelte Aufsätze zur Wissenschaftslehre* (hrsg. von Johannes Winckelmann), Tübingen〕

オーウェン、D（2002）『成熟と近代』宮原浩二郎／名部圭一訳、新曜社。〔David Owen. (1994). *Maturity and Modernity: Nietzsche, Weber, Foucault and the Ambivalence of Reason*, Routledge, London〕

大津市立中学校におけるいじめに関する第三者調査委員会２０１３『調査報告書』。

苅谷剛彦(2009)『教育と平等』中公新書。

北澤毅(2012)「「教育と責任」の社会学序説」日本教育社会学会編『教育社会学研究』第九〇集、東洋館出版社。

小玉重夫(2003)「戦後教育における教師の権力性批判の系譜」森田尚人／森田伸子／今井康夫編『教育と政治』勁草書房。

——(2013)『学力幻想』ちくま新書。

古茂田宏(1996)「文化と文化の衝突」堀尾輝久・汐見稔幸編『講座学校３　変容する社会と学校』柏書房。

埼玉教育塾（1983)『学校をしっかりつかむ』現代書館。

坂本秀夫(1982)『生徒懲戒の研究』学陽書房。

諏訪哲二(1989)『イロニーとしての戦後教育』白順社。

——(1990)『反動的！』ＪＩＣＣ出版。

——(2007a)『なぜ勉強させるのか?』光文社新書。

——(2007b)『学校のモンスター』中公新書ラクレ。

——(2014)『「プロ教師」の流儀』中公新書ラクレ。

瀧川裕英(2003)『責任の意味と制度』勁草書房。

内藤朝雄(2007)『〈いじめ学〉の時代』柏書房。

中澤篤史(2014)『運動部活動の戦後と現在』青弓社。

長谷川裕(1990)「教育における権力の問題」『一橋論叢』第一〇三巻第二号。

古田徹也(2013)『それは私がしたことなのか』新曜社。

間山広朗(2002)「概念分析としての言説分析」日本教育社会学会編『教育社会学研究』第七〇集、東洋館出版社。

山本雄二(1999)「義務としての登校拒否」古賀正義編『〈子ども問題〉からみた学校世界』教育出版。

第八章　悪を歓待する——民主主義的な集団の（不）可能性について

神代　健彦

はじめに

　新しく生まれ来た命に、暖かな寝床を与え、その到来を言祝ぐことができるというそのことは、我々にとっての幸いである。その喜びは、我々のもてなしに対してなにかしら相手が支払う対価よりは、むしろ直接に到来そのものに依っている。我々はしばしば、新しい命を歓待できるということ、そのことに、感謝する。

　しかしまた、何者かの新たな到来は、常に一つの脅威である。彼らは、我々の言語も、法も、道徳も、倫理も共有しない客人、つまりは異邦人であるから、それはしばしば我々の秩序への脅威である。彼らは、常にすでに、潜在的には我々にとっての敵対者、破壊者、秩序にまつろわぬ悪である。そうしてみれば我々は、ある種の法外なものに突き動かされているようにも思われる。我々は、我々の法の外の存在、したがって我々の法の脅威でもありうるようなものを、進んで歓待する。我々をほとんど急き立てるようなそれは、いわば「歓待の欲望」「歓待としての欲望」（デリダ訳書 1999 : 132）である。

実際、興味深い事実は、この hospitalité（歓待：hospitality）が遠くその淵源にもつラテン語 hospes（客をもてなす主人：hosti-pet-s）の、それを構成する二つの要素である hostis（客人）と potis（主人）のうちの前者が、おおまかにいって、〈余所者〉〈客人〉、そして〈敵〉という意を含むこと、これである（バンヴェニスト訳書 1990：80-95）。そしてこの事実を機縁に、デリダは、歓待というものの奇妙な二律背反を示してみせた。

> 一方には、歓待の唯一無二の掟（*La* loi）があります。すなわち、限りない歓待の無条件な掟（到来者に我が家のすべてやおのれの自己を与えること、名前も代償も求めることなく、どんなわずかな条件でもみたすことを求めることもなく、彼におのれの固有《プロプル》なもの、われわれの固有なものを与えること）があります。（デリダ訳書 1999：98）

歓待の純粋な形式、それは限りない無条件さ、異邦人を招き入れ、場所を与え、己のすべてを与えること、名前、すなわちそれが何者であるかを問わず、代償も求めず、我々にあって彼らにない固有のものすべてを明け渡すこと、である。そしてなによりその極限においては、「客（guest）が主人（host）の主人（host）となる」（デリダ訳書 1999：130）。「異邦人（＝外国人）は外からやって来て、国や家、我が家に入り、立法者として法を作り（＝場を支配し）（faire la loi）、民族や国家を解放」（同：129-130）する。この逆転を進んで受け入れるどころか、むしろその到来を欲望すること、ほとんど狂気ともいえる〈蕩尽〉こそが、極限まで純粋化された歓待の形象である。

しかし同時に、純粋さにおいてかくようである歓待の現実には、「歓待のもろもろの掟、つねに条件づけられ、条件的な権利や義務」(デリダ訳書 1999:98) が不可避でもある。異邦人を招くため、主人はさしあたり「我が家にたいする自己の至上権」をもたねばならない。そして主人は「庇護や訪問権や歓待権を付与してやろうと決心する者を選定し、選択し、選別し、選抜しなければならない」(同:83)。我が家の法を破壊する悪の可能性を注意深く避けなければ、歓待はそれ自体が不可能となるからである。「唯一無二の掟は、それがあるところのものであるためには、もろもろの掟を必要としますが、もろもろの掟は唯一無二の掟を否定し、少なくともおびやかし、時にはそれを堕落させ、悪化させます。そしてもろもろの掟はそうすることができるのでなくてはならないのです」(同:100)。

だから歓待は、歓待の頽落した形態、条件付きの歓待、それはせいぜい〈寛容〉でしかありえない。現実の歓待は、常にすでに、純粋な歓待を裏切る。だがそれでもなお、純粋な歓待の欲望は、その不可能性を超えるよう我々を急き立てる。歓待とは、そのような我々の二律背反の表現である。

＊＊＊

ところで、教育というものが、引き延ばされた一連の歓待であるというメタファーには、傾聴に値するいくらかの価値がある。そこでは教育とは、教師という歓待の担い手が、子どもという異邦人を、我々の社会——一つの理想としては、民主主義という、我々全員が我々自身の主であるような社会——へと招き入れる、容易でない一連の過程の呼び名である。教師は、学級集団というトポス(場)を子どもたちに与え、そこで我々に固有の事物(言語、法、道徳、倫理、知識、技術 etc.)を分け与える。その営みは、理想としては、新たな異邦人を我々の社会の主人＝民主主義の担い手として迎え入れること、純粋な歓待をすら、志向している。そしてまた、そうであるとするならば、その営みの歴史は、我々の理想としての民主主義社会を予持する、歓待の不可能性に対する挑戦でもある。

実際、我々の社会が、新しく生まれくる異邦人を、その主人として迎え入れるのでなく、排除や選別をもって応えるなら、そこでは我々のすべてが我々の主人であること、すなわち、民主主義たりえない。しかし同時に、新たな異邦人は、民主主義の法も倫理も道徳も共有しない。それどころか異邦人たちは、生まれ落ちると同時に、必ずしも民主主義的でない社会の歓待――これを第一の歓待と呼ぼう――を通じて、なかば反民主主義的ですらあるかもしれない。さらに厄介なことに、教育というもの自体が、異邦人の管理と排除と選別の過程でもある。なぜなら社会と教育は、それ自体が存続するために――歓待的であるために――こそ、非歓待的でなければならないからである。だから純粋な歓待の教育は、必然的に、それがその一部であるところの社会と教育に抗するという、不可能性の挑戦となる。

そしてこの小文では、この不可能性への挑戦の歴史と現在の到達点を、そこで理想とされる民主主義も含めて見極める、ごくささやかな考察を試みたい。焦点を当てたいのは、戦後日本の教師と教育学者の一群である。

全国生活指導研究協議会（全生研）は、一九五九年一月の日本教職員組合（日教組）主催第八次全国教育研究集会生活指導分科会での呼びかけに賛同した研究者や教員を中心に結成された、民間教育研究団体である。前年には文部省が学習指導要領改訂を行い、新たに「道徳の時間」を新設しているが、「逆コース」とも呼ばれるこれら中央教育行政の一連の統制強化が、この対抗的な団体の設立を促した（久保ほか編著 2001：453）。機関紙『生活指導』は、二〇一五年現在すでに七百号を超え、全国に支部を構える全生研は、日本の民間教育研究団体のなかでも有力なものの一つといってよい。

ところで、一九九〇年代以前の全生研理論には、A・マカレンコ（1888-1939）など、旧ソビエト教育学（集団主義教育）の影響がみて取れる。このことから現代では、イデオロギー的な批判を受けることも多い。そのような形式的なイデオロギー批判が無意味であることはいうまでもないが、より積極的にいえば、むしろ全生研については――これを否定するにしろ肯定するにしろ――、単純にマカレンコに還元するよりも、戦後日本のオリジナルな教育学の発展のなかで、その固有性の核の一つと位置づける方が、事柄をうまく捉えられる。初期の理論的指導者宮坂哲文（1918-1965）にしても、全生研実践に大きな影響を与えた「集団つくり」の実践を展開した大西忠治（1930-1992）にしても、彼らは間違いなく戦後日本の教育学のヴァナキュラーな軌跡を形作った理論家・実践家に数えられるし、その継承者たちもまた同様である。我々が為すべきは戦後教育学の可能性と限界を見定める〈批判〉なのであって、それは功罪ともに正しく彼ら自身の理論と実践に求められるべきである。それらをイデオロギー的な出自をもって悪魔化してしまうことは、慎まねばならない。

もっとも、数十年におよぶ全生研の理論と実践の総体をこの小文で詳らかにするのは、端的にいって不可能である。理論と実践が不可分に展開するのが彼らの真骨頂だとすれば、中心的な理論書にしか言及しないのは不徹底の誹りを免れないが、本稿は敢えてそこを曲げ、全生研が常任委員会名義で出したいくつかの理論的著作に対象を限定したい。すなわち、全生研常任委員会（1963）『学級集団づくり入門』（本稿第1節にて言及）、同（1971）『学級集団づくり入門　第二版』[1]（本稿第2節）、そして同（1990）『新版学級集団づくり入門 小学校編』、同（1991）『新版 学級集団づくり入門 中学校編』、同（2005）『子ども集団づくり入門〜学級・学校が変わる〜』など九〇年代以降の著作群（本稿第3節）である。[2]

実際これらは、ここに集った教師たちの教育実践を完全に統制するような代物ではないにしろ、彼らにとって一定の規範性をもった、一つの世界観であり、理念であり、実践の手続きであった。もちろんそれらは、ある固有の時代的な社会認識を刻印されたものであって、そのことが含みもつ限界には自覚的であるべきだろう。しかしここでは、ことさらにそれらを論難するよりは、しばしば思想史家たちがそうするように、彼らの世界観に寄り添いながら、その営みを読み拓きたい。そのことは、我々の社会の教育が、民主主義の不可能性に対してどのように挑んだか、そしてまたその可能性と限界の一端を、開示するように思われる。

1 二度目の歓待、あるいは悪を歓待する

集団というトポス

全生研は、その運動の初期段階においてすでに、生活指導の原理原則から具体的な準則までを備えた統一的な理論を有していた。結成から四年を経た一九六三年に著された著作『学級集団づくり入門』（全生研 1963）は、彼らの理論の最初の集大成である。

その中軸となる班づくり、核づくり、討議づくりは、全生研の生活指導理論を構成し、また実践においては相即的に進行する三つのプロセスである。班づくりとは、子どもたちを班という小集団に組織し

て活動を課し、集団の質を高めていくこと、また核とは、班活動を自主的に進める指導的人物のことである。討議とは、班や学級集団の目的・目標の決定や、集団自身の規律を確立するための点検、「追求」、批判の活動であり、広義には「教師の要求、（日直の）管理的点検、班長会議、班会議」（全生研 1963：124）、およびこれらに支えられた学級における討議の活動を指す。そしてこれら三つのプロセスを介して、「子どもの学習要求と人間性の解放」と「新たな組織化」「正しい集団的規律」の生成という「解放」と「組織」の過程を経た、「民主主義的な目的的統一をもった新しい意味でのフォーマルな学習集団」（同：10）を作り出すのが、学級集団づくりである。

　だからそれは――これを我々の語彙によって表現し直せば――、非民主主義的な日本社会に訪れた異邦人としての子どもたちに、彼らの「学習要求と人間性の解放」と「新たな組織化」を、また「日本社会の諸矛盾やもろもろの人間的社会的差別」が克服された「差別のない民主的な学級集団」（全生研 1963：30）という、そんなトポスをもたらそうとするものなのであった。

　そしてこの試みが、ある意味純粋な歓待の形式を志向していることは省みられてよい。学校教育という歓待の形式において、異邦人をもてなす主人は、教師である。彼は、我々の家＝この世界に訪れて間もない異邦人、だから我々の固有の事柄（言語、法、道徳、倫理、知識や技術 etc.）をもたない子どもたちに、学級というトポスを与え、我々の固有の事柄を分け与える[3]。ところですでに述べたように、歓待の純粋な形式とは、主人が家を明け渡し、その関係が逆転するというものであったのだが、実際、学級集団づくりとは、主人としての教師のもてなし（指導）を与件としつつも、最終的には、まさに学級が、異邦人たち自身の固有の場＝自主的な集団となるということを目的とした営みだった。

もっとも、それは簡単ではない。なにしろ子どもたちは、まだ将来の彼ら自身を統治する能力（「新たな組織化」と「正しい集団的規律」）をもたないように思われるのであり、実際おそらく、そのままでは彼らは主人たりえない。それどころか、ややもすれば彼らは、正しく歓待されなかったゆえに、異邦人でなくなる代わりに、ただ我々の家の古い道徳に付き従う隷属的な存在になってしまうし、実際そうなりつつあったように、教師たちには思われた。

だから正確にいうと全生研の人々が目指したのは、第一の歓待、すなわち、我々の家（社会）の権力的な主人による間違った歓待によって、間違った存在の一部——彼らにとっての忌避すべき悪の形象——となりつつあった子どもたちを、改めて学級という家の異邦人として招き直して、彼らに場所を与え直し、その存在を言祝ぎ、歓待し直すことであった。彼らは、自らにとっての悪を、むしろ喜んで家に招き入れ、正しく歓待し、それどころか彼らの学級や学校というトポスの主人になるための能力を供して、やがて彼らにその主人の座を明け渡すという、純粋な歓待を志向した。以下、順にその内実を確認しよう。

学級集団づくりのプロセスと歓待の条件

まず班づくりである。全生研によれば、班は一般に、「寄りあい的班」「前期的班」「後期的班」の過程をたどる。「後期的班」は、集団の要求が完全に各自の自己要求と重なり、また誰もがリーダーの資質を備える完全な自治集団という、究極的な理念型を指す。[4] だが我々にとって重要なのは「寄りあい的班」（「群の状態」）から「前期的班」（「核」による自治の始まり）にいたるプロセス、つまりは彼らが子どもたちを民主主義的な社会へ迎え入れる道筋である。

まず「寄りあい的班」とは、教師の要求のもとで組織された最初の班である。別名「仲よし班」とも呼ばれるのは、これが「解放された、自主的なあつまりである仲のよいもの同士、好きなもの同士をもって」（全生研 1963 : 39）構成された班だからである。そして教師たちはそこに、間違った歓待の帰結、「日本の社会や思想状況を反映した」、「個人主義的、自由主義的風潮」（同 : 39）の浸透をみる。

ひとりひとりの子どもの生活をみてみると、生活の目標を失い、無力なけだるさや孤立感がある。生活のリズムとスタイルの崩壊は、暗胆《ママ》たる絶望感となっている。それは、時には、方向性のない爆発的なエネルギーの発散としてあらわれてくる場合が多い。たまに、集団的な行動があったとしても、それは、まさに群であり、目的志向的ではない。ちょうど傷ついた獣が、お互の傷をなめあうにもにたセンチメンタルな情景である。たまに、目的志向的であるというようにみえたとしてもその多くはヤクザ集団における鉄の規律が底に流れ、破壊的であり、非文化的なものである場合が多い。（全生研 1963 : 39）

一見好ましい自然発生的な仲のよさのうちに、彼らは、我々の社会の間違った（非民主主義的な）歓待、その帰結としての悪の形象をみる。しかし彼らは、そんな悪を呈する子どもたちを排撃すべきものではなく、むしろ可能性として、異邦人性として引き受ける。とりわけそれは、彼らが核と呼ぶものを育てる筋道において明らかである。

「核」とは、「寄りあい的班」から「前期的班」にいたる過程で、教師の要求をいち早く引き受け、また教師に代わって集団をリードする者のことで、しばしば「アクチーフ」「活動家」「積極的分子」「リーダー」（全生研 1963：84）などとも呼ばれる。ただしこの「核」は、最初の「寄りあい的班」の班長をそのまま指すものではない。それどころか最初の班長は、しばしば「同調」や「追従」「支配と被支配というような関係」を基礎とした「ボス的班長」、「小市民的根性で狭いワクの中でしかものを考えない」「なれあい的班長」、「決定に無責任」で「表面だってよいことをいっても実際に行動のともなわない」「放任的班長」であったりする（同：101）。「寄りあい的班」は、さしあたりこの様な班長のもと活動するが、そのなかで班長と班員は、互いの悪質を厳しく問われる。「核」とは、その過程で教師に見出され鍛え上げられていく、将来の集団の指導的人物である。

興味深いのは、この悪——正確には、理想的な集団にとっての悪——は、ここでは排除の対象ではなく、正しく歓待の対象、つまり、班という場所を与えられ、むしろその将来の主人＝核として予持されていることである。全生研（1963：20-22）によれば、一般の学級における子どもは「（1）指導者型」「（2）協力型」「（3）エリート型」「（4）おとなし型」「（5）浮動型」「（6）無力型」「（7）やくざ型」「（8）だら幹型」の八つのタイプに分けられる。そのうち、最初に教師の要求を理解し、それに応える「（1）指導者型」は、明らかな将来の「核」候補である。だが同時に、「（3）エリート型」や「（7）やくざ型」など、「寄りあい的班」における班の障害であるような子どもも、ある意味では集団の可能性であった。

（3）エリート型　家庭環境のよい、成績上位者に多い。活動家としての能力を持ちながら、個人主義的なエリート意識のゆえに、むしろ集団を冷やかにながめ、決して積極的には動き出さない。彼等だけで固まりやすい。しかしいずれは彼等を学級のすぐれたリーダーや核に変革することが必要だし、そのような見通しの可能性はじゅうぶんある。つまり彼等の個人主義に対する集団的批判を組織しつつ、その能力を集団の利益に結びつけることによって、指導者としての自覚と責任と誇りとを呼びさますのである。（全生研 1963 : 20-21）

（7）やくざ型　いわゆる非行問題児のグループである。体力、腕力がすぐれた者に多い。人間疎外の一典型をなすものであるが、しかし彼等の感情的爆発性、行動的エネルギーは、これを集団の利益に結びつけることによって、彼等を活動家に変革する可能性がある。それには集団の権威を確立し、集団に対する彼等の犯罪性を徹底的に追求することを通して、その変革を迫るのである〔後略〕[5]。（全生研 1963 : 21-22）

それはすなわち、「エリート型」の「能力」や、「やくざ型」の「体力」「腕力」「感情的爆発性」「行動的エネルギー」が、将来の理想的集団にとっての価値として置き直されるということでもある。だからこそ彼らは、決して排除の対象ではなく、それどころかむしろ将来の集団の可能性なのであった。

ただしこのような類型論的な把握は、逆にいえばそれ自体が、常にすでに現実において条件付きのものに堕する歓待というものの性質を、そのまま体現してもいる。全生研は、悪を受け容れ、場所を与える。それは子どもたちを教師に代わる学級の主人とするためであり、それはおそらく純粋な歓待への志向と呼ぶに値する。だが彼らは同時に、その学級の訪問者たちを見極め、それが集団の可能性であるかどうかという制約のもとで歓待＝教育する。だからそこにはしばしば、限りなく排除に近い、すれすれの攻撃性が垣間みえる。

（8）だら幹型　班長その他リーダーの地位にありながら、その職務を誠実に遂行することなく、むしろ誠実に見せかけながら、その地位を利用してもっぱら私利私欲の満足を図る。追求されても巧妙にごまかし、容易に反省するところがない。これは集団の前進運動に際しての最大の障害であり、彼の厚顔な性格を変革することは最大の困難を伴う。しかし、これに対する集団的な怒りを組織し、ごまかしや言いのがれを許さぬ確実な事実をつきつけて彼の誤りを徹底的に追求し、リーダーの座から引きおろしてその誤まった自尊心をつぶすことにより、彼を健全なリーダーに変革する見通しを持つことができる。（全生研 1963 : 22）

要するに全生研の理論は、理性的で潜在的な悪——あるいは理性的に潜在的な悪というべきか——を許さない。スマートな個人主義が、あるいは暴力が、集団を脅かす悪であると同時に、集団に対して顕在的であって指導＝歓待の対象となりえ、それゆえ未来の集団の可能性なのに対して、誠実を装い、集団を欺く理性的な僭主は、集団を存続させつつ変革の契機を奪い、異邦人たち全員がその集団の主人となることを妨げるからである。そんな理性的僭主への強烈な攻撃性は、歓待というものがもつ、常にいくらか純粋な形式を志向しながら、現実においては常に不純な、条件付きのそれとして現われるという性質を、正しく示している。

集団を与える＝教えることの苛烈さ

では、その「寄りあい的班」を「前期的班」へと移行させるもの、「核」の出現を呼び起こすものはなにか。その一つは、競争である。

とりわけ初期の「寄りあい的班」の段階では、班の活動は班同士の大小さまざまな競争の形をとる。たとえば、運動場で遊ぶ子どもたちを集めるとき、教師はそれを班の競争にする（「四班がイチバン早やかった。五班が二番。六班はビリだ。もう一度やってみよう。こんどはどの班が一位になるかな。わかれ！」）（全生研 1963 : 71）。衛生観念の涵養（「一班は、全員が爪も切ってきたしハンカチも持ってきた。一班は組のトップだ。」）（同 : 71）も、学校展覧会の活動（同 : 73-74）も、競争である。この一連の活動のなかで、班は、競争に勝つために、おのずから——ということはつまり、教師の指導によってではなく、事柄の必然として——「連帯」（同 : 74）する。そしてその緊張感のなかで、おのずから、集団をリードする人物が生み出され、鍛え上げられていく。異邦人が、班の、また学級の主人になっていく、それを媒介するのは、主人（教師）の直接的な歓待＝指導ではなく——なぜならそれは、永久に現在の主人（教師）と子ども（客人、異邦人）の関係を固定する——、異邦人同士の競い合いなのであった。だから正確にいうと、教師たちの指導＝歓待は、競争を組織して、彼らに内発的な変革の契機を与えるという——「与える」という語をいささか裏切るものでもあるような——独特な形式をとった。

ちなみに一つ私見を付言しておけば、この動機づけは、競争の内容に起因するものというよりは、むしろ競争という形式がもつ力である。競争は、それがどんなに小さな、つまらない事柄であっても、取り組みへの動機を生じさせる。なぜなら、他者に対する優越は、我々にとってたまらない快感であり、また反対に他者の劣位に甘んじることは、耐えがたい苦痛だからである。それ自体はなんの動機づけも引き起こさない事柄を、熱狂的な争奪の主題へと変えてしまうこの錬金術を、全生研は、積極的に取り込む。

ただし彼らは、ある種の競争、すなわち個人主義的な競争は明確に斥けていることは強調しておきたい。なぜならそれは、彼らが構想する歓待の形式を不可能にするからである。全生研は、子どもたちに対して、子どもたち自身の民主主義的な集団というトポスを与えようとした。だが「日本の現実社会の矛盾の児童生徒へのみごとな反映」である学級内部の個人主義的競争は、「比較したり、区別したり、除外したり、無視したりという低次の行為を内容にして」「差別と分裂を学級内に助長させる」(全生研 1963:69)。だからこの実践では、悪しき個人主義的競争に走りがちな子どもたちを、集団的なそれのなかで集団へと編成していく(=集団という場所を与える)ことが肝要なのであった。それはいわば、先の錬金術の禁止というよりは、適切な使用の試みといえようか。

ところで、そのような競争を孕んだ班の営みを組織し、また維持するための活動が望ましい形で展開するには、少なからずそれを管理するということが必要である。だが、その管理が教師によって行われる限り、子どもたちは彼ら自身の主人になれない。だから、班編成の当初においてこそ教師によって担われる集団の管理は、適切に子どもたち自身に明け渡されなければならない。その鍵(まさしく新たなトポスへの「鍵」(デリダ訳書 1999 : 129)を握るのが、「日直」という制度である。

日直とは、教師から学級集団に移された管理権を集団から委託された者である。日直は、班活動の管理点検を行い、そのなかで班の優劣を評価し、競争を促進して集団を高めていく。特徴的なのは、この日直の役割が、競争での劣位の班に「ビリ班」「ボロ班」など屈辱的な呼び名を与えることで、個人の未成熟を班の問題として意識させ、「「仲よく」「うまくやれる」と思って集まった「自然集団」としての班内に矛盾・対立――ゴタゴタ――」(全生研 1963 : 75-76)を積極的に惹起させることにある点である。日直は点検によって「自然集団」の問題――第一の歓待から生じた悪――を、集団の取り組みの対象として顕在化させる。

そしてこの日直による点検は、学級討議や班討議での「追求」(例えば、班競争で負けてしまう班の欠陥を明らかにし、その克服を要求すること)を導く(全生研 1963 : 138)。その過程で学級集団は「活動目標を設定するとともに、遅れた班員を高めていくために積極的に行動する生徒、すなわち核候補を発見していく」(同 : 119)。この広義の管理・点検や自主的な目標設定の活動が、討議づくりと呼ばれるものである。そのなかでは、先の日直の管理活動に対する正当性を問う「逆点検」(同 : 120)も行われる。また、日直の管理を軽視し、その管理権を毀損する者には、「学級集団の怒りの表現」としての「追求」(集団全体による徹底的な批判)が行使される(同 : 120)。そして「追放」とは、集団の秩序を乱す者への最大の制裁である。(同 : 140)。

だから実のところ班とは、常に同じメンバーが継続していくものではない。それどころか班では、教師の許しをえた部分的な班員の取り換えや班長の交代が行われることもある。しかし子どもたちは、

「「自然集団」「仲よし集団」は、いくら班員の部分的交換、班長の交替をやっても、班内のゴタゴタは容易に消えぬことを認識していく」(全生研 1963 : 76)。つまり、「「寄りあい班」の段階における班の編成替えは、班内の矛盾・対立を顕在化させ、班の内部矛盾から班をこわしていく、という過程を通すことによって、「集団」を教えていく、という教育内容を持つ」(同 : 77)のである。

悪を歓待するための悪の技術、あるいはトポスの高み

ここでいったん整理しよう。

おそらくここまでの一連の説明で多くの読者が感じるのは、歓待という語が与える平和な心地よさとはかけ離れた、闘争や苦痛のイメージではないか。班は、最初こそ「仲のよいもの同士」で作られたりもするが、その班は幾多の競争を闘い、班員同士の対立や軋轢、場合によっては班長のリコールや班員の追放までもが生じる、苛烈な過程をたどる。しかもその対立や軋轢は、日直の点検・管理や討議において積極的に煽られる。子どもたちは、この苛烈な道行きを敢えて強いられるのである。悪というモチーフになぞらえていえば、むしろ教師たちこそが、集団の外部にあって、いわば班というある種のアーキテクチャ[6]を介して、敢えて子どもたちに対立や軋轢を生じさせようとする、最大の悪とすらいえそうである。その意味では、これを子どもという異邦人の歓待の形式としてあげることは、いささか歓待という語の過ぎた拡張のようにも思われる。

しかし、我々の社会において、新しい世代に彼ら自身の場所を与え、彼ら自身がその真の主人となる——そこには、教師という僭主すらいない——という、歓待という語の純粋な形象、あまりにも純粋過

ぎて、歓待という語の一般的な意味を内破するような形象を本気で追求すれば、そのプロセスもまた、歓待という語の一般的な意味からかけ離れるというのは、ありそうなことである。そのためには、最大の悪をすら引き受けるというのが、全生研流のやり方だったともいえる。悪を歓待するための、悪しき技術。道徳的によくはないが、しかし目的に対して理に適った、その意味でのよい技術の探求。

あるいは言い方を変えれば、この「ゴタゴタ」=彼らにとって前民主主義的な個人的利害の対立の尊重は、そのことを贄《にえ》とした、終局における集団というトポスの、逆説的な卓越化だった。それは、彼らが「集団を支えるモラルの基本的な命題」として「自分の不利益には黙っていない」と「みんなできめたこと（集団決定）は必ず守る」（全生研 1963 : 17-18）という二つの命題を掲げていることからもわかる。そして彼らは続けて次のようにいう。

この二つの命題――個人的利益の主張と集団決定（集団的利益）の尊重――は、一見相互に矛盾し合う。とりわけ低次の集団であればあるほど、個人の関心は相互に衝突し合い、集団の利益に一致することはむずかしい。しかしながら、強い自己主張のないところに、責任のある集団決定などありえない。自己主張があるから、矛盾・対立があらわになる。矛盾・対立が激しくなるから、ここに討議が呼び起こされる。そして討議が行なわれるから、個人的関心は集団の利益に結びつけられていくのである。

（全生研 1963 : 18）

一連のくだりは、一つの民主主義観として注目に値する。全生研は民主主義を、単純な個人的利害の総和とは考えない。それはすなわち、市場の交換に擬せられる類のリベラル・デモクラシーモデルの否定に他ならない。それよりもむしろそこには、ルソー的な民主主義を重ねみる方が適切かもしれない。つまり、彼らにとって民主主義的な決定とは、個人的利害＝「特殊意志」の単純な総和、すなわち「全体意志」ではなく、その「相殺し合う過不足」を除いた「相違の総和」としての「一般意志」(ルソー訳書 1954：47) でなければならなかった、という訳である。そこにこそその決定の「つねに正しく、つねに公けの利益を目ざす」(同：46) という性質、その誤ることのなさ、それゆえの絶対的な優越が、賭けられている。

また目標としての理想的な班においては、彼らのいう「寄りあい的班」、すなわち、第一の歓待の帰結であるところの自然集団における情緒的連帯や、封建的な支配秩序は、存在してはならない。「一般意志が十分に表明されるためには、国家のうちに部分的社会が存在せず、各々の市民が自分自身の意見だけをいうことが重要」(ルソー訳書 1954：48) だからである。ちなみに班は、後期的班の段階では「完全に第一次集団としての性格を確立し、問題別小集団は随時編成され、問題が解決すればただちに解散するという、きわめて自由なスタイルが日常のこととなる」(全生研 1963：84) とされている。少なくとも永続的な班固有の利害をもって学級集団の利害と対立することはないという意味で、班は、理想状態においては、ルソーのいう「部分的社会」にはあたらない。

もっとも、全生研の理論においては、各個人の「特殊意志」は、敢えて意図的に煽り立てられなければならなかったという事実についてのみは、もしかすると非ルソー的であるのかもしれない。子どもたちの自生的な秩序は、しばしば、各人の「特殊意志」の表出を暗黙のうちに規制することを通じて、穏やかさのうちに成立する。しかし、全生研にとっての民主主義への道行きは、そのような規制から解き放たれた「特殊意志」同士の、極めて苛烈な、極めて闘争的なものでなければならなかった。その闘争の激しさがちょうどその分だけ、集団というものの権威＝価値を高めるからである。その意味では彼らにとって、明け渡されるべきトポスは、平坦で穏やかな道の先というよりは、むしろ遥かな高みにあったに違いない。むしろその高みを、異邦人たち自身が、敢えて傷つきながら、苦難のすえ掴み取るというまさにそのことが、その与えられるトポスを高みへと押し上げると、そのように彼らは考えた。

2　共和国の主人の〈ちから〉

「僕は感動した。子供たちの裏切られた共和国だ!!」

政治思想史を領分とする政治学者原武史がその子ども期を描いた『滝山コミューン一九七四』（原2007）に、作家の高橋源一郎が寄せた帯文は、そこで描かれた滝山団地・東久留米市立第七小学校（七小）の一連の活動、就中、そこでの全生研由来の生活指導が目指す集団を「共和国」と形容する点で、確かに正鵠を射たもののように思われた。全生研の集団づくりとは、異邦人たる子どもたちを学級へと招き入れ、やがて、その主人と成そうとするものであったが、それはつまり、子どもたちが、招き入れられた学級王国の絶対君主の首を落とし、彼ら自身の主人となることに違いないからだ。それは、共和国への道のりであった。

ところで、一九七一年、全生研は、自らの生活指導理論体系を集約した、新たな入門書を刊行する。全生研（1971）『学級集団づくり入門第二版』（明治図書）である。とはいえ二版は、「班・核・討議」の実践が踏襲されていることからも、第一版の延長線上にある。改版にあたって叙述はかなり改められているが、そこには断絶というほどのものはなく、第一版のさらなる理論的精緻化として位置づける方が妥当なように思われる。精緻化の部分を象徴的にあらわすのは、学級集団づくりの筋道を示すとされる「構造表」（全生研 1971：85-90）の存在であろう。そこでは、以前の「寄りあい的班」「前期的班」「後期的班」を受けたその改訂版として、「よりあい的段階」「前期的段階（一期）」「前期的段階（二期）」「前期的段階（三期）」「後期的段階」の諸段階が示され、相即的に進行する班づくり、核づくり、討議づくりのそれぞれで為すべき事柄が定められている。

よりマシな悪の選択

もっとも、同書が与えるその印象は、踏襲というよりもむしろ先鋭化、過激化といった方が正確かもしれない。「一見なんの事件もなくおだやかさのなかにあぐらをかこうとしがちな集団に揺さぶりをかけ、ことさらにごたごたをひきおこす」「それを班内のごたごただけでなく、班と班との対立、ぶつかりあいとして導き出す」「そのために、相手にけちをつけ、いがみあい、やっつけあうといった、いわばえげつない争いの方を実践的にたいせつにする」（全生研 1971：112）。そこにうっすらとした教育的な狂気を感じ、狂気の教育を見取ることさえ、それほど不当ではないと思えるほどに。

一つ確かなのは、その先鋭化は、彼らの社会の歓待がますます頽落の度合いを強めているという認識から必然的に導かれる、そのことへの強い危機意識の現れだということである。その頽落を彼らは、「能力主義」と「軍国主義」の伸長と表現した。ここで彼らの社会認識、あるいはある種の世界観とすら呼べるものについて触れておこう。

能力主義について。全生研によれば、それは青少年の「能力の開発」、「能力・適性に応ずる教育」「能率的学習」「創造性・自主性の開発」を表向きの主張とする。しかしその内実は独占資本＝大企業に都合のよい人間作り、子どもを英才、凡才、鈍才に選別する差別的教育、パターン化された知識や技術の操作への学習の矮小化、「英才」の青少年に経営者・管理者として必要なアイディアを生み出す能力と大衆を見下す自信とを育てること、なのであった（全生研 1971 : 19-20）。またそれは、権利意識を否定され、人格として認められない「与えられた目標に動物的に突進するが、みずからは空虚であり、無目的」な青少年を作るという（同 : 21-22）。それは本来的に無条件であるべき歓待が、その実、異邦人たちにその出自と能力を問い、その有用性に応じて、その都度差別的な待遇を準備するものであること、またそのことへの子どもたちの批判的意識そのものを刈り取ることを含意しているのであって、だから全生研は、そんな頽落した歓待の形式に対する、強烈なアンチテーゼの必要性を、ひしひしと感じていた。

他方でこの「能力主義的人格政策こそ、こんにちの軍国主義の魂であり、その人格づくりの基本の筋道」でもある。彼らによれば、能力主義によって作られた「無目的な「生」」に、突進すべき目標を与えるものが軍国主義なのであった（全生研 1971 : 22）。さらに、「差別された人間こそが、もっとも自己の優越性を信じたがり、また他を差別したがる」から、これは「国内的には民主主義の否定を導き出し、国外的には「劣弱民族」に対する思いあがった「保護」と蔑視の思想に発展する」し、「また、能力主義が不可避的に生み出す暴力賛美の思想は、そのまま戦争賛美へと発展せざるをえない」(同：22)。能力主義と軍国主義は、七〇年代の全生研にとって、極めて強いリアリティをもった危機であった。「生活指導運動は、人間の尊厳を擁護し、人格の自己形成の権利の実現につとめ、能力主義的・軍国主義的人格観と、いよいよ、その対決を強めざるをえない」(同：24)のである。

他方で変化は、内容の先鋭化のみならず、目指す目標の射程にも及ぶ。学級集団づくりは、もはや学級の変革に留まらず、来るべき民主主義社会のための実践として意識される。全生研は、子どもたちに、学級という家のみならず、社会という家を明け渡そうとする。

ただしそれは、困難な課題である。なにしろ彼らによれば、現在の「非民主的社会・集団では、その社会・集団を管理・運営する権限と能力とは特定の一握りのひとびとによって独占」されている。またその一握りの人々は「独占することによって支配者としての地位を維持」(全生研 1971：26)しているからである。他方、これに抗して「民主的社会・集団では、管理・運営に参加する権限はすべての成員に属し、そのための基礎的諸能力＝基礎的統治能力の獲得は、成員のすべてに保障される」(同：26)とする全生研は、その「基礎的諸能力＝基礎的統治能力」を、子どもたちの歓待に供することにした。それは、「こんにちまで大衆に与えられることのなかった能力」である。

民主的諸能力のなかで、こんにちまで大衆に与えられることのなかった能力は、仲間に働きかけたり組織したりする能力、集団の意志を形成し行動を統制する能力、集団の見とおしを立てたり総括したりする能力、総じていえば集団を民主的に管理・運営し、集団のちからを集団の内外に対して行使する能力である。これらの能力を抜きにして自主・自治・連帯を論ずることは空論であり、これらの能力を教育することなしに、民主主義教育を論ずることは空論である。民主主義教育を仲よしや友情に解消したり、多数決の技術に解消したりすることは、民主主義からその背骨を抜き去ることである。（全生研 1971：27）

「集団を民主的に管理・運営し、集団のちからを集団の内外に対して行使する能力」、それは能力主義と軍国主義に象徴される巨大な社会悪に抗して、大衆が「民主的な主人」となるための〈ちから〉である。彼らの先鋭化は、能力主義・軍国主義という悪に対抗する〈ちから〉を子どもたちに供すること、そのために敢えて子どもたちに苛烈さを強いること、つまりは、より小さな、よりマシな悪の選択とでもいえるようなことに他ならない。だからいうなれば、子どもたちの対立を煽ることで〈ちから〉を生成するという、ほとんど我々の道徳的直観に対する挑戦であるかのような実践――悪を歓待するための悪しき技術――は、非道徳的というよりは、道徳外的、あるいは前道徳的な、民主主義のためのミッションである、という表現の方が適切かもしれない――むろんそれは、道徳的によくはないのだが。いずれにしろ、全生研の開き直りともとれる強い信念が、より大きな悪に抗するため、ということのうちに成り立っていたのは間違いない。なにしろ、もはや落とすべきは、学級王国の君主の首のみでなく、子どもたちが打ち立てるはずの共和国の徳をもちえない、「独占資本」（全生研 1971：19）という巨大な僭主のそれだったのだ。[7]

〈ちから〉について

そこで、この〈ちから〉という表現の示すことについて、もう少し内在的に検討しよう。一つの特徴的なフレーズとして興味を引くのは、集団は物質的なものであり、物理的な〈ちから〉としての存在だとする規定である。

> 集団とは物質的なものであり、それは物理的なちからとしての存在であるとわれわれは考える。集団はひとつちからになりきらなければ、社会的諸関係をきりひらいていき、変更していくことは不可能である。まして、非民主的な力に対抗していくためには、集団はみずからを民主的なちからに高めるほかないのである。
>
> （全生研 1971：50-51　傍点は原文）

この集団についての難解な存在規定は、この時期の全生研理論のもっとも特徴的な点である。ここでは集団とは、バラバラな個人の集まりに与えられた名ではない。〈集団がある〉という命題が真であるとき、そこには、個々人に還元できないものが、まったく比喩的ではない意味で、存在しているのである。またそれは〈ちから〉であるから、何か他のものに作用し、それを変えていく。というより、なにものにも作用せずそれ自体として存在する〈ちから〉など考えられないから、それはただ他のものに作用するというその限りにおいて存在するといえる。〈集団がある〉とは、それがなにか他のもの――ここでは「社会的諸関係」や「非民主的な力」――に現に作用（対抗）していること、そしてよしんば変革していくそのことにおいてのみ、いいうる。

だから彼らは、何ものも変革しえない「情緒的な一体感、心理的な同調性に重きを置く集団観」を斥ける。「とりわけ教育においては、ちからというもののもつ強制的なはたらきに対する反発はかなり強」く、「教育においては子どもの自主性とか自発性こそ尊重さ《ママ》るべきであって、ちからのようなものは非教育的であり、それをむしろ排除することこそ民主的だとする考えかたがかなり深く根を張っているように思われる」にもかかわらず、である（全生研 1971：51）。なぜなら彼らにとって、集団とは〈ちから〉のことであり、集団から、実定的な意味において、なにかに作用するという「強制的なはたらき」を排除してしまえば、そこには集団なるものの何ものも残されてはいないからである。

さらに彼らにとって、集団＝〈ちから〉が存在するということの条件には、外側に向かっての抵抗と、内側における統制という二つの事柄が必要である。まず集団は、外部からもたらされるその集団の不利益に抗するということにおいて、存在する。

> このような集団のちからは、集団がその意志を明確にし、行動をもって相手に立ち向かってくるとき最もよく見てとることができる。たとえば、何者かが集団に対して不利益を与えようとするとき、集団はこれに反発し、対抗しようとする。そこにはなにかしら威圧的なちから、一種の物質的なちからすら感じられる。それが集団のちから——集団の本質なのである。（全生研 1971：51）

他方で内側においては、そこでうごめくさまざまな精神的な価値、精神的な〈ちから〉が、集団の〈ちから〉に転化しうるか否かという審級のもとで検証され、統制される。

われわれがこの集団のちからを教育の問題として重視するのは、こうしたちからの高揚のなかにこそ最も純粋な精神の高揚があり、そして、そこでこそモラルの情熱的な把握が可能になると考えるからである。さまざまな精神的な価値、精神的なちからは、この集団のちからに転化しうるか否かによって検証される。個人主義的な価値は否定され、集団主義的な価値がこの集団的なちからの行使のなかから創造されていく。そして集団の物質的なちからと精神的なちからは相互に他を豊かにしつつ発展していくのであり、そのちからのにない手である子どもを民主的な思想と行動力をもった人格に発達させていくのである。

（全生研 1971：52）

つまりは、彼らにとって集団とは、個人（の総和）を超越した一つの規範的な全体性であった。それは「個人主義的な価値」よりも、価値として、また存在として優越する。個人とは、集団という審級に基づいて彫琢され、集団の〈ちから〉に統一されることによって、そしておそらくそれのみによって、人格としての発達を経験する。第一版において統一された一つの意志だったものは、ここでは〈ちから〉という、個人の発達を媒介し、またそれが糾合された当のもの、そして一つの実定的な、何ごとかの変革そのものである。

民主集中制

そしてこのような集団なるものの規範化を、実践の具体的な位相で表現したものが、民主集中制と呼ばれる原理である。それは討議の結果策定された事柄の遂行において、それを正確に維持・管理する役割を担う日直制をささえるもので、三つの性質を厳格に要求される。すなわち、「民主性」、「集中性」、「絶対性」（全生研 1971：155）である。

民主性について。それは、集団の管理権は集団自身が握っていなければならない、というテーゼで表現される。集団の管理権を集団の外部の者――教師もまた外部者である――が握れば、集団は自立性を失い、他者の支配に服従することになる。他方で、集団内部の者が握る場合でも、一部の者にそれを委ねた結果官僚的独裁が生じる恐れがある。だからこの管理権はあくまで集団自身が握りつつ、また誤った管理権の行使に対しては、集団はいつでもこれを改めさせ、あるいは拒否する〈ちから〉をもっていなければならない。実践上では輪番制、あるいは日直に対する逆点検やリコールによって担保される、このような集団の性質が、民主性と呼ばれるものである（全生研 1971：155）。

しかし他方で、「管理権を同時に多数の者が持つとき、各管理者によって管理内容が異なっていたり、ましてそれらが互いに矛盾しあうようなことがあっては、集団は混乱し、分裂さえ招来することになる」。「そこで、この管理権の所在を一点に集中し、つねにその一点から管理権が発動されるというシステムが必要になる」。この具体的な表現として、日直に管理権が一元化されるのであるが、これが集中性である（全生研 1971：155-156）。

最後に、絶対性について。それは次のように説明される。

けれども、管理者の管理権の行使を目の前にして、管理者と成員との間に論争が生じたり、まして管理に対する反抗があったのでは、管理者は機敏適切に集団を管理していくことができなくなる。そこで、管理者の指示や命令に対しては反論を許さず、絶対に服従させるという管理の絶対性が必要になる。その絶対性を保障するものは、集団が自分で自分を管理するということであり、そのために、集団決定によって管理権を集団自身が委託したということである。（全生研 1971：156）

先に述べたように、この時期の全生研の集団づくり論では、集団が一つの〈ちから〉となって、何ごとか外的な権力に抗して成し遂げること、〈変革できる〉ということが価値であり、同時に集団というものの存在証明であった。そしてこの〈できる〉ということの優先ゆえに、集団は、一度決められたことが、遂行の途上で反抗にあうことを激しく嫌う。なぜなら決定したことが〈できない〉のは、集団そのものの不存在を意味するからである。

そして集団はしばしば、そこでの異議申し立てが正しいかどうかということに、まったく関知しない。なぜならその反抗は、集団が正しいかどうか以前に、正しい／間違った行為がそもそも為されうることの可能性の条件としての、主体の存立を脅かすからである。だから集団は、それ自体がその固有の意味において存在する——すなわち、常に何ごとかを変革しうる——ために、集団の利益とされたものに反旗を翻す個人を厳しく断罪する。それは彼らの共和国の国民の徳性、すなわち〈民主的決定への「服従」〉に悖るからである。「従って、社会契約を空虚な法規としないために、この契約は、何びとにせよ一般意志への服従を拒むものは、団体全体によってそれに服従するように強制されるという約束を、暗黙のうちに含んでいる」（ルソー訳書 1954：35）。いわゆる〈自由の強制〉である。

だから全生研に集う人々が目指した、異邦人たる子どもたちに場所を与え、我々の家を明け渡すという一つの歓待の形式は、主人としての高みを保障しようとするその純粋な志向性がゆえに、逆説的に、異邦人たちのうちにおける排除、厳密にいえば、共和国の徳性をもちうるかどうかをその条件とする、現実の歓待の形式として成立しつつあった。これを例証するのが、本節冒頭に挙げた原の自伝におけるエピソードである。

共和国の二級市民

原少年は、通っていた東久留米市立第七小学校（以下「七小」と略記）で全生研の学級集団づくりに触れ、そのときの「追求」の経験を、ほとんど悪夢のような体験として語る。

> 朝倉はまず、九月の代表児童委員会で秋季大運動会の企画立案を批判するなど、「民主的集団」を攪乱してきた私の「罪状」を次々と読み上げた。その上で、この場できちんと自己批判をするべきであると、例のよく通る声で主張した。（原 2007 : 256）

文中の「朝倉」の肩書は「代表児童委員会副委員長」（原 2007 : 251）である。行われていることは、いわゆる討議のなかの「追求」――集団の管理権の行使であり、強制力をもった改善要求――である。七小の学級集団づくりは、このときすでに「全校的段階」（全生研 1971 : 253）にあり、この「追求」はその活動の一コマであったのだろう。「九月の代表児童委員会で秋季大運動会の企画立案を批判」した原少年は、少なくとも全生研の理論を踏まえれば、討議に適切に参加したに過ぎないようにも思われる。が、ちょうど第一版の類型でいえば「エリート型」に属するであろう原少年は、民主集中制をとる集団にとって、共和国の徳性に欠けた悪しき〈二級市民〉であった。原少年の語りは続く。

私は自己批判を拒否した。

代表児童委員会による「追求」をかわし、小会議室のドアを開けて逃げ出した私を、朝倉ら数人が追いかけてきた。私は本校舎一階東端の図工室に走り込み、千葉先生に助けを求めた。後に続いて図工室に入ろうとした児童たちを千葉は一喝し、追い払った。自分には強力な味方が一人いるのだという実感が湧いてきた。

どれほど心強かったかわからない。

だが、このことは担任の三浦先生にも打ち明けることができなかった。「追求」を迫られたのは一度きりで、その後は朝倉が私に何か言ってくることもなかったものの、校庭で4年の学級委員から石を投げられたときにはさすがに愕然とした。

（原 2007 : 258）

原少年が体験したこの事件に触れ、幼い子どもに不似合いな実践の苛烈さを糾弾することは、ここでは置こう。それは我々の道徳的直観に照らしてまったく自明であるし、屋上屋を架すのが本稿の目的ではないからである。ただこれが、全生研の集団づくりが招来する共和制的民主主義の、それに内在的な意味での、民主主義としての問題点を示していることは、強調しておきたい。

原少年を「追求」した同級生たちにとってみれば、彼の「批判」は、とくに第二版で強くなる民主集中制の原則に照らして、集団の存立にかかわる、許すことのできない反抗だったのであろう。だから彼らにとって原少年は、存在することの許されない種類の、集団にとっての悪＝二級市民である。

しかし他方で、第一版から継承された「ゴタゴタ」の尊重、すなわち、集団が高次の段階に至る契機としての、個人的利益をめぐる闘争の尊重という観点からいえば、原少年の「秋季大運動会の企画立案を批判する」という行為は、理論が求める「ゴタゴタ」の最たるものであり、それはいわば、集団の変革を媒介する肯定的な悪、可能性としての異邦人性だったはずである。理論内在的な視点でいえば、あとはその「ゴタゴタ」を通じて、必要に応じて原少年の異議申し立ての個人主義を排し、集団の利益へと止揚することができれば、実践は原少年をも〈ちから〉として糾合できるはずであった。

ところが、とりわけ第二版で強調された、〈ちから〉を優先するために敢えて行われる集団の規範化＝民主集中制の原則を、集団が高次の段階へいたる媒介としての個人と集団の弁証法的プロセスよりも優先してしまったために、事件は起きた。そして七小の子どもたちが、個人と集団の弁証法よりも、〈ちから〉の存在を優先する民主集中制に専心した結果、原少年は、そのことに対して対抗的な集団を組織し、真っ向から異議申し立てを行う＝闘争で応えるのではなく、いわばその異議申し立てを、七小、そして「滝山コミューン」からの逃走（デタッチメント）という行為によって示した。彼は受験勉強の末、慶応義塾普通部へと進学することで（原 2007 : 268）、異議申し立てからの逃走／逃走という異議申し立てを完遂したのである。七小の実践は、個人的利害＝前民主主義的な悪を、〈ちから〉へと組み込むことができなかった。

それはつまり、我々の語彙でいえば、七小の共和国は、悪を異邦人として置き直し、場を与え続けることをしなかった、ということに尽きる。悪（≠異邦人）は、集団の可能性でもあるにもかかわらず、である。〈ちから〉の優先、あるいは、敢えて弁証法という言葉を使うなら、極限まで圧縮されたその運動のなかでは、悪は生きることができない。そこではある種の子どもは、闘争ではなく、ただ逃走という形でしか、異議申し立てを表現できない。それは結局、学級集団づくりにおける民主主義が拠って立つはずの、肥沃な大地を失ってしまうことを意味した。なぜなら、逃走する子どもたちは、一人ひとりが〈ちから〉の源泉だからである。またそれはたぶん、集団の眠りを覚ます「虻」（プラトン訳書 1998：53）を追うことにも似ている。もっとも原少年は、毒杯をあおることなく、ポリスを後にしたわけだが。しかしその意味では原少年は、おそらくは数限りなく存在したであろう小さなソクラテスたちの代弁者と、そう呼べなくもない。[8]

ちなみに、この歓待の営為における非歓待的な帰結について、小玉重夫は、一連の事件の根底にある問題として、「第三者の審級」（大澤真幸）＝教師の権威の不在に起因する「普遍化のオーバーラン」を指摘する（小玉 2009：235-236）。つまりは、教師という権威の不在ゆえに、特殊な規範（集団）が、普遍性を僭称したこととの帰結が、この原少年の経験した事態なのである、と。実際、確かに全生研の理論は、異邦人たる子どもたちに、彼ら自身の共和国を与えようとした。自主性の尊重、すなわち、自らのその首を、子どもたちの断頭台に差し出すことを、教師たちに説くことによって。しかしそのことはしばしば実践において、来るべき普遍的な全体性ではありながら、現実においては常に未完であるような子どもたちの共和国が、にもかかわらず予持されることによって、未完のままで普遍性を僭称するという、そんなことでしかなかった、というわけである。

3　親密圏的公共圏という（不）可能性

結局のところ、主人と客人の逆転という純粋な歓待は現実には不可能であって、無理な試みは単に害をもたらすに過ぎないのかもしれない。過程において自覚的に行使される悪しき技術は、もはやその過程においてはもちろん、結果、すなわち共和国を与えるということにおいても失敗であったゆえに、なおさら正当化することはできないように思われるからである。だとすればその先にある、異邦人たちが、我々とともに、我々自身の主人となるという夢、すなわち民主主義は、就中、教育の民主主義は、不可能といわざるをえないのであろうか。

そのように結論することは、おそらくまだ早い。少なくとも我々は、実践現場に根ざしたその後の全生研の試行錯誤の現在を、見届けるべきであろう。

実際、八〇年代後半以降、全生研の学級集団づくりは、内部に複雑な議論を内包しつつ、明らかにある転換に舵を切った。それはいうなれば、子どもたちに与えられるべき集団なるものの形象の、統一の強さと高みをその徳性とする共和国から、受容と共感を基調とする圏域への転換、あるいはその原理における、共和制的民主主義から、限りなくラディカルな民主主義への転換である。それは未だ道半ばであり、またあいかわらず歓待をめぐる不可能性につきまとわれている。だからそれは、成算のおぼつかない試みのようにも思われるが、しかし確実に、我々の語彙にいう歓待の純粋性への別様のアプローチであるような、そんな転換である。

消えゆく悪と新たな異邦人

全生研という民間教育研究団体として、はじめてその転換が形となったのは、全生研常任委員会編（1990）『新版 学級集団づくり入門 小学校編』および翌年の同（1991）『新版 学級集団づくり入門 中学校編』であり、その路線は、同（2005）『子ども集団づくり入門～学級・学校が変わる～』へと発展的に継承されているとみてよい。とはいえ、この転換は単純ではない。なぜならこの転換は、従来と同一の課題に対する技術的な改善ではなく、課題そのものの転換を伴っているからである。それは、彼らの目に映る子どもたちのドラスティックな変化とともに起こった。[9] よってまず、彼らが直面した変化について一瞥しておこう。

まず全生研（1990）では、児童期の「今日の子どもにおける自立をめぐる問題状況を示す代表例」として、「①幼児期の親子関係のトラブルをひきずって、入学している子どもたちの増加」「②ギャング・エイジの子ども集団の消滅と学校適応過剰の子どもの急増」「③前思春期における子どもたちの「荒れ」または「閉じこもり」のひろがり」をあげている（全生研 1990：22）。

①に関しては、その原因として「生まれたときから両親と離別したもの、児童虐待にさらされてきたもの、親の精神的トラブルにまきこまれてきたものなどがすくなくない」こと、「経済的・時間的なゆとりのない家庭生活のなかで、乳・幼児期以来、親の十分な保護と愛情にめぐまれなかったもの」たちの、自己と他者への信頼の欠如、それに起因するトラブルや衝突が指摘される（全生研 1990：22-23）。

②について。「ギャング・エイジ」とは、子どもたちの間で少年期に自生的に生じる集団であり、そのなかで子どもたちが「おとなの権威から社会的に自立し、「社会制作」の方法を身につけていく」（全生研 1990 : 19）ような集団である。だからその集団の消滅とは、自立の契機の喪失でもある。また「学校適応過剰の子どもの急増」は、中学校段階とも共通する深刻な課題として認識された。それは具体的には「競争的秩序に過度にとらわれる傾向」「人間関係をすべて序列関係・力関係としてとらえる傾向」「学校の形式的な秩序にのみこまれて、規則に過度にしたがう傾向」（全生研 1991 : 23）として現われる。

③の「荒れ」についても、小学校・中学校を通じた問題であった。ただし中学校段階における「荒れ」のかたちと思われる「いじめ」「非行」に関しては、その語りは両義的である。それによれば、中学校の生徒たちは「反抗と自立の試みを共有する友だちと私的グループをつくり、父母や教師、家庭や学校とくりかえし衝突する」なかで「「制度としての学校」にたいして、「コミュニティとしての学校」または「地下の学校」を構えるようになる」。それは一面においては「同性・同年輩の、親密な友だち関係のなかで、自分たち固有の価値や理想をつむぎだしながら、自立と共同と自治の世界をつくりだそうとしている」という側面もあった。ただしそのグループは「まるごと企業の文化支配の傘のなかにつりあげられ、それへの同調競争を強めていく」ため、「均質化がひろがっていくと同時に、差異化・差別化がひろがり、異質なものはマジなやつ、ドジなやつとして差別・迫害される」「集団いじめ」が現出する。またそのようななかで「非行」が生まれるという（全生研 1991 : 25-26）。

「閉じこもり」「不登校」についても、その両義性は同様である。「かれらもまた、教師や友だち、さらには学校的なまなざしに被圧倒感や萎縮感を感じて、学校から撤退し、家庭にとじこもる」。ただし、

「家庭に閉じこもり、父母との衝突をくりかえすなかで、親子関係をつくりかえていくと同時に、学校適応過剰な自分をこわして、新しい自分をつくりだそうとしている」のであって、「登校拒否のなかにも、自由と自立への、共同と連帯への希求が息づいている」とされる（全生研 1991：26-27）。だからその意味では、「地下の学校」「不登校」というネガティブな事柄を、子どもたちが彼ら自身の家の主人となること（＝自治）の可能性の現れとして、ある意味では言祝ぐという精神が健在なことに、疑いの余地はない。

だが同時に重要なのは、ここで示される子どもたちの形象——それはまたいくぶん、教師たちのまなざしと相関関係にあるかとは思われるが——には、かつて悪としての子どもたちにあった、意志的な契機が喪われているという事実である。我々が先に悪（異邦人性）と呼んでいたもの——高い「能力」をもって集団を冷ややかにみつめる「エリート型」や、エネルギーに溢れ独特の封建的な秩序を取り仕切る「やくざ型」がもつ、その〈まつろわなさ〉としての悪——から読み取れるような、学校秩序に対するそれなりに首尾一貫した挑戦的な意志ともいえるものは、新しく現れた問題系としての「学校適応過剰」の子ども、「不登校」の子どもにおいては、事柄の深層はともかく、表立った形象としてはそれほどはっきりとは見受けられない。彼らの表象は、意志的な悪、意図的に力を行使する〈まつろわなさ〉——それはつまり、何ごとかに抗することが〈できる〉ということ——よりはむしろ、間欠的に噴出する自らの感情への抗しえなさ、自らを縛ることの止められなさ、自分自身の表出しえなさ、そのような、幾重にも絡み合う〈できない〉ということによって特徴づけられる。

そんな子どもたちの形象は、全生研（2005）において、より深く読み解かれている。一つの新しいカテゴリとして注目すべきは「特別なニーズを持つ子ども」である。それは「今の学校につまずきを感じたり、生きづらさを抱えているすべての子ども」、「例えば発達の上で課題を抱えている子ども」「経済的・家庭的に恵まれず十分なケアーを受けられないために、学習の遅れや生活の乱れを生じさせている子ども」「外国籍の子どもや学校へ来ることができない子ども」たちである（全生研 2005：104）。彼らもまた、なにがしか〈できない〉ということにおいて特徴づけられる。そしてまた、〈できない〉ということに傷ついているとされる。教師たちは、ＡＤＨＤ[10]と診断された子どもの「アクティング・アウト[11]」に「自分の行動や感情を思うようにコントロールできない苦しさ」を見取るのである（全生研 2005：106）。

だから換言すれば、全生研（1990 & 1991）と全生研（2005）に共通するのは、子どもたちにかかわる困難を、〈まつろわなさの悪〉＝〈できる〉ということではなく、自己の適切な統治が〈できない〉ということとして見取ること、だから必然的に彼らを、〈まつろわない強さ〉ではなく、その〈ヴァルネラビリティ（被傷性）〉によって特徴づけるべき存在として遇するということ、これである。[12]全生研は、新たな異邦人――生まれてからのわずかな旅路のなかで、すでに傷つき倒れつつある異邦人としての異邦人、そしてだからこそなお一層暖かく歓待すべき、新たな客人――との「出会い直し」へと、舵をきった（全生研 2005：52）。

親密圏×公共圏

そしてこのような、子ども期における課題性の構造的な転換に呼応して、新版（全生研 1990 & 1991）では、実践の形も大きく転換している。そのことを象徴的にあらわすのが、第二版（全生研 1971）において強く打ち出されていた民主集中制原則の新版における後景化と、その筋道を示すとされていた「構造表」（全生研 1971：85-90）の消滅である（折出 2003：197）。班競争も後景に退き、また民主集中制の要である日直制も、消滅こそしていないが、導入の際には一定の慎重さが要求されるようになった（全生研 1990：141-142）（全生研 1991：120-123）。全体として、集団の決定、実行、管理のプロセスにおける規律的な側面は柔軟化したといってよい。

逆に強調されるようになったのは、討議づくりの側面である。ただしそれは、拙速に子どもたちの自主・自治性に求めるのではない、より教師の指導性を重視したものとなっている。問題はそのことが、全生研が繰り返し強調してきた、教師による管理主義からどのように区別されるのかという点である。これについて新版は、「生活指導の方法的原則」として、教師の指導における「共感」「対話」「合意」、さらにそこから生じる「（教育的）ヘゲモニー」を基礎とした教師の指導性という形で応えている（全生研 1990：39-46）（全生研 1991：47-48）。

そこには、子どもの本来的な強さに対する強い信頼を前提とした、班競争、また日直による管理によって生じる相互の苛烈な相互批判に、おのずからの成長と集団への統一を期待した第二版までのやり方に対する、明らかな反省があった。ヴァルネラビリティによって特徴づけられる新たな子どもたちを迎え入れるには、彼らの強さへの信頼に依りかかるような実践は、ますます彼らを傷つけてしまう。まずは教師が「共感」をもって子どもと向き合い、彼らを受容すると同時に「対話」し、彼らの「能動的・主体的なものの見方を育てる」こと、そしてその掘り起こされた意見を集団の「対話」へと結びつけ、「合意」へと向かわせるという筋道が、示されたわけである。教師の主導性＝「ヘゲモニー」は、いわばそのような「対話」を介した子どもたちの承認に、その根拠を求めるものだというわけである。

また注目すべきは、このことが、全生研理論の根源的な主題ともいえる集団なるもの自体の転換を意味している点である。これら一連の変化のなかで、集団は、「社会のなかで否応なく失われる諸価値が回復される空間、社会の「現実原則」が中断される空間、苛酷な競争から解放された安らぎの空間」(齋藤 2008 : 201)、その意味で、「具体的な他者の生への配慮／関心を媒体とするある程度持続的な関係性」(同 : 196) としての〈親密圏〉の側面を強めた。それは、新版小学校編で「班を安心して生活できる居場所にする」(全生研 1990 : 205) と掲げられたことにも象徴されている。また全生研 (2005) における次のような規定からも、それはうかがい知ることができる。

子どもたちは自分が確かに受け止められ、子ども集団の中で認められることで、育っていく。班やグループなどの活動を通して自分の確かな「居場所」をもち、自分の存在を確認できる集団を見出せたとき、他者を認め合うことができる。子どもたちにとって「居場所」となる集団が何より大切である。(全生研 2005 : 20)

もっともこのことは、彼らにとっての集団なるものが、単に社会から子どもたちを守る閉じたシェルターとなったことを意味しているわけではない。先の「居場所」に関する規定のすぐ後には、次のような文言が加えられている。

ここで「居場所」というのは、ある親密さに閉じられていく関係のことではない。それは、そこから新たに関係性をつくりだしていく安全な基地という性格も持っている。
すなわち、活動の中で、励ましや批判を通して互いに育ち合う関係をつくり、子どもたちは自前の公共空間をつくりだしていく。それは、子どもたちが互いの差異を認め合いながら、対等な他者として対話していく場である。この共同の場に依拠しながら子どもと子どもがつながっていくのである。

（全生研 2005 : 20-21）

要するに全生研は、集団を、教育的ヘゲモニーに支えられた教師が作りだす、共感と受容を基調とした親密圏であり、かつ、互いが対等な他者として対話を継続していく〈公共圏〉でもあるようなものとして、再編していこうとしている。それはつまり、我々の語彙でいえば、傷ついた異邦人の歓待に、彼らが安心して体を休めるベッドでありつつ、同時に、それ自体が民主主義の陶冶でもあるような彼らの対等な対話の、そのためのテーブル（アレント訳書 1994 : 78-79）――テーブルは、人びとをその外縁につかせることで結びつけると同時に、彼らの間に距離を差し挟むという、公共圏の可能性の条件を提供する――でもあるようなものを、彼らに供しようということなのであった。

とりわけここでの公共圏の強調は、参加民主主義、あるいは熟議民主主義ないし討議民主主義といわれるような、民主主義なるもの自体の近年における転換（ラディカル・デモクラシーの探求）と、ある程度呼応するものである。この民主主義の新しい転換は当然のことながら一枚岩ではないが、しかしそこで目指されるものは、従来からあった、民主主義を「諸個人による利益の追求に結びつける」リバタリアニズムにおける民主主義、「社会経済的な平等の実現に結びつける」社会主義における民主主義、

「国民《ネイション》の自治の実現に結びつける」ナショナリズムにおける民主主義（齋藤 2008：6-7）とも異なる。それらは基本的に、民主主義をそれぞれの目的（「諸個人による利益の追求」「社会経済的な平等」「国民の自治」）の手段として位置付けているからである。それに対して、ラディカル・デモクラシーと呼ばれる一連の議論は、担い手の複数性を強調し、また彼らによって担われる民主主義的な討議を、それ自体で価値とする。そしてこの新しい民主主義のイメージは、新版以降の全生研の方向性と、確かに重なる。

もっとも、第二版まで示されていた〈子どもたちの共和国〉、すなわち共和制的な民主主義も、子どもたちの個人的利害の主張の応酬と、それを通じた集団的利益の創出を目指していた点で、つまり、複数の他者の意見交換自体の価値をともかくも肯定していた点で、民主主義を手段とみなす一連の政治思想とは、そもそも幾分異なるといえなくもない。だから全生研の理論的変遷にそくして正確にいえば、彼らが舵をきったのは、二版がもっていた、共和制的な民主主義における徳（共和国自体への服従）を軸とした排除性や同質性の強要の克服、そして、意見の複数性の擁護を志向する民主主義への転換であった。

哀れむことが〈できない〉という他者

新たな民主主義の潮流と並走しながら、教育実践とその理論が作られるということ、このことはおそらく、端的に歓迎すべき事柄であろう。しかし他方で彼らの主張の要点であり難しさは、学級や学校が、複数性を体現する対等なメンバーによって担われる公共圏でありながら、同時に、共感と受容を基調とする親密圏でもあることを追求するという点にある。

二兎を追うこの難題の解決策としてさしあたり思いつくのは、例えば、それを発達の時間的前後関係において処理するというものであろう。実際、新版の小学校編と中学校編は、そのように理解することも可能である。先に述べたように新版小学校編が「居場所」を強調し始めたのに対して、新版中学校編では、班の自治を基礎とした学級集団の自治の確立（全生研 1991：186-211）、その発展（同：212-220）に相応の重心が残されており、後者はより公共圏志向が強くでている。要するに新版は、子どものヴァルネラビリティへの対応（受容）と、彼らを民主主義の担い手に育て上げること（卓越化）という、齟齬をきたしかねない二つの課題を、前者を発達段階の初期に、後者をそれに続く時期の課題として引き受けることで、つまり時間的な前後関係において処理しようと試みたと考えられる。

しかし、これが最終的な解決策でありえないことは、先に述べたように、子どものヴァルネラビリティの問題が、現れ方こそ違いはあるだろうものの、小学校と中学校の双方に共通するものだったことに明らかである。実際には、ヴァルネラビリティへの対応と民主主義の担い手の育成は、少なくとも中学校段階では、親密圏と公共圏の同時的な立ち上げという、二正面作戦とならざるをえない。また全生研としては、小学校段階における公共圏の立ち上げも——従来のものと違うとはいえ——手放してはいない以上、課題の布置は小学校段階においてもある程度同様である。

そしてこのような、異なる集団の方向性を同時に追求することの困難は、軽く見積もられるべきではない。気になるのは、公共性論の立役者であるH・アレントの、親密なるものが公共圏にもち込まれることへの、警戒の身振りである。

例えば、全生研の著作で繰り返される「共感」の語が、仮に compassion の意であるならば、彼女はそれを、「距離を、すなわち政治的問題や人間事象の全領域が占めている人間と人間のあいだの世界的空間を取り除いてしまうので、政治の観点からいえば、同情〔共感：compassion〕は無意味であり何の重要性もない」（アレント訳書 1995：129）と切り捨てる。「それは一人の人間によって苦悩されたもの以上に先に進むものでなく、依然としてもとのままのもの共苦《コ・サファリング》にとどまっている」（同：127）。つまりcompassionは、苦しむ者の声を傾聴し、その苦しみを共有することであるが、そこに留まってしまう、というわけである。

もっとも、compassionは「政治の観点からいえば」「無意味」であるとはいえ、そのことは公共圏の政治を中断させることはあるにせよ、致命的にネガティブな影響を与えるわけではない。むしろアレントがもっとも警戒するのは、そのcompassionの「逸脱形」（アレント訳書 1995：132）だというpity（哀れみ）である。pityにおいて人は、他者との間に「感情的距離」（同：132）を保っている——実際哀れみとは、強い者がその立場から弱い者に感じる感情である——から、compassionとは違って、そこには人々の共同性が生まれうる。[13] ただしpityは、「運と不運、強者と弱者を平等の眼差しで見ることができない」。「そしてそれは、たとえ権力の渇望のたんなる口実ではなかったにせよ、そう疑われるほど危険なものであった」（同：133）。

例えば、全生研[14]（2005）には、こんなエピソードがある。

絵里子は、ＬＤと診断された中学生で、学校では、「貝のように口を閉ざし、休み時間はじっと自分の席に座っているような生徒である」（全生研 2005：47）。彼女はあるとき、クラスの同級生であるさとし、豊、明からいじめられていると訴える。さとしたちが絵里子に対してしばしば「くさい」と罵るのである。教師がさとしたちとの対話を始めてみると、新たな事実が明らかになった。絵里子はさとしの「のり」を盗ったというのである。絵里子に確かめると「机の下にのりが落ちていたので拾って自分の机の上に置いておいたという」(同：48)。

豊　「障害があるというのと、こういうことは関係がないんじゃないですか」
さとし「それにくさいものはくさいんです。ホントのことなんだ」
教師「君も…事実だけれども言われたくないことあるよね」
さとし「え…？　あるけどそれは関係ないしょ！」
教師「でも言われたくない、という気持ちは分かるわけね」
さとし「…でものりは…」
教師「絵里子は何で『これだれの？』って聞かなかったんだろうか」
さとし「しらねえよ。本人に聞けば」
教師「考えてみてよ」
さとし「わかるわけねーよ」
明　「あいつ、これだれのなんて聞かないよ。だって何にもしゃべらないんだから」
さとし「でも届けるくらいはできるんじゃない。先生のとこにさ」
教師「なるほど、だから君は盗ったに違いないと…」
さとし「ふつう思うよ」

教師　「でも盗ったものを自分の机の上に置いとくか。…落ちていたものをちょっと使ったとか、持ってたって感じじゃないのか」

さとし「そういうのを盗ったっていうんじゃないの」（全生研 2005：48-49）

この出来事は後にクラスの問題として議論することとなり、「クラスは、さとしたちの気持ちも分かるがやり方はよくないとし、絵里子の行為と両方の問題点を指摘した」。他方で「三人も含めていじめた側は謝罪し、絵里子は立って涙を流した。教師はその絵里子の無言の涙について「言葉に出さない謝り方もあるんだと思う」」と話すことで決着を試みた（全生研 2005：49-50）。

しかし、いじめはおさまらなかった。

このことは、先に示したアレントの親密なるもの（compassion, pity）への危惧が予感していたものの実例であるように思われてならない。実際、この教師が、絵里子への compassion に突き動かされていることは疑いえないだろう。教師は、絵里子の苦しみに共苦（co-suffering）する。そして、アレントならば必要だというであろう政治のための距離を飛び越えて、絵里子に向き合う。それは、傷ついた客人に、安心できる生活のための「居場所」を準備するという、教室の主人としての無条件の歓待の行使であるだろう。この教師は、あらゆる〈できない〉を読み解き、それを受け止め、安心を与えるということ、compassion を、この歓待空間の原理とした。

ところで、その compassion が〈できない〉者は？

さとしたちは、どのような理由でか、絵里子に compassion することが〈できない〉。さらに、「のりを盗られた」という彼の個人的（主観的）な事実は、彼を絵里子へのcompassionから限りなく遠く隔ててしまう。他方で教師は、compassionゆえに政治的な距離を飛び越えて絵里子に近づいた結果、否応なく、さとしたちと、compassionの境界で隔てられてしまった。それどころか、この教師のcompassionは、絵里子との間の共苦を超えて、学級集団におけるpityの政治へ、つまりは、絵里子への哀れみをその原理とする集団形成へと、傾いてしまったのかもしれない。そしてそれは、この実践記録に続く全生研のコメントのいうように、「一定の秩序維持を優先」（全生研 2005 : 50）するという、この教師の統治への欲望と無縁ではない。

　言い換えればそこには、compassion／pityの原理に基づいた、おそらくもっとも無条件で、それゆえにもっとも純粋な歓待であろうとするような親密な集団が、図らずももってしまう不可避の成員の条件、すなわち、compassion／pity能力の有無という条件が、ある。その歓待空間は、あらゆる〈できない〉をcompassion／pityにおいて受け止めるが、しかし同時に、そこで人々がcompassion／pityの感情を向ける者に対して、同じようにcompassion／pityの感情を向けることが〈できない〉ような異質な他者を、排除する。結果としてそこには、閉じた親密圏が、そしてそれのみが、ある。

　ここに、あらゆる異邦人（悪の可能性／可能性としての悪）を客人として迎え入れ、場を与えるという、限りなく純粋な歓待が生み出す、不可避的な外部＝悪が再来する。なぜか。なぜなら我々の道徳感覚は、他者に共感し、また哀れむ能力を欠いた者を悪と、もっと深刻なことには、強い意志をもって我々の共感と哀れみを侮辱する悪魔と、みなしがちだからである。もっとも歓待的な空間における、悪の再来。歓待的であることの不可能性の再来。そしてそのとき歓待は、単なる寛容に成り下がる――

〈我々の至上の法を犯さないならば、ここに置いてやってもよい〉。

法、ケア、正義

もっとも、歓待とは、それ自体が不可能性を孕むと同時に、その不可能性への挑戦であることこそが、語のもっとも肝要な意味において歓待的であるという、そのようなものである。歓待とは、それ自体が孕む必然的な不可能性への限りない挑戦という、矛盾の自己運動である。そして先の実践の行き詰まりに対する全生研の態度は、そこにある教師存在の苛烈な克己の精神は、この不可思議な概念の一つの形象を我々に与える。彼らはいう。「絵里子たちを守りながらも一定の秩序維持を優先したために、教師は、その状況を子どもたちと読み解くことができなかった」（全生研 2005：50）、それが問題であったのだ、と。

教師は、「明らかに重たい課題を背負っている絵里子に、どうしてさとしはこんなにもイラつくのか」という視点が持てないまま、さとしとの対話を展開していた。自分の言い分が聞いてもらえていないと感じたさとしがクラスでの解決に納得しないのも当然である。教師は、クラスに一定の影響力のあるさとしを、いつの間にか反発せざるを得ない立場に追い込んでしまったのである。

〔中略〕

教師は、「さとしが絵里子をいじめている」という事実に遭遇するや否や、他のことが一切目に入らなくなっていた。「絶対に許されないことをやめさせなければならない」と、そればかり考えていた。教師は、いつのまにか一見「強者」に見える子どもの思いを「正義」の名のもとに置き去りにして、絵里子にだけ目を向けてしまったのである。

（全生研 2007：50-51）

教師が、子どもたちの生活の平面へと降りていくこと、そこで彼らの生を読み解き、理解すること。悪を悪魔化せず、ただ異質な他者として受け止め、しばしば学級という公共圏の破壊者でもある彼らを、それでもその担い手として遇しつづけるという、不可能性への挑戦。全生研は、学級を、閉じた親密圏ではなく、親密圏でありながらも他者に開かれた公共圏とし続けるための、そのような終わりのない運動へと、教師を促していく。

ただ、それにしても、「子どもたちとともに読み解くべき」という批判／規範には、補われるべきいくらかの言葉が、あるように思われる。ほんの少しだけ、それを補いたい。先の引用に戻ろう。

絵里子を迫害したメンバーの一人である豊は、絵里子の件で反省を迫る教師に抗弁する。曰く、「障害があるというのと、こういうことは関係がないんじゃないですか」（全生研 2005：48）、と。この抗弁は、いかにも幼い。件の教師でなくとも、我々のうちのほとんどが、ここになんらかの早急な働きかけの必要性をみて取るだろう。

だが、豊がどこまで事柄の核心を意識しているかはともかく、この問いへの応答は、それほど簡単ではない。実際、一般論として、学級が対等なメンバー同士の公共圏であるとするならば、すべてのメンバーは、その行為の道徳的責任を帰責されてしかるべきである。〈等しきものを等しく扱う〉のは、一つの〈法〉の形である。豊の問いは、その意味で、彼の現在地において問われた〈法〉の問い、制度の問い、権利の問いである。

それに対して、おそらく我々は、障がいのある絵里子がさしあたり保護されることを、直感的に妥当と感じるだろう。個別な特殊性に対して、等し並みでないなにがしかを与えるというその営為は、親密圏に特有の〈ケアの倫理〉に基づくものである。我々の公共圏の〈法〉は、学級が対等なメンバー同士の公共圏であるために、メンバーがもついくらかの個別的な特殊性がケアを必要とすることを知っている。つまり我々はすでに、親密圏的な〈ケアの倫理〉によって鍛えられ、一つ上の段階に至った公共圏の〈法〉を知り、それを生きている。

しかし、我々は、最初からその地点にいたわけではないはずだ。そこに至るには、決してなだらかでない困難な道があった。実際、現実において、〈法〉と〈ケアの倫理〉は、常にすでにコンフリクトの形をとって現れる。一方は普遍性をめざし、他方は特殊性に分け入ることを本質とするのだから。しかしそのコンフリクトは、決してネガティブなものではなく、我々の公共圏の〈法〉が、実質的な意味において〈正義〉であろうとする運動を媒介する、生産的なものである。〈等しきものを等しく扱う〉とき、その等しさとは何か、約めていえば、〈平等とはなにか〉という問題系が、実践的に問われていく。だから、「障害があるというのと、こういうことは関係がないんじゃないですか」という豊の問いも、正しくその契機だったはずなのである。安易に共感（compassion／pity）を要求するのではない、互いの応答責任に基づく、どこまでも理性的な対話の。

そうしてみれば、先の善良な教師がやったような、〈障がいがある者には優しくすべき〉という〈法〉の先取りは、子どもたちが徹底して事柄に内在的に彼らの〈法〉を吟味し、より実質的に〈正義〉に適うものにしていくことを中断する、そんな振る舞いであった。そんな事柄の理解を前提にここでは次のように全生研の警句を解釈し、あるいは言葉を補っておきたい。〈子どもたちをして、彼ら自身の〈法〉の吟味の筋道を、彼ら自身の足で歩ませよ〉。〈子どもたちの世界へ降りていくと同時に、倫理や道徳、〈法〉の階梯を、子どもたちがみずからの意志で昇るその過程を、彼らの声に応答しながらともに歩め〉。全生研が繰り返し強調する「子どもたちとともに読み解く」という、いささか不明瞭なスローガンは、おそらく我々の語彙でいえば、公共圏の〈法〉が、親密圏の〈ケアの倫理〉とのコンフリクトのなかで、〈正義〉の階梯を昇っていく、そのような道のりを、ともに歩むべきなのだということ、願わくば後続世代の〈法〉が我々の現在を超えていくことに賭けようという、そんなメッセージとして受け取るべきもののように思われる。[15] 階梯を昇り切り、〈正義〉の全体性を俯瞰することは不可能であるにしても、である。

おわりに

歓待とは、我々の共同の営みとしての生における、(不)可能なものの一つの表現である。我々の家に訪れた異邦人を快く迎え入れる歓待とは、その純粋な形において、我々のすべての明け渡し、主人と客人の逆転という、無条件の〈蕩尽〉である。そして実際、我々がしばしば「歓待の欲望」によって突き動かされている事実は、そのありえそうもなさそうなものの、現実化の可能性である。しかし実際、歓待が可能であるためには、主人は主人でなければならず、また歓待はそれ自身条件付きでなければならない。現実において純粋な歓待は、不可能である。

そして、教育における民主主義の(不)可能性は、おそらくこの(不)可能性と限りなく一致している。我々先行世代は、新しく訪れた異邦人としての子どもたち、つまり、我々の法も言語も道徳も倫理も共有せず、だから潜在的には我々の敵であり、あるいは現実に秩序にまつろわぬ悪であるような者たちを、客人として迎え入れつつ、やがて我々に代わる我々自身の主人たりえるようにと、多くのものを供する。それは実際ありえそうもなさそうなことなのであるが、しかし我々は確実に、進んで、喜んで、しばしば新しい異邦人たちを我々の世界に招き入れ、主人たるようにと説き、希う。それは我々の欲望であって、しかも一つの可能性である。もっとも実際の我々の社会は、それ自体の存続のために、新たな異邦人たちを選定、選択、選別、選抜しないではいられないから、その歓待は間違いなく限界づけられたそれでしか、ありえないのだが。

　そして本稿は、そのような可能性と不可能性が織り成す人間の営み、古い世代と新しい世代が関係を取り結ぶ一つの興味深い試みとして、教育を、なかんずく、民主主義の担い手をつくることを標ぼうした一群の教師と教育学者たちの議論を、追ったのであった。それは結局、我々の社会が民主主義的でありうることの可能性、その現在がどこにあるかということを正しく見積もるための端緒でもある。彼らの実践は、我々が第一の歓待と呼ぶ、そして彼らが権威主義、能力主義と呼ぶ異邦人たちの馴致のプロセス――永続的に異邦人たちを主人たりえないものにするか、そうでなくとも選択的にしか彼らを許容しないような歓待――に抗して、すべての子どもたちが正しく彼ら自身の主人となれるように迎え直すという、それ自体が民主主義への純粋な歓待を志向するものであったから。悪を歓待すること、悪を異邦人として、なにがしか希望でもありうるような何かとして、我々の理想としての民主主義的な社会へと歓待し直すこと、歓待としての教育。

＊＊＊

まったく稚拙な粗いスケッチに過ぎない本稿が、どこまでその全体像に迫れたかは心もとないが、それでも垣間みえた全生研の軌跡は、間違いなく興味深い。

初期において興味深かったのは、その歓待において――歓待という語の語感とはまったく異なって――、子どもたち同士を競わせ、そのなかで敢えて軋轢を煽りたてるという、およそ我々のごく一般的な道徳感覚からはかけ離れた技術が、意図的に行使されていたということである。それは決して〈道徳的によい〉とはいえない、というよりもほとんど〈邪悪〉な技術であるが、しかし道徳的判断を脇に置けば、目的に対してある程度理にかなっていたといわざるをえない。そしておそらくこのことは、教育という営みが、そもそも道徳的な善悪の区別とはいくぶんズレたところで成立する技術の集積だということを、示している。おそらく〈道徳的によい〉ことと〈教育的によい〉ことは――よくも悪くも――別のことである。その両者の空隙に、班・核・討議の学級集団づくりは成立していた。

もっともそのような歓待の形式は、教師たちこそ、子どもたちを無条件に受け入れ、社会を明け渡すという無条件さを志向しているとしても、子どもたち同士のなかに、新たな条件付きの歓待として成立してしまうという困難を抱えていた。この意図せざる帰結が、第二節で示した点である。「子どもたちの共和国」は、すべての子どもたちを社会の主人として迎え入れるための訓練の場であると同時に、共和国への服従の徳に悖る悪を、排除することによって成り立つものでもあった。

ところで九〇年代以降の全生研は、この時期に顕在化したと彼らがいうところの子どもたちの変化への対応という、別の課題にも直面している。あくまで現在進行形であるこの新たな展開について、多くを語ることはできないが、少なくとも現在の全生研が、学級集団を、親密圏であると同時に公共圏でもあるようなものへと作り替えようとしていること、その必要性と（不）可能性の輪郭は示したと考える。伝統的な親密圏としての家庭が、ほとんど失効しつつあるように思われたとき、学校がその任を肩代わりしようとすることは、必然的かつ重要な決断である。親密圏でありながら公共圏であろうとすることの、眩暈を覚えるほどの困難、ある種の不可能性があるにせよ。

しかし／そして、あきらめる必要は、まったくないし、すべきでない。我々は、「歓待の欲望」、〈蕩尽〉への衝動に、おおいに身を委ねてよい。そのような欲望こそが、そしておそらくそれだけが、ほとんどある種の悪であるような異邦人が、我々の社会の可能性、複数性の源泉として、つまりはある種の豊かさとして絶えず置き直され続け、互いが互いの産婆であると同時に虻でもあって、だからこそよい！と歓待されるような、理論的な不可能性が現実に裏切られるような、そんな場所が生み出されることの可能性だからである。

《註》

1　本稿で取り上げる全生研の一連の成果は、いずれも「全生研常任委員会」名義で出版されており、執筆分担も記されていないため、論述の直接の著者を同定することは困難である。ただし、第一版Ⅳ章の二－１「核とはなにか」（全生研 1963：84-91）は、城丸著作集編集委員会編（1992b）所収の「城丸章夫著作目録」（同：xii）にて、城丸の著作と位置づけられている。また第二版第Ⅰ章「生活指導の目的」（全生研 1971：17-47）は、後に城丸著作集編集委員会編（1992a）に収録されていることから、城丸章夫の手によるものであることがわかる。したがって本稿第２節における検討の一部は、かなりの程度、全生研の常任委員の一人であった城丸の生活指導観の解説でもあるということになる。

2 なお、二〇一五年に入ってから全生研は、新たな理論書となるシリーズの第一弾として、竹内&折出(2015)を刊行している。同書は、これまでの理論書の総括的な議論も含まれており、その意味で非常に重要な著作となるが、これについては稿を改め論じたい。

3 もちろんそのなかには、当の異邦人たちが望まない類のものが含まれている。というよりも教育という営みそのものが、ほとんど望まれぬものの善意の押しつけ(パターナリズム)であることは、すでに誰もが知るところである。

4 ちなみに、この当時の全生研が理想とするような集団は、以下のようなものである。これは第二版における「民主集中制」の議論においてより顕在化する。

「(1)すべての成員が共通に承認するところの、一定の目的を持ち、目的に向かっての一致した集団行動が、つねにたいせつにされる。

(2)そのために集団は組織され、一定の実行機関をそなえている。それぞれの機関は、集団の委託に基づく権限を与えられ、その権限を確実に行使することによって、集団の期待を実現することに責任を負う。

(3)したがって成員たちは、それぞれの役職にあって、課題の遂行に際し、なかまに積極的な協力を求め、あるいは命令を下す。その要求や命令に対しては、すべての成員が絶対に服従する。」(全生研 1963:17)

5 省略したのは、以下の文言である。同じ「やくざ型」であっても、集団づくりの可能性の源泉とはなりえないタイプ、ということとのように思われる。

「しかし中には行動規範、生活スタイルをまったく失った「ゲルのような子」――かんてんやゼラチンのように正体なく、つかみどころのない子――もあり、これに対してはきびしい監督のもとに、生活のスタイルを築き上げる努力が先決問題となる。」(全生研 1963:22)

6 アーキテクチャとは、元来はアメリカの憲法学者ローレンス・レッシグの用語で、サイバー空間上で自由を擁護するために要請される規制、とりわけそのための技術的な設計のことである。ただし現在では極めて広義に、人間の行動を、環境を管理することによって自発的・主体的に規制・誘導する社会設計のテクノロジー全般を含んで使われる。

7 「より小さな悪(lesser evil)」というアプローチは長い歴史をもつが、とりわけ9・11後の国際政治学において盛んであるように思われる。M・イグナティエフ（2011）は、テロリズムの脅威にさらされるリベラル・デモクラシー国家における人権の一部停止という状況を、「より小さな悪」として捉え、あわせてその選択の条件を検討している。

そのことと重ねれば、全生研の実践は、能力主義と軍国主義（より大きな悪）にさらされる民主主義社会において、それに対抗するために、道徳的に正当化できない技術を子どもに対して行使するという「より小さな悪」のコミットメントであるとも考えることができる。ちなみにそこで重要なのは、「より小さな悪」の選択は、「（道徳的に）よいこと」ではない、ということである。「道徳的によくはないが、必要」であり、また同時に「必要ではあり、また小さくもあるが、しかし、悪い」という事柄の捉え方は、教育という営みを考えるための重要な知見を提起しているように思われる。

8　ただし、自伝を書く原氏と描かれる原少年の関係は、ちょうど師を敬愛するプラトンと、彼が描く限りの理想化されたソクラテスの関係にあるともいえるわけではあるが。

9　もっとも、しばしば教師たちが語る「子どもの変化」なるものを、そのまま正確な事実の表現として受け取ることには留保が必要であろう。なぜなら、子どもたちが以前と違った者たちとして現れるという事態は、対象自体の変化のみならず、教師たちのまなざしの変化が介在していると考えられるからである。だから本稿で語られる子どもの変化は、第一義的には、全生研の教師たちの集合的また主観的経験、その構成物として捉えておきたい。

10　注意欠陥多動性障害 Attention-Deficit/Hyperkinetic〔Hyperactivity〕Disorder の略で、不注意、多動、衝動性を主症状とする発達障害の一つ（茂木編 2010：626）。なお、米国精神医学会が作成するＤＳＭ（精神疾患の診断・統計の手引き）が、二〇一三年に第五版（ＤＳＮ－５）として改定されたことにともなって、その和訳も、注意欠如・多動症／注意欠如・多動性障害に改める動きがある（精神科病名検討連絡会 2014）。

11　アクティング・アウトは、「個人の内面的な葛藤や欲求などの行動化」と定義される。全生研は、二〇〇一年の第四三回全国大会基調提案で、「子どもの暴力をアクティング・アウトとしてとらえる見地を示した」。（全生研 2005：112）

12　しかしまた蛇足であるが、「強さ」に対比するからといって、「ヴァルネラビリティ」は必ずしも「弱さ」を意味するわけではない。

13　他方で、アレントが理想とするのは「人間の偉大さ」「人類の名誉」「人間の尊厳」を共通の関心とした「情熱抜き」に形づくられる「連帯 solidarity」であった。それは「連帯」が「複数の人びとを概念的に、すなわち一階級、一国民、一人民としてはもとより、最終的には全人類として包括することができる」、また「弱者や貧者と同じく強者や富者をも包括する」と、彼女が考えたからである（アレント訳書 1995：132）。

14　学習障害 Learning Disabilities の略である。「知的障害（精神遅滞）がないにもかかわらず、一つあるいは複数の領域における学習過程に著明な遅れがみられる状態」（茂木編 2010：86）と定義される。なお米国でのＤＳＭ－５の出版にともなって、病名が Specific Learning Disorder(SLD) に改められ、それにともない和訳も、限局性学習症／限局性学習障害に改める動きがある（精神科病名検討連絡会 2014）。

15　そして実際、この教師は地域のサークルにおいて、次のようなアドバイスに接しており、また全生研もそれを取り上げている。そのことは、本稿における補助線の描き方が、決して実践的に荒唐無稽ではないということを示しているだろう。

「明や豊の起こしている問題は彼ら個人の特異な問題ではなく、学級のつくり出している構造の問題だ、という当初の分析は正しいかもしれない。しかし、どうして彼らが絵里子を迫害するかを考え合う中でしか彼らも集団も変わらない。彼らが自分たちの実感でどこまで現実に迫れるかだったのだ。最初に戻って一歩目を踏み出してみたらどうか」（全生研 2005：54）

《文献一覧》

アレント、Ｈ（1994）『人間の条件』志水速雄訳、筑摩書房。

――――（1995）『革命について』志水速雄訳、筑摩書房。

イグナティエフ、Ｍ（2011）『許される悪はあるのか？――テロの時代の政治と倫理』添谷育志・金田耕一訳、風行社。

折出健二（2003）『市民社会の教育――関係性と方法』創風社。

久保義三ほか編著（2001）『現代教育史事典』東京書籍。

小玉重夫（2009）「公共性――異質な他者への開放性」田中智志・今井康雄編『キーワード現代の教育学』東京大

学出版会。

齋藤純一（2008）『政治と複数性――民主的な公共性にむけて』岩波書店。

城丸章夫著作集編集委員会編（1992a）『城丸章夫著作集第三巻 生活指導と人間形成』青木書店。

――――（1992b）『城丸章夫著作集第一〇巻 軍隊教育と国民教育』青木書店。

精神科病名検討連絡会（2014）「ＤＳＭ－５病名・用語翻訳ガイドライン（初版）」日本精神神経学会編『精神神経学雑誌』第一一六巻第六号。

全生研常任委員会（1963）『学級集団づくり入門』明治図書。

――――（1971）『学級集団づくり入門 第二版』明治図書。

――――（1990）『新版 学級集団づくり入門 小学校編』明治図書。

――――（1991）『新版 学級集団づくり入門 中学校編』明治図書。

――――（2005）『子ども集団づくり入門～学級・学校が変わる～』明治図書。

竹内常一・折出健二編（2015）『生活指導とは何か』高文研。

デリダ、Ｊ（1999）『歓待について――パリのゼミナールの記録』廣瀬浩司訳、産業図書。

原武史（2007）『滝山コミューン一九七四』講談社。

バンヴェニスト、Ｅ（1999）『インド＝ヨーロッパ諸制度語彙集1経済・親族・社会』前田耕作監修・蔵持不三也ほか訳、言叢社。

プラトン（1998）『ソクラテスの弁明・クリトン』三嶋輝夫・田中亨英訳、講談社。

茂木俊彦編（2010）『特別支援教育大事典』旬報社。

ルソー、Ｊ（1954）『社会契約論』桑原武夫・前川貞次郎訳、岩波書店。

解　題――「感情の劣化」への抗いを全体主義のリスクを回避して進める手立てはあるか？

宮台　真司

「反知性主義」か「感情の劣化」か

民主制（制度としての民主主義）の健全ないし妥当な作動を脅かす危機に関して、理性の障害を問題にする「反知性主義」という言葉が人口に膾炙している。これに対して、私は四年ほど前から敢えて「感情の劣化」という言葉を用いることで、感情の障害を問題にしてきた（例えば『リテラ』http://goo.gl/9kfUyL 参照）。理性が問題か。感情が問題か。実に重大な分岐である。

私の理論的出発点は社会システム理論だから（例えば拙著『権力の予期理論』〈一九八九年〉参照）、元々は理性に照準してきた。人々の人格に帰属される事物に多大な負担をかける代わりに、例えばアーキテクチュラルな権力（ローレンス・レッシグ『コード』〈原著一九九九年〉参照）を合理的に設計するソーシャル・デザインと、それを担う理性的エリートに期待するということだ。

だが幾つかの理由で、少なくとも公刊する文章では、立場をシフトをさせることになった。感情の障害を問題とし、感情の陶冶に必要な条件を分析するようになったのである。正確にいえば、理性を用いて「制度への設計（を含めた社会への設計）」を行うよりも先に、理性を用いて「感情への設計（を含めたパーソンへの設計)」を行うべきだと敢えて主張するようになったのだ。

理由の第一は、理性的エリートも、社会で感情的に陶冶されて育つ事実。第二はJ・ハイトが強調するように、理性が感情を前提づけるのでなく感情が理性を前提づけるという実験心理学的な事実。第三の理由は、J・フィシュキンがいう感情的劣化を被った成員の影響力を排除する工夫(熟議等)も、感情的劣化が一定枠内に収まることを前提とすること。

私の「転向」は新奇だろうか。「感情への設計」を提唱するパターナリズムの枠組を、「社会化」概念を用いて最初に明示したのは、社会学者T・パーソンズであった。資本制社会の存続には、経済行為に参加する成員の共有価値を一定枠に収める「社会化」が必要だとした。ただ彼の枠組は一九六〇年代の公民権運動・学園闘争の時代に、一種の全体主義だとして激しい批判の対象になった。

所詮は教育もパターナリズムに過ぎないとして、パーソンズを擁護できるだろうか。M・サンデルの枠組を前提とすれば、教育する営みがsituatedである(共同体的文脈に埋め込まれている)がゆえに自明な枠内にある場合と、そうでない場合とで、答えが異なる。パーソンズは大恐慌の背後にあるコミュナルな文脈の空洞化・非自明化を前提にしていたから、後者に相当しよう。

とすれば、そもそも全体主義がフランクフルト学派によって共同体の空洞化を背景とした不安や抑鬱の埋め合わせだと診断される以上(E・フロムなど)、パーソンズの枠組も全体主義の嫌疑を免れ難い。しかしだからといって彼の構想を単に放棄するわけにもいかない。放棄すればパーソンズの危惧通り社会がもたないからだ。まさしく、不可能な営みの不可避性。

善のためには悪は不可避である

これを「善のための、悪の不可避性」として概念化できよう。「社会の存続は綺麗事では済まない」ともパラフレーズできる。これはデュルケームの有名なテーゼ「社会の存続や進化には犯罪が不可欠だ」――私が各所で繰り返し指摘してきたように「生物種の存続や進化には異種タンパクやウィルスの侵入が不可欠だ」と同型――という話とは、少し方向性が違う。

彼がいうのは、逸脱なくして法形成も道徳的コミットメントもありえないというカント的枠組に加えて、近代社会で今日自明な「表現の自由」でさえ当初はその主張自体が犯罪だったという進化論的枠組だ。遺伝子変異の多くは生物を死に至らしめる「悪」であるが、それなくしては進化的大躍進はありえなかった――とする今日の進化生物学の枠組と、同等だ。

進化した人類がそれゆえに地球生態系を壊滅させる可能性を想起するまでもなく、この種の思考は、「終わりよければ全てよし」ではあるものの、「どこが終わりか分からない」という点で、ヘーゲル『精神現象学』での最終点からの振り返りの思考と同じく、進化を善として規定できない。であれば、遺伝子変異がもたらす死を悪として規定することもできない。

我々がパーソンズと共に直面するのは、「本質疎外論」と「受苦的疎外論」の差異に関わる問題である。初期マルクスが疎外論で、後期マルクスが物象化論だ、とする廣松渉の議論は周知だろう。佐藤優が、マルクス主義における疎外論は〈失楽園譚〉でキリスト教的だとした上、廣松はそれを否定して物象化論を展開したから、反キリスト教的だとするが、誤りである。

「本質疎外論」と「受苦的疎外論」

山之内靖が喝破した通り、物象化論も一種の疎外論。疎外論には「本質疎外論」と「受苦的疎外論」がある。前者は本来性からの疎外を考える。本来あるべき状態＝本来性が始源に想定され、本来性の取り戻しが救済になる。疎外論だとされる初期マルクスの革命論がそれだ。それとは違い「受苦的疎外論」は、「別であり得た可能性からの疎外」を問題にする。

〈世界〉は「本来なら別様であり得たのにこれでしかない」という風に現れる。〈世界〉は「別様であり得た可能性」と共にあり、我々はいつもそこから疎外される。「本質疎外論」は〈ここではないどこか〉を夢想する必要のない〈最終のここ〉を想定するが、「受苦的疎外論」には〈最終のここ〉はなく、どんな〈ここ〉にも〈ここではないどこか〉を対置する。

こうした「受苦的疎外論」を代表する思考が、廣松が大いに参照するハイデガーの「理性的存在であるがゆえの脱自（エクスタシス）」の議論である。廣松は〈ここではないどこか〉を探す旅に〈最終のここ〉というゴールがあると見做す「本質疎外論」を却け、ゴールを到達不能と見做しつつ永久に〈ここではないどこか〉を求道する「受苦的疎外論」を奨励する。

小林敏明『廣松渉——近代の超克』も、廣松が博多や東京を〈ここではないどこか〉だと夢想して上ってきたものの博多も東京も所詮は〈ここ〉でしかなかったとの反復的な原体験が、〈ここではないどこか〉の不可能性の意識と結合した独特の文体を醸したとする。ことほどさように「本質疎外論」の否定を「受苦的疎外論」とみることで比較可能性を手に出来る。

廣松と大学時代から盟友だった松田政男が足立正生らと撮った『連続射殺魔』（一九七〇年）が素材の永

山則夫に読み込んだのも同一の図式だ。彼らは、永山もまた〈ここではないどこか〉を希求し上京したものの、そこに津軽と大差ない〈ここ〉にしか見出せず、永久に変わらぬ風景を切り裂くべく銃弾を発射したとして、貧困論に対立する風景論を展開した。

パターナリズムだが本来性否定

本来性の存在を否定しつつ、本来性への希求を肯定する、或いは、本来性への希求を肯定しつつ、本来性の存在を否定する。こうした「受苦的疎外論」の思考形式は、古代ギリシャ文献学者を出発点としたハイデガーはもとより、やはり初期ギリシャを憧憬した初期ロマン派にも見られる。本来性はある、それはコレだ、と名指すようになった頽落形態が、後期ロマン派だ。

そもそもセム族的な「本来性の思考」に「未規定性の思考」を対置したのが、ミメーシス（感染的摸倣）を賞揚した初期ギリシャだった。イエス言行録（福音書）が初期ギリシャの影響下にあるのは今日常識だが、イエスがトーラーをどう理解していたかを推測しつついえば、創世記の〈失楽園譚〉が「本質疎外論」の図式に収まるとする通俗的な理解は、実は真実性が怪しい。

創世記にある通り、楽園追放の理由となる原罪とは、人のなす区別（善悪判断）を神のなすそれと等置すること。神のなす区別と違い、人のそれは必謬的。例えば、時間性に着目すれば、「人間万事塞翁が馬」で結局何が善いのか人には判らない。また空間性に注目すれば、集合論的にどんな包摂（内の平等）も排除（外への差別）を含まざるをえない。

禁忌を破って知恵の木の実を食べ、必謬的な区別（善悪判断）をなすようになって楽園を追放された人間が、知恵の木の実を食べる前の楽園生活の記憶を持ちえない（現に持っていない）ことも大切だ。楽園生活の本来性をそもそも知らない以上、楽園生活の本来性を取り戻せない道理である。だから〈失楽園譚〉を「本質疎外論」としては読むのは、その意味では原理的に不可能なのだ。

人間には全体性が不可知だから善悪判断を必ず誤る（のに忘れる）とする妥当に理解された〈原罪譚〉と、人間は論理的に楽園生活に戻れないから永久に誤りによって苦しみ受け続けるとする妥当に理解された〈失楽園譚〉は、人為（たとえば善行の積み重ね）による救済を徹底否定する点で、「本質疎外論」よりも「受苦的疎外論」に近い。その意味で廣松の思考はむしろキリスト教的なのだ。

ことほどさように、私自身は物象化論者＝「受苦的疎外」論者であり、それゆえに徹底して相対主義的なシステム理論にコミットする。それは従来も今後も変わらない。だからこそ「感情への設計」というパターナリズムが「本来の感情的あり方」なる本来性を召還するのであれば、不安や不全感をニセの本来性で埋め合わせる全体主義の営みとして、徹底批判する。

音楽から概念言語が分出された

とはいえ、或いはむしろそれゆえ、「感情への設計」の承認可能性を与える尤もらしさを、どう調達するかが問題になる。どうともありうる「本来性」の罠を回避するという意味では、最近の分子人類学と認知考古学が参考になる。ヒトが概念言語を獲得した経緯についての研究を進めて来た。ちなみに初期ギリシャの思想は、概念言語への依存を悉く警める内容を持つことで知られる。

そうした初期ギリシャ的思考に親和的な研究成果がえられている。認知考古学者S・ミズン『歌うネアンデルタール』（原著二〇〇四年）によれば、ネアンデルタールにおいては言語と音楽が未分化で、正確には全てが音楽（歌）だった。ストリームの全体が引き起こすミメーシスが音楽体験を与えた。それが果たす機能は、記述ではなく、呼び掛けや巻き込みであった。

我々ホモサピエンスは、ストリームを分割し、分割された要素を入替可能にすることで、単語を手にした。それが概念言語（記述言語）に道を開いた。三万年前から激化した最終氷期が終わると、概念言語を手にしたホモサピエンスが生き残った。ネアンデルタールも石器を有したが、概念言語がホモサピエンスに複雑な石器と分業的協働を可能にした。

ちなみにネアンデルタールは二・四万年前まで欧州に生存しており、四万年前にこの地域に進出したホモサピエンスと一・五万年以上に渡りオーバーラップしている。最終氷期による欧州の寒冷化で、恐らくは食料を巡る争いに敗れ、ホモサピエンスと混血したものを除き、ネアンデルタールが絶滅したのだと推測される。『歌うネアンデルタール』の後、分子人類学が関連する知見を次々と与えた。

ネアンデルタールとホモサピエンスには完全に共通する言語ゲノム群 FOXP2 がある。この FOXP2 遺伝子をマウスに埋め込むと鳴き声が何倍にも伸びて歌声のようになる。つまりホモサピエンスも元々はネアンデルタールと同じ基底の上にある。ところが FOXP2 の周辺遺伝子四〇万個の内たった一個が、ある時A（アデニン）からT（チミン）に突然変異した。

この変異したTの周辺に或る蛋白質が付着、FOXP2 が蓋をされて働きが若干抑制され、それが概念言語の発達に道を開いたことを、最新の分子人類学が明らかにした。ミズンの業績に引きつけていえば、音楽的直観が抑制された分を埋め合わせる機能を、概念言語の発達が果たしたのだと推測できよう。だから私たちは概念言語も分かるが、音楽も分かるのだ。

音楽的な先取りが言葉を可能に

ヒトの概念言語はネアンデルタールと共通する音楽的ミメーシスの土台上に構築された。それゆえコンピュータなら判断に困るような多義的で決定不能な言語表現（フレーム問題）も、音楽的ミメーシスによる文脈先取りによって処理できる。例えば、曲に歌詞が乗っていれば、ソレが冗談なのか真剣なのかが曲想で分かる。或いは、映画音楽次第で台詞の意味が変わってくる。

その意味でヒトは、世界を音楽的ストリームとして体験しながら、概念言語を機能させている。別言すれば、世界感覚に対応するものが音楽で、世界感覚を前提として概念言語が機能する。世界感覚は概念化できない。それは音楽体験を概念化できないのを思えば分かる。世界は全体性だから概念では表せない。世界全体に対応するシニフィアンはない。

その事実に注意を促したのがJ・バタイユだった。彼によれば概念言語（のシニフィアン）はカサブタに過ぎない。カサブタの下にダイナミックな血肉がある。それを忘れれば我々は内発性＝内から湧く力を失う。また、それを忘れようとしてもカサブタの隙間から血が噴き出す。バタイユの「呪われた部分」であり、Ｅ・リーチの「リミナリティ（境界状態）」だ。

カサブタの下の血肉を忘れれば、ヒトは内発性を失い、必然的に露呈する「呪われた部分」に卒倒する。だから原初的社会では例外なく「呪われた部分」を定期的に再認識させる装置を作動させる。それが、マクロには祝祭であり、ミクロには性愛である。こうした思考伝統を踏まえてJ・ラカンは、概念言語の象徴界とは異なる想像界に性愛を配置しているのである。

或いは、W・ベンヤミンはシンボル（概念言語）とは異なるアレゴリー（寓意）を「砕け散った瓦礫に浮かび上がる一瞬の星座」と呼んだ。アレゴリーとは「世界（ありとあらゆる全体）は確かにそうなっているという直観」をいう。だがかかる全体性はシンボル（概念言語）で表現できない。せいぜい否定神学的に（「〜でない」の連言で）示唆できるかどうかである。

概念言語で全体を指し示すには、どうしても否定神学の形をとらざるをえない。だが否定神学が機能するためにも、実は概念言語以前的な先取り、即ち世界感覚が必要とされる。概念言語で構築した全体性はいつでもマヤカシである。例えばそれがマヤカシでないことを概念言語で証明できない（ゲーデル問題）。だからこそ私は「先取り」という言葉を用いる。

繰り返すと、分子人類学と認知考古学は「ヒトはまず世界を音楽として体験しながら、概念言語を機能させている」事実を明らかにしつつある。そのことが、バタイユやリーチやベンヤミンらの思考伝統を正当化しつつある。そこで明らかになりつつあるネアンデルタールとの共通地平を概念言語では規定できない。概念言語で言明できる本来性などありえない。

反世俗主義で揺らぐ自明な主権

昨今「悪」について最も話題になるのはテロのことだ。フランスではシャルリエブドの風刺漫画に抗議するムスリムによるテロが起こり、「私はシャルリ」のプラカードを掲げた全国で延べ三〇〇万人にも及ぶデモが盛り上がったばかり。これを「表現の自由」に向けた国民的マニフェストだと評価する向きがある一方で、E・トッドは国民的ヒステリーだと切り捨てた。

欧州ではヘイトスピーチの禁止に既に合意しているが、アメリカが「表現の自由」を盾に政府による禁止や統制に抑制的なのはマイノリティの抗議行動がヘイトスピーチ扱いされた事例に鑑みたもので、問題の微妙さを象徴する。微妙さを承知でヘイトスピーチを禁じているはずのフランスで、シャルリエブドの罵倒的な風刺を国民が大規模に擁護するのは、明らかに一貫性に欠ける。

「悪」を巡る微妙さが露出しているが、私としてはその議論に踏み込みたいのではない。ここでは、フランスのみならず各国に拡がるイスラム・フォビアに言及したい。かかるフォビアの基底は、フランス全人口の九%を占める世俗主義ムスリムとは異質な、「イスラム国」の掲げるカリフ主義が象徴する反世俗主義ムスリムが、社会の自明性を揺るがせていることがある。

こうした事態は、二〇〇一年九月一一日の同時多発テロを契機に「ポスト世俗化」問題として特にJ・ハーバマスらによって注目されるようになった。M・ウェーバーによれば近代化とは計算可能性をもたらす手続主義の拡大という意味での合理化であり、それは脱呪術化を中核とする世俗化——政治的決定の宗教からの無関連化——を伴うものだとされてきた。

それは、誤解されがちな脱宗教化ではなく、宗教からの諸システム（特に政治システム）の無関連化を意味するものだったが、現実にはキリスト教徒の減少という意味での脱宗教化が進んだ。その結果、分立する国民国家の、主権＝世俗的最高性の概念が、そもそもは宗教戦争の可能性を念頭に置いた、キリスト教的な国家同士の「手打ち」だった歴史的事実が、忘却されてきた。

忘却されたがゆえに、中田考が語るように、反世俗主義的な——世俗的最高性（主権）の概念を認めない――ムスリムによる反逆が「テロ」と呼ばれて、アメリカによる全く大義のない政権転覆（イラン）や国家指導者抹殺（イラク）が差し置かれ、挙げ句は「テロリストとは交渉しない」という、宗教ゆえの「世俗は所詮相対的だ」とする謙抑性を、欠いた営みが量産されたのである。

だがそもそも、ユダヤ教・キリスト教・イスラム教という同一の絶対神を立てる各宗教は、善悪判断の絶対性は神に帰属し、人のなす善悪判断は飽くまで相対的に過ぎないという理解を共有する筈だった。実際イスラム法は犯罪と反逆を区別し、反逆の場合は反逆者の言い分を聞いて理があれば聞き入れ、そうでない場合にのみ通告して討伐するよう定める。

中田に従えば、何が「悪」であるかという認識の相対性と不完全性をかなぐり捨てた、世俗的最高性（主権）を文字通り絶対のものとする主権国家の頽落が、それ自体、国民の一部を主権国家に背を向けさせ、「イスラム国」に限らず本当の絶対のものを掲げる宗教的集団へと追い遣る。かかる頽落ゆえにこそ、世俗化した筈の主権国家で、超越や聖性がせせり出すのである。

概念言語では維持不可能な手打ち

ハーバマスのいう「脱宗教化による道徳的共通基盤の空洞化」と、中田のいう「相対的であるに過ぎない世俗的最高性の絶対化」は、コインの表裏である。同一のコインとは忘却である。一六四八年のウェストファリア条約による主権国家体制の樹立が、そもそもは宗教戦争回避のための各諸侯の信仰選択自由という「手打ち」だったことについての忘却である。

M・サンデルは『民主主義の不満』（原著一九九六年）で、「信仰の自由」が元々、信仰とは選ぶものでなく襲われるものだという根源的な受動性を蔑ろにした虚構だったと指摘する。福音書には「あなた方が私を選ぶのではなく、私があなた方を選ぶ」(『ヨハネ福音書』15章16節)とある。ことほどさように諸侯(sovereign)が信仰を選ぶとの図式は、「手打ち」のためのネタに過ぎない。

だが「手打ち」は忘却される。なぜか。「手打ち」とは、ヤクザのソレを想起すれば分かるが、双方の納得ではなく、互いを滅ぼさないための相互拘束の約束である。蒸し返さないとの約束は、双方が納得していないからこそ、共有された悲劇の記憶をベースに為される。悲劇を記憶するから、敢えて「そういう話にしておく」と相互拘束するのであって、記憶がなければ約束は無内容だ。

繰り返す。主権国家からなる国際関係というゲームの出発点となった「手打ち＝信仰の自由」は、文字通り「社会が宗教よりも(世俗が超越よりも)大きい」という意味ではなかった。逆に、共有された悲劇の記憶を基礎に、互いの宗教的超越への帰依を絶対的に尊重することを目的とした、「そういう話にして置こう」という相対的内容の約束に過ぎなかったのだ。

先に映画音楽の話をしたが、世俗的最高性(主権)を互いに尊重するという約束に意味を与えていたのは、いわば、悲劇の記憶を告げ知らせる曲想の音楽だった。約束の目的は、宗教的超越への帰依をむしろ尊重しつつ、それでも殺し合わないことにあった。こうしたそもそもの音楽にまで遡れば、反世俗主義ムスリムとの「手打ち」への手掛かりが見えてくるだろう。

その意味で『公共圏に挑戦する宗教　ポスト世俗化時代における共棲のために』(原著二〇一一年)の元になった二〇〇九年のシンポでのハーバマスとC・テイラーの論争は興味深い。異なる超越に帰依する者が共生すべく、世俗的な公共圏に相応しい世俗的言葉に自らの言葉を翻訳して対話に臨めと要求するハーバマスに対し、テイラーは、要求が過大すぎる、世俗とは単なる共生空間に過ぎない、という。テイラーが正しい。欧米ローカルを除けば脱宗教的世俗（公共圏）に主権概念ごときを振りかざしてコミットする必要はない。殺し合わないために相互拘束する「手打ち」で十分。J・ロールズの「政治的リベラリスム」への転向（1993）も、世俗の公共圏をもたらす協定の「暫定性」を確認したものだ。西欧の世俗的公共圏はハーバマスがいうほどのものではなく、元は「手打ち」に過ぎない。

忘却に抗ってかかる暫定協定（J・グレイ）の暫定性を確認・更新し続けられるか。協定内容を概念言語でリテラルに理解するだけでは無理という他ない。言い換えれば「いやぁ、あれはもうコリゴリだ」という感情的トーンを奏でる悲劇的曲想の音楽が流れ続けていない限り、暫定性を確認・更新し続けるための動機は調達できない。そう。だからこそ、「感情への設計」へ。

あとがきに代えて――遠近法主義、あるいは力への意志としての〈悪〉

「悪という希望」について論じた本書は、序論においてその意図と意義とを明確にして始まった。そこでは、〈悪〉とは複数性の字として、私たちの生の共同的な営みとして理解されている。私たちが〈悪〉を希望として読み替える時、〈悪〉は、全体性に包摂される予定調和に抗する多様な可能性なのである。

ところで、序論では、神の全能さの故に悪を善の不在とみなす伝統的な神義論や弁神論に抗して、カントやシェリングが論じた悪（と善）の問題には、人間の自由が賭けられていることをみた。彼らは紛れもなく、人間の自由ないし自由意思の偉大な擁護者であった。しかしながら、彼らに抗しつつ、彼らよりももっとラディカルに自由を求めた者がいる。

フリードリヒ・ニーチェである。

カントやシェリングは、普遍的な道徳法則や絶対者の概念に照らして人間の自由を論じたが、ニーチェが人間の自由を論じる時、彼の念頭に置かれていたのは「道徳」や「真理」から距離を取るにはどうすればよいか、ということであった。というのも、ニーチェが眼にしていたのは、神という超越的な価値を信じることもできず、かといってキリスト教道徳を無視することも侭ならない不自由な人々だったからである。ニーチェは『偶像の黄昏』で、そうした人々についてこう書いている。

彼らはキリスト教の神から離れており、そこではそれだけ一層キリスト教道徳を固辞せざるを得ないと信じている。

（「或る反時代的人間の遊撃」5）

一八八二年に初版された『悦ばしき知識』では、ニーチェはかの有名な「神の死」を宣告したが、それは神を離れた人間世界の「道徳的な生」を希求していたからではない。ニーチェは神無き時代にあって、キリスト教の遺産に振り回されることなく、生そのものを理解する必要を強く訴えるために、そう宣言したのである。ニーチェの視座からすれば、私たちが神という超越的な価値から離れることは、何ら人間の自由を約束するものではない。むしろ私たちは、神の不在の故にその道徳教義にしがみつき、自らの自由を常に蔑ろにしているということになる。

ニーチェによれば、私たちが道徳とみなす事柄は、生についての解釈の一形態、それも他の解釈との競合に勝ち残ったそれに過ぎない。にもかかわらず、道徳は自らを世界の本質であると理解しており、しかるに道徳は私たちの生を外から裁く審級として振る舞い続けている。そうした道徳に対して、ニーチェの哲学は抜本的な「人間の自由」を求めて、生そのものを対置する。ニーチェの信ずるところによれば、私たち人間の自由とは、生そのものの潜在力が最大限に発揮されるように生きることである。それ故、ニーチェが自由を論じる目的は、私たちの生を支配的な道徳から救うこと、これなのである。

通常、私たちは道徳が開示する地平において善と悪とが二分されると理解している。そこでは〈悪〉とは反（あるいは非）道徳的なものである。ところが、ニーチェの『道徳の系譜学』では、そうした地平を開示する道徳は、歴史的な力と利害関心から成る支配への隠された欲求の表れであるに過ぎない。ニーチェはこう問うている。

> かくて問題はこうなる、すなわち、人間は如何なる条件のもとに善悪というあの価値判断を考え出したか？　しかしてこれら価値判断それ自体は如何なる価値を有するか？（『道徳の系譜学』序論3）

この問いに対してニーチェが力説するのは、二項対立の関係にある項目の内、前者が後者を犠牲にして優先される時、そこに地平が生じるのであって、決して逆ではないということである。善と悪とを二分する道徳化のプロセスは、実のところ、支配の痕跡を抹消することで支配を貫徹させるプロセスだというのが、ニーチェの悪名高き見解である。

> これら（諸価値）の価値は、所与のものとして、事実として、あらゆる疑問を超えたものとして受けとられてきた。また、〈善人〉を〈悪人〉よりも価値高いものと評価し、およそ人間なるもの（人間の未来をも含めて）にかかわる促進・効用・繁栄という点で善人を高く評価することについては、これまで露いささかも疑わず惑い躊躇うことも見られなかった。ところで、どうだろう？もしその逆が真理であるとしたら？……同じくまた、もしかしたら未来を犠牲にして現在が生き

ようとする一つの危険、一つの誘惑、一つの毒、一つの麻酔剤が潜んでいるとしたら？　そしておそらくは現在が、より安楽に、より危険少なく、それだけにまた一層こぢんまりと、より低劣に生きようとしているとしたら？……かくして、そのものとしては可能なもっと強力にして豪華な人間の型がついに達成されないということが、ほかならぬあの道徳の責めに帰せられるとしたら？　かくして、ほかならぬあの道徳こそが危険の中の危険であるとしたら？

（『道徳の系譜学』序論6）

ニーチェによれば、道徳と自由との関係について、一度こうした見方をえれば道徳がどのようなものかは自ずと知れる。つまり、支配構造から離れた自由こそが〈善〉だとすれば、道徳とは正に人間の自由を捕縛するものである故に、悪だと知れるというのである。してみれば、道徳が開示する地平において、反（あるいは非）道徳であるところの〈悪〉は、ニーチェにとっては、人間の自由に対する可能性だということになる。

ニーチェの哲学において、この〈悪〉という可能性は「力への意志」という別名をもっている。「力への意志」は、通俗的には弱肉強食という考えの表れであり、その正当化であるとみなされている。こうした理解は必ずしも誤りとはいえないが、しかしそれは「力への意志」の最も劇的な側面の理解であるに過ぎない。そしてまた「力への意志」を生に対する理念や原則として理解するなら、やはりそれもニーチェの真意を捉え損っているといわねばならない。ニーチェが「力への意志」として表現する〈悪〉は、生そのもののダイナミズム、すなわち、生成と変容が織り成す不断の展開の名前だからである。それ故、「力への意識」ではありえない。というのも、ニーチェによれば意識とは、人間が思考可能なものとして世界を受け取るために、世界を因果律へと置き換える伝達の手段に過ぎないからである（『力への意志』526）。つまり意識は、生の圧倒的な多様性を否定して、世界を把握可能な単位に置き換えるものである。それにもかかわらず、私たちは意識の作用の結果に過ぎないものを、あたかも感覚的な経験の原因だと思い込み、それによって人間の主体意識はいまや生の最高価値として誤解されている。

根本的過誤は、私たちが意識を——それは総体的生における道具であり個別性であると解する代わりに——生の基準として、最高の価値状態として措定することの内に潜んでいる。すなわち、部分を全体に及ぼす誤った遠近法であり、——それ故に、すべての哲学者たちは、或る総体的意識を、生起するすべてのものと共なる或る意識的生命や意欲を、或る「精神」を、「神」を空想することを、本能的に企てるのである。しかし彼らに向かって言わねばならない。まさにこのことでもって生は怪物になってしまうと。
（『力への意志』707）

ニーチェがこう論じるのは、意識によって因果律へと置き換えられた世界が、生の多様性をどれほど犠牲にしているのかを、それが一つの解釈に過ぎないということを明らかにしようとするためである。それ故、ニーチェは、主体意識が見出す目的や意味を重視するのは、生そのもののダイナミスムを縮減させる、そうした解釈でしかないということを殊更強調している。

すなわち、行為は決して目的を原因として引き起こされるのではないということ、目的と手段とは解釈であって、その際、出来事の或る側面が強調されて選び出され、他の、しかも大部分の側面が犠牲にされるということ、或ることが目的を目指して為される時にはいつでも、何か根本的に異なった他のことが生起している……。

（『力への意志』666）

しかしながら、ニーチェがいいたいのは、解釈とは無縁な真の世界理解がある、ということでは決してない。そうではなくて、ニーチェの主たる論点は、世界を理解するための仕方は常に別様にも可能である、ということなのである。ニーチェが「力への意志」を意識とは区別するのは、それが生そのもののダイナミズムを縮減させるような一つの解釈ではなく、むしろ多様な解釈の可能性を示唆するものだからである。ニーチェは解釈可能性についての、こうした独創的な見方について次のように明確に論じている。

現象に立ち止まって「あるのはただ事実のみ」と主張する実証主義に反対して、私はいうであろう、否、まさしく事実なるものはなく、あるのはただ解釈のみと。私たちは如何なる事実「自体」をも確かめることはできない。おそらく、そのようなことを欲するのは背理であろう。「すべてのものは主観的である」と君たちはいう。しかしこのことがすでに解釈なのである。「主観」は、何ら与えられたものではなく、何か仮構し加えられたもの、背後へと挿入されたものである。——解釈の背後になお解釈者を立てることが、結局は必要なのであろうか？　すでにこのことが、仮構であり、仮説である。

総じて「認識」という言葉が意味を持つ限り、世界は認識され得るものである。しかし、世界は別様にも解釈され得るのであり、それは己の背後に如何なる意味をも持ってはおらず、却って無数の意味を持っている。――「遠近法主義。」

世界を解釈するもの、それは私たちの欲求である、私たちの衝動とこのものの賛否である。何れの衝動も一種の支配欲であり、何れもがその遠近法を持っており、この己の遠近法を規範としてその他すべての衝動に強制したがっているのである。

（『力への意志』481）

そして／しかし、ニーチェのこのような独創的な見方は、どのような遠近法も等しく価値があるという素朴な相対主義を補完するものでは全くない。

繰り返しだが、ニーチェが力強く肯定しているものこそは、人間の自由であり、生そのもののダイナミズムであり、生成と変容が織り成す不断の展開である。しかるに、世界を理解する遠近法は常に別様にも可能であるべきだからこそ、「力への意志」を、すなわち人間の自由に対する可能性としての〈悪〉を委縮させる遠近法があるならば、それは生を怪物へと変貌させる好ましからぬものだということになる。そのような遠近法――ニーチェにとってキリスト教道徳はその最たるもの――は、生を如何ともし難い硬直した、単一のものへと変えてしまう。そうなってしまった生は、もはや自由を持ち得ていない。それ故、ニーチェにとって好ましい遠近法は、「力への意志」を表現し、生そのもののダイナミズムを肯定するものでなければならないのである。

ところで、ニーチェが幾つかの著作で論じた「ディオニュソス的なもの」と「アポロ的なもの」の対比は、ややもすれば、ニーチェが前者を後者より高く評価するために論じられた遠近法だと理解されがちである。アポロは、ギリシア精神の中では、秩序・明晰・均整といった形式的な調和を表し、反対にディオニュソスは、混沌・衝動・陶酔といった自然の没道徳的な力を表している。ニーチェの哲学は、すでに述べたように、生そのもののダイナミズムに人間の自由をみる故に、アポロ的な形式的調和を超え出る力として「ディオニュソス的なもの」が言祝がれると理解されるわけである。

しかしながら、こうした理解は不十分であるか、さもなければ事の半面しか捉えていない。確かにニーチェは、『ツァラトゥストラはこう語りき』（一八八五年）や『この人を見よ』（一八八八年）で、「ディオニュソス的なもの」を言祝いでいる。けれども、ニーチェは「ディオニュソス的なもの」を、「アポロ的なもの」から切り離そうとはしていない。後期の著作における「ディオニュソス的」であるということは、生の過剰さやそこから溢れ出る力が、強い自我の内に統合されることを表す調和的な表現だからである。

ニーチェは、むしろこの二つの世界観が互いに高め合うことを重視している。ニーチェが古代ギリシアを範にとって強調するのは、「ディオニュソス的なものとアポロ的なものが、相次ぐ出産を絶えず新たに繰り返しつつ相互に高め合いながら、いかにギリシア人の本質を支配して来たか」ということなのである（『音楽の精神からの悲劇に誕生』4）。要するに、「ディオニュソス的なもの」と「アポロ的なもの」の対比の意義は、その両者の緊張関係が産み出すダイナミズムへの注目にある。そして、その核心には、私たちは安定した道徳が無くても生きうるというだけでなく、むしろ価値を創造することすらできる、という理解がある。

この二つの世界観が産み出すダイナミズムは、ニーチェにおける好ましい遠近法という観点を踏まえるなら、より強く理解される必要がある。というのも、「ディオニュソス的なもの」と「アポロ的なもの」がもたらすダイナミズムは、その対立関係が解消され、より高次の世界観を産み出すための弁証法的な過程などではない、ということが理解されねばならないからである。生そのもののダイナミズムは、ニーチェにおいては、生が内包する矛盾が解消されていく過程などではない。もっといえば、生には如何なる矛盾もないのである。というのも、もし生のダイナミズムが弁証的な運動であるなら、生はその自己運動において最終的には運動そのものを停止することになり、その時には、自由は自らを裏切ることになるからである。これは、ニーチェが承服するはずのないことである。

しかしそれでも、一九世紀後半の思想家であるニーチェからみれば、このダイナミズム既に停止してしまっている。ニーチェによれば、その原因は、生には如何なる矛盾もない以上、生そのものに帰せられるものではない。このダイナミズムの停止は、ソフォクレスにより始められ、エウリピデスがディオニュソスを追放し、ソクラテスが「真の認識を仮象と誤謬から区別する」(『音楽の精神からの悲劇の誕生』15)理論的楽観主義を称揚した時に後戻りできないものとなり、そして、絶対的かつ無時間的な道徳に生を服せしめたキリスト教によって決定的になったものであるという。それ故、ニーチェの哲学に根源的な対立を探すなら、それは「ディオニュソス的なもの」と「アポロ的なもの」の間にあるというよりも、後期の著作における「ディオニュソス」と「キリスト」との間に見出されることになる。この対立——あるいは遠近法主義の肯定と否定——の問題には、正に人間の自由が賭けられているのである。

事程左様に、ニーチェの哲学の眼目は、秩序や混沌の中で、そこから身を引き剥がすこと、そしてそれは新たな遠近法や力の台頭を拒まず、自分よりも大きな力を抑圧とみなし悪として断罪することのない、そうした「人間の自由」を擁護することなのである。

＊＊＊

こうしたニーチェの哲学を念頭に置く時、〈悪〉を希望として読み替える私たちの試みは、改めて如何なる意義をもつであろうか。おそらくそれは、道徳的な地平において、善が犠牲にした〈悪〉を再び価値あるものとして取り上げるだけでなく、生そのもののダイナミズムを擁護することになるのであるまいか。そうだとすれば、私たちの試みは、否応もなく〈悪〉のラディカルさへと開かれていくことになる。

ここにいう〈悪〉のラディカルさとは、硬直した生を解きほぐし再び躍動させるために、時に道徳を一つの遠近法へと引き戻し、むしろ「ディオニュソス的なもの」と「アポロ的なもの」による生成と変容が織り成す不断の展開を力強く肯定するということである。それはつまり、ディオニュソス的なもの〈混沌〉が飽和する時には、「生き得んがために、ギリシア人がオリンポスの神々を深甚なる必要から創造せざるを得なかった」(『音楽の精神からの悲劇の誕生』3)ように、新たなアポロ的なもの〈秩序〉を求めるということでもある。その新たなアポロ的なもの〈秩序〉が、かりそめ世界を偽造するとしても、それがまたディオニュソス的なもの〈混沌〉の契機となる限り、それを必要とするということである。ニーチェの哲学は、そのことをはっきりと自覚している。

ある判断の誤りは、いまだ何ら判断というものに対する反証を意味するわけではない。こう言うと、われわれの新しい言葉は、おそらく極めて耳慣れないものに聞こえるかもしれぬ。問題は、判断がどの程度にまで生を促進し、生を保持し、種属を保存し、そのうえまた種属を訓育するものか、ということである。われわれとしては、原則的には次のように主張したいのだ、――もっとも誤った判断（先験的綜合判断なるものもこれに属する）は、われわれにとって絶対に必要なものである、と。また、論理的な虚構を承認することなしには、絶対的なもの・自己同一的なものという純然たる仮構の世界を手がかりにして現実を測ることなしには、数によって不断に世界を偽造することなしには、人間は生きることができないだろう、――要するに、誤った判断を断念することは、生を断念することにほかならず、それは生を否定することであるだろう、と。生の条件として非真実を容認するということ、これはいうまでもなく危険なやり方で習慣的な価値感情に反抗することなのだ。このことをあえてする哲学は、それだけですでに善悪の彼岸に立つこととなる。

（『善悪の彼岸』4）

願わくは、私たちの試みもまたニーチェの強靭な哲学に応えて、生そのもののダイナミズムを取り戻し、人間の自由に対する可能性とならんことを。

＊＊＊

その第一歩を踏み出せたとすれば、本書の企画に賛同し監修を引き受けて下さった宮台真司先生と、そしてこの企画を拾い上げて下さった編集者の小山香里さんのお陰である。お二方には、厚く御礼申し上げる。

二〇一五年　十一月

著者を代表して
堀内　進之介

〈監修者〉宮台真司（みやだい　しんじ）／解題

一九五九年生まれ。東京大学大学院博士課程修了。社会学博士。著書に、『権力の予期理論』（勁草書房）、『制服少女たちの選択』（講談社）、『まぼろしの郊外』（朝日新聞社）、『透明な存在の不透明な悪意』（春秋社）、『終わりなき日常を生きろ』（筑摩書房）、『絶望から出発しよう』（ウェイツ）、『日本の難点』（幻冬舎新書）ほか多数。共著に、『学校が自由になる日』（雲母書房）、『漂流するメディア政治』（春秋社）、『幸福論』（ＮＨＫ出版）、『システムの社会理論』（勁草書房）、『原発からの離脱』（講談社現代新書）、『愚民社会』（太田出版）ほか多数。

〈編　者〉現代位相研究所（http://www.modernphase.com/modernphase）

現代社会の多元的な位相を捕捉し、解明し、それを研究成果として世に送り出したいという熱望を結集させて、現代社会の諸困難に立ち向かうべく設立された研究所。学術的な知見を社会インフラの確立に役立てるため、リサーチに基づいたコンサルティングやマネージングを提供するなど、幅広い分野において活動を行っている。

〈著　者〉堀内進之介（ほりうち　しんのすけ）／第四章

一九七七年生まれ。青山学院大学大学院非常勤講師、現代位相研究所・首席研究員ほか。専門は政治社会学・批判的社会理論。共著に、『統治・自律・民主主義――パターナリズムの政治社会学』（ＮＴＴ出版）、『政治の発見⑥――伝える：コミュニケーションと伝統の政治学』（風行社）、『本当にわかる社会学』（日本実業出版）、『システムの社会理論』（勁草書房）、『ブリッジブック社会学』（信山社）、『幸福論――〈共生〉の不可能と不可避について』（ＮＨＫ出版）などがある。

神代健彦（くましろ　たけひこ）／序論・第八章

一九八一年生まれ。京都教育大学講師。一橋大学大学院社会学研究科博士後期課程修了、博士（社会学）。専門は教育学。著書・論文に、『統治・自律・民主主義――パターナリズムの政治社会学』（共著、ＮＴＴ出版）、「勝田・フーコー・教育的価値――ポストモダン論と戦後教育学の距離について」（広田・宮寺編著『教育システムと社会』所収、世織書房）などがある。

山本宏樹（やまもと　ひろき）／第五章

一九八二年生まれ。東京理科大学教育支援機構教職教育センター助教。専門は教育社会学・教育科学。著書に、『統治・自律・民主主義――パターナリズムの政治社会学』（共著、ＮＴＴ出版）、『「復興」と学校――被災地のエスノグラフィ』（共著、岩波書店）、『いじめと向きあう』（共著、旬報社）など、近著論文に、「いじめに対する懲戒的学校教育実践の理念とその批判――ヘルバルト・伝統的教育・ゼロトレランス」『〈教育と社会〉研究』第二三号

（二〇一三）、「追いつめられた教師たちの『汚れた手』——教育実践の科学と倫理について」（『教育』二〇一五年一二月号、かもがわ出版）などがある。

髙宮正貴（たかみや　まさき）／第一章
一九八〇年生まれ。大阪体育大学講師。上智大学大学院総合人間科学研究科博士後期課程修了。専門は教育哲学、道徳教育。著書に、『ワークで学ぶ教育学』（共著、ナカニシヤ出版）、『教育システムと社会——その理論的検討』（共著、世織書房）、『子どもの心によりそう保育内容総論』（共著、福村出版）、『新教職教育講座第一巻　教育の思想と歴史』（共著、協同出版）、『道徳教育21の問い』（共著、福村出版）がある。

鈴木弘輝（すずき　ひろき）／第六章
一九七〇年生まれ。都留文科大学ほか非常勤講師。東京都立大学院社会科学研究科博士課程修了、博士（社会学）。専門は現代社会論、教育社会学。著書に、『つながりを探る社会学』（NTT出版）、『生きる希望を忘れた若者たち』（講談社）、『幸福論——〈共生〉の不可能の不可避について』（共著、日本放送出版協会）、『ブリッジブック社会学』（共著、信山社）、『システムとしての教育を探る　自己創出する人間と社会』（共著、勁草書房）、『統治・自律・民主主義——パターナリズムの政治社会学』（共著、NTT出版）などがある。

保田幸子（やすだ　さちこ）／第二章
一九八〇年生まれ。明治学院大学社会学部付属研究所研究員。東京工業大学社会理工学研究所社会工学専攻博士課程修了、博士（学術）。専門は政治哲学。論文に、「十分性説における閾値——分配的正義論における平等主義への疑念」『年報政治学２０１４－Ⅱ』、「分配か社会関係か——アンダーソンの民主的平等」『ソシオロゴス』第三六号（二〇一二）などがある。

濱沖敢太郎（はまおき　かんたろう）／第七章
一九八七年生まれ。現代位相研究所研究員。一橋大学大学院社会学研究所博士後期課程。専門は教育社会学。論文に、「教育困難校における生徒の個別性と集団性」『〈教育と社会〉研究』第二二号（二〇一二）、「高校中退経験者が抱える困難と不安」『〈教育と社会〉研究』第二四号（共著、二〇一四）がある。

石山将仁（いしやま　まさひと）／第三章
一九八六年生まれ。早稲田大学政治学研究科修士課程。専門は現代政治理論。

装幀＝（株）クリエイティブ・コンセプト（松田晴夫）
カバー写真＝ Shutterstock

悪という希望
「生そのもの」のための政治社会学

2016年1月27日 初版第1刷発行

監修者 宮台真司
編　者 現代位相研究所
著　者 堀内進之介／神代健彦／山本宏樹／髙宮正貴
鈴木弘輝／保田幸子／濱沖敢太郎／石山将仁
発行者 阿部黄瀬
発行所 株式会社 教育評論社
〒103-0001
東京都中央区日本橋小伝馬町12-5 YSビル
Tel. 03-3664-5851
Fax. 03-3664-5816
http://www.kyohyo.co.jp
印刷製本 萩原印刷株式会社

定価はカバーに表示してあります。
落丁本・乱丁本はお取り替え致します。

ISBN 978-4-905706-98-4